中华经典藏书

周易

杨天才 译注

中华书局

图书在版编目（CIP）数据

周易/杨天才译注. —北京：中华书局，2016.3（2025.2 重印）
（中华经典藏书）
ISBN 978-7-101-11567-3

Ⅰ.周…　Ⅱ.杨…　Ⅲ.①《周易》-译文②《周易》-注释
Ⅳ.B221

中国版本图书馆 CIP 数据核字（2016）第 032843 号

书　名	周　易
译 注 者	杨天才
丛 书 名	中华经典藏书
责任编辑	王守青
装帧设计	毛　淳
责任印制	管　斌
出版发行	中华书局
	（北京市丰台区太平桥西里 38 号　100073）
	http://www.zhbc.com.cn
	E-mail：zhbc@zhbc.com.cn
印　　刷	北京中科印刷有限公司
版　　次	2016 年 3 月第 1 版
	2025 年 2 月第 15 次印刷
规　　格	开本/880×1230 毫米　1/32
	印张 14¼　插页 2　字数 200 千字
印　　数	230001-240000册
国际书号	ISBN 978-7-101-11567-3
定　　价	29.00 元

前　言

　　《周易》是古人用以"太极"、"阴阳"、"四象"、"八卦"的符号系统和数理逻辑组成的"六十四卦"认知世界的观点和方法。这种方法就是"易"。按汉代易学家郑玄的说法"易有三义"：简易，变易，不易。"简易"是《周易》的特征，如《系辞》所言"易则易知，简则易从"、"易简则天下之理得矣"。"变易"是《周易》的本质，如其所言"《易》穷则变，变则通，通则久"，"唯变所适"。"不易"是"变易"的前提，此之所谓"天尊地卑，乾坤定矣"。从"三易"之说看《周易》，则"变易"和"不易"是世界观，而"简易"则是方法论，"简易"存在于"不易"与"变易"之中。若从字面解释，《说文》："易，蜥易。"即以变色龙喻其"变易"。又："日月为易。"日为太阳，月为太阴。"易"字从文字解释有两种基本意思，一是取其蜥蜴的变化特征，二是指由日月象征太阳与太阴的字形。其后一种意思描述了人类对世界的认识首先是从日月交替和变化开始的，而且这两种天体的运行与古代人的生活联系得也最为密切。庄子说"易以道阴阳"，《系辞》曰："阴阳之义配日月"，"县象著明莫大乎日月"。凡此种种释"易"可知，"易"之"简易、变易、不易"的道理，实际上都是通过"易"字所包含的日月、阴阳之道体现出来的。

　　《周易》的"周"字，凡有四解，就字义来看，意为周密，如《系辞》言"几事不密则害成"，"圣人以此洗心，退藏于密"，如常言所谓"天机不可泄露"，故"君子慎密而不出"；就时间而言，指周代，如《系辞》所言"《易》之兴也，其当殷之末世，周之盛德耶"；就卦象而言，指"周流六虚"、"变动不居"的卦体；就《周易》内容而言，指"知周乎万物"的智慧。以上四种解释，都有其合理性，但是，《易》作为古人认知世界的观点与方法，在周以前已经存在，如《周礼·春官·宗伯》记载："上古太卜掌三易之法：一曰连山，二曰归藏，三曰周易。其经卦皆八，其别卦皆六十有四。"于夏之时为《连山》易，于商之时为《归藏》易。若因周之时为《周易》，则何以夏、商不以时代名《易》？

　　如上所述，《周易》本不是一本书，而是认知世间万物的思维方式与方法。《系辞》曰："易者，象也。"《周易》的最初的结构和形态体现了古人从日月、阴阳的"形象化"认知转化为以"变化"为本质特征的理性思维。《易传》作者明确指出"一阴一阳之谓道"。《周易》，不仅有"一分为二"的方法以分析和演绎事物存在的本质属性，而且还能以"因而重之"逻辑思维去归纳和推理事物变化的规律。"道生一，一生二，二生三，三生万物。"《系辞》里讲："《易》有太极，是生两仪。两仪生四象。四象生八卦。八卦定吉凶，吉凶生大业。"太极→两仪（阴阳，黑色为阴，白色为阳）→四象（太阳⚌太阴⚏少阳⚍少阴⚎）→八卦（乾☰坤☷震☳巽☴坎☵离☲艮☶兑☱）。

太极　两仪　四象　八卦

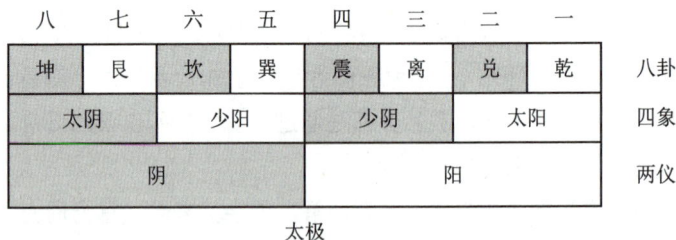

八	七	六	五	四	三	二	一	
坤	艮	坎	巽	震	离	兑	乾	八卦
太阴		少阳		少阴		太阳		四象
阴				阳				两仪

太极

　　基于上述的分析，我们可以认为，《周易》就是通过阴阳两种符号的组合结构与变化方式，象征性地反映世间万物的本质特征与变化规律的世界观和方法论。它以普遍联系的观点与对立统一的方法对事物的发展与变化预先做出吉、凶、悔、吝等判断，其目的是劝善惩恶，避凶趋吉。

赋予《周易》这样的思想和智慧，主要是因为它的根源与发展一直伴随着中华文明的主流生生不息，不仅有"世历三古"和"人更三圣"之说，而且从根本上深切而广泛地影响着中国文化的学术方向和中国人的思维方式及生活方式。《系辞》说："《易》之兴也，其于中古乎？"又说："《易》之兴也，其当殷之末世，周之盛德耶？当文王与纣之事耶？"到了汉朝时，这种猜测式的说法被《汉书》总结成"人更三圣"与"世历三古"。这里的"三圣"，应该有两种说法，一是指伏羲、文王、孔子。二是指伏羲、文王、周公，后来，加上孔子，就应该是"人更四圣"了。但是，如果我们将三个"圣人"与"世历三古"对应起来，则伏羲为上古，文王为中古，孔子为近古。如果我们接受儒家的传统观点，认为作《易》的近古圣人是孔子，《易传》是孔子创作的，那么，我们就无法理解为何孔子在《系辞》中也带着疑问语气词"其"、"乎"、"耶"来说明《周易》的发明时代，而且孔子也没有理由将自己称作"圣"，更没有理由将自己所处的时代称为"古"。由此可知，"人更三圣"和"世历三古"应另有所指，但无论怎样，伏羲作为上古的圣人是符合情理的。伏羲"观物取象"，"一画天地开"，使人类从混沌中走出来，走进了文明觉悟的时代。孔子说伏羲是中华民族的"人文初祖"，故称"文皇"。《系辞》说：

> 古者包牺氏之王天下也，仰则观象于天，俯则观法于地，观鸟兽之文，与地之宜，近取诸身，远取诸物，于是始作八卦，以通神明之德，以类万物之情。

《系辞》里所说的"包牺氏"就是伏羲氏，伏羲"观物取象"画出了八卦。八卦的符号是蕴涵着数理的"象",而数的演绎性与"象"的包容性既能使《易》根源于"自然"生成的本原,又能旁通于万物。伏羲画出的八卦经数理式的演绎变化和逻辑思维变为六十四卦。据《周礼·春官》记载,六十四卦在夏朝已经就有了。因此,有的学者就认为,六十四卦的符号也是伏羲发明的,这种说法在时代上来看,是完全有可能的。那么,我们该如何理解司马迁在《报任安书》里所说的"文王拘而演《周易》"呢?文王在羑里演的什么样的《易》呢?首先,我们可以肯定的是,在文王之前,已经有了六十四卦,他不是六十四卦的发明人。其次,让我们一起来分析"演"字意义,在中国古代"演"既可以解释为"演绎",也可以理解为"演算"。如果是前一种,那么,我们可以想象文王"演"的《易》,可能是在推演六十四卦的变化形式。如果是后一种意思,那么,文王拘在羑里时,可能只是演算着六十四卦的意义。总之,基于司马迁在《史记》记载的史事,结合《系辞》里有关"《易》之所兴"的推断而看,文王很可能是《周易》的卦爻辞的作者之一。汉代以后的学者,基本认为卦辞是文王通过推演后系属在六十四卦的卦象上的。

既然文王做了卦辞,"人更三圣"的最后一位,可能指的是周公。汉以后的儒生们就认为,六十四卦有三百八十四爻,每个爻画后系属的爻辞就是周公创作的。至此,当六十四卦及三百八十四爻后系属了卦辞和爻辞后,《周易》的卦画就有了文字解释,即我们现在很难读懂的卦爻辞,于是,《周易》就成为一本书。

孔子与《周易》又有哪些联系呢?据《论语·述而》记载,孔子曾经对他的学生讲:"加我数年,五十以学《易》,可以无大过矣。"从《论语》有关孔子论《易》的言行中,我们仿佛感到孔子只是一个《周易》的读者而已,并不能确定他为《周易》做了哪些工作。司马迁在《史记·孔子世家》里说:

孔子晚而喜《易》，序《彖》《系》《象》《说卦》《文言》，读《易》，韦编三绝，曰："假我数年，若是，我于《易》则彬彬矣。"

《汉书·艺文志》也记载：

孔子为之《彖》《象》《系辞》《文言》之属十篇。

《史记》《汉书》里所列举的情况说明，我们现在看到的《易传》就是孔子创作的。但是，现代研究《周易》的学者，大都相信欧阳修《易童子问》所提出来的《易传》"非圣人之作"和"非一人之言"的说法。因此，自欧阳修之后，质疑孔子作《易传》的学者越来越多。但是，马王堆出土帛书《周易》的传文部分让我们看到孔子与《易传》有着更深、更近的联系。帛书的《易传》有《系辞》两篇、《二三子问》两篇，又有《要》《缪和》《昭力》各一篇。经李学勤先生考证后发现，其中的《要》：

记载孔子同子贡的问答，也说到"夫子老而好《易》"。特别值得注意的是，孔子："后世之士疑丘者，或以《易》乎？"这句话口吻和《孟子》所载孔子所说"知我者其惟《春秋》乎"是很类似的。孔子说知我，罪我，其惟《春秋》，是因为他对《春秋》作了笔削，所以他与《易》的关系也一定不限于是个读者，而是一定意义上的作者，他所作的，只能是解释经文的《易》。

根据帛书的记载并联系《史记》《汉书》有关文献资料来看，李学勤先生关于孔子"不是一个读者"而是"一定意义上的作者"是完全有可能的。

在多元一体的中国文化里，作为一本占卜算卦的书，《易经》本身在很长的历史时期基本笼罩在宗教仪式和神秘奇异的迷雾之中。后来，因为《易传》的出现，使得《周易》具备了义理富赡、博大精深的思想内容，同时，也赋予《周易》"推天道以明人事"的学术地位和思想智慧。于是，《易》就有了两种精神：一是用《易》占卜解疑的数术学，一是用《易》教化人心、安邦治国的经学。根据这种情况，班固的《汉书·艺文志》将内容属于前者的书归类于"数术"类，将内容属于后者的书归类为《六艺》。其实，《易》从占卜的书上升到经学的书，反映着古人对《易》学思想的认识从天道、神道向着人道的转变过程。总的来看，从卦画→卦爻辞→易经→易传的过程，也就是天道→神道→人道→义理的变化过程。这个变化过程的重要意义在于，本来作为古人卜筮方法的书，至汉代被奉为"经"并在此后的长期演变中被誉为"六经之首"、"群经之首"，主导着中国文化和学术的方向。在儒家思想的体系之中，《周易》是阐述"性与天道"的学问，是儒家的根基，也是孔门的看家本事。其"世历三古，人更三圣"后，后世几乎所有的儒学、经学大师，都对它倾注了毕生的心血。因此，它也可以说是数千年来中华民族最优秀的知识分子"极深研几"、"探赜索隐"中用心血凝结成的智慧结晶。

《周易》既能以概括性包罗万象，又能以象征性触类旁通，并且使所有被解释的事物都能够找到数理的依据和道理的根源。随着易学不断深入而又广泛地拓展着《周易》的内容和认知思维，人们在解读和认知《周易》的过程中，逐渐形成了一系列认知《周易》的卦象与卦爻辞的门径和方法，概言之读《易》"通例"，简言之，易例。

一、卦象

以阴（--）阳（—）两种符号三叠而成的八种三画卦形，称为"八卦"。又称"经卦"，它是相对于八卦之外的五十六个"别卦"而言，是六十四卦爻辞的基础，也是《周易》的基本单位。八卦有一定的卦形、卦名、象征物，其基本的对应关系如下：

卦象对应简示图

卦名	卦形	象征							
		自然	动物	人体	工具	五行	颜色	家庭关系	行为特点
乾	☰	天	马	首	玉器	金	大赤	父亲	健
坤	☷	地	牛	腹	大舆	土	黄	母亲	顺
震	☳	雷	龙	足	车辆	木	绿	长男	动
巽	☴	风	鸡	股	绳子	木	白	长女	入
坎	☵	水	猪	耳	弓	水	黑	中男	陷
离	☲	火	雉（贝类）	目	兵器	火	红	中女	丽（附着）
艮	☶	山	狗（鼠）	手	节纽	土	黄	少男	止
兑	☱	泽	羊	口	罐子	金	白	少女	说（悦）

二、"先天八卦"与"后天八卦"

先天八卦，据文献记载，魏晋时失传至宋朝邵雍再揭示于世。《周易本义》的卷首说："邵子曰：乾南，坤北；离东，坎西；震东北，兑东南；巽西南，艮西北。自震至乾为顺，自巽至坤为逆。"宋人以为此图的方位为伏

羲所创，所以称"先天八卦"，又称"伏羲八卦方位"。先天八卦还配以数字的排列方式：乾一，兑二，离三，震四，巽五，坎六，艮七，坤八。先天八卦所蕴涵的数理，一方面说明八卦的符号实际上是与古人的数理观有密切的联系，另一方面，也揭示着《易经》作为认识世界的观点与方法迥异于其他的哲学体系，即它本身不是一种抽象的理论说教，而是有着具体的数理演变逻辑。先天的方位以一阴一阳相偶相对，象征着天地自然的法象。往顺而来逆，从乾至震，逆向而数，则数为：一、二、三、四。从巽至坤，顺行而数为：五、六、七、八。这在方向上符合《系辞》所谓"天尊地卑，乾坤定矣，卑高以陈，贵贱位矣"的天地自然现象。对于我们今天研习《易经》的人而言，"先天八卦"不仅为我们认识世界开拓了视野，而且，有利于我们以多重思维、多方面、多角度地认识世界。就实用方法而言，其标示在八卦上的数字，是传说或托名邵雍发明的"梅花易数"起卦占验事情的数理依据。

后天八卦，又称作文王八卦，朱熹《周易本义》卷首云："邵子曰：此文王八卦，乃人用之位，后天之学也。"此图为宋代著名易学家邵雍所传，意在解析《说卦传》"帝出乎震"、"齐乎巽"、"相见乎离"、"致役乎坤"、"说言乎兑"、"战乎乾"、"劳乎坎"、"成言乎艮"的事物发展观。这一卦图的排列方式是易学史上的一次革命性创制，它不仅是第一个圆形卦图的出现，更重要的是，这样的排列顺序能应和五行相生的思想，如震为木、巽为木；离为火；坤为土；兑为金，乾为金；坎为水。帝者，根蒂，生物之主。帝出震位

后，按顺时针转依次为：震、巽（木）→离（火）→坤（土）→兑、乾（金）→坎（水）。余一艮，艮为土。按孔颖达说，则可归类于坤中。依《说卦传》，则说"成言乎艮"。在方向上，艮属于标志东北方向的卦，也属于"万物终始"的生成之地。因此，当我们将八卦的图形当做一次革命性创制时，其五行对应八卦的解析就正好为这种图示的结构找到了双重的理论依据：一则五行按八卦图顺序相生；二则《说卦》中的论述正好符合五行相生的顺序。这两种理论相辅相成，由此，《易经》也从阴阳的认知扩大到五行的范畴。

三、卦德

卦德是古人从八卦卦象所对应的物象中揭示出的行为特点和内容特征，在某种程度上，它揭示了八卦象征事物的最基本的情况。在《周易》这本书中，卦德是通过八经卦的《象传》，以极其简约的言辞加以说明的。如乾为健，坤为顺，震为动，巽为入，坎为陷，离为丽（附着），艮为止，兑为悦。因六十四卦皆为两卦相重而成，所以，卦德不仅对理解八卦的意义极为重要，对理解八经卦以外的其他五十六卦也同样重要。卦德是从物的属性推及人的性情，这就使得《周易》本身的义理得到发挥，形成了做人、做事的行为准则和信念智慧。如《乾》的卦德是"刚健"，推及于人就是："天行健，君子以自强不息。"《坤》的卦德是"柔顺"，推及于人就是："地势坤，君子以厚德载物。"读《易》必先从认识卦德着手，因为它不仅是卦的核心内容，而且对人生也有着深刻切实的指导

卦德图示

乾	☰	刚	健	易	
坤	☷	柔	顺	简	
震	☳	出	动	决	
巽	☴	入	伏	制	齐
坎	☵	陷	险	习	劳
离	☲	丽	见	文明	
艮	☶	止	成	光	
兑	☱	说	暗		

意义。

四、八宫卦

"八宫卦"为汉代象数派易学的重要代表人物京房创制，它以类似于"排列组合"的方式展示了从八卦演绎成六十四卦的完整形式，其演绎方法以八经卦《乾》《坎》《艮》《震》《巽》《离》《坤》《兑》为纲，每卦依初爻至五爻为次序，逐次展开变化，变至第五爻则不能再往上变，回头再变第四爻，称为"游魂卦"。最后一变将已变的上卦不变，下卦尽变，形成"归魂卦"。这样，再加上"经卦"就形成了八个卦，由经卦为纲，变出七个卦，统属于"纲"。八个卦共为一宫，所以就叫

八宫卦象次序

宫次 世位	乾	坎	艮	震	巽	离	坤	兑
上世	乾为天	坎为水	艮为山	震为雷	巽为风	离为火	坤为地	兑为泽
一世	天风姤	水泽节	山火贲	雷地豫	风天小畜	火山旅	地雷复	泽水困
二世	天山遁	水雷屯	山天大畜	雷水解	风火家人	火风鼎	地泽临	泽地萃
三世	天地否	水火既济	山泽损	雷风恒	风雷益	火水未济	地天泰	泽山咸
四世	风地观	泽火革	火泽睽	地风升	天雷无妄	山水蒙	雷天大壮	水山蹇
五世	山地剥	雷火丰	天泽履	水风井	火雷噬嗑	风水涣	泽天夬	地山谦
游魂卦	火地晋	地火明夷	风泽中孚	泽风大过	山雷颐	天水讼	水天需	雷山小过
归魂卦	火天大有	地水师	风山渐	泽雷随	山风蛊	天火同人	水地比	雷泽归妹

做"八宫卦"。

五、中正比应

"《易》本为卜筮作，非为义理作。"（《朱子语类》）古人卜筮时，按通例，须先定一卦之动爻的位置，然后再看它与其他各爻产生的关系，这成为古人判断吉凶得失的标准，即通用的"中正比应"分析方法。其二、五为中，当位则正，故谓之"中正"。相邻之间的爻称之为"比"。按八宫卦的变化规则找出一卦的世爻，与之隔两位而对应的爻谓之"应"，合称"世应"。《系辞》曰："六爻之动，三极之道也。"又曰："六爻之义易以贡。"蕴涵在卦爻辞中的意义，有时是隐晦难明的，有时是捉摸不定的，有时是委婉曲折的，但是，只要读《易》者在分析卦象时运用"中正比应"之法，就可以找到使"六爻之义易以贡"的方法，也可以达到"知者观其象辞，则思过半矣"的理解效果（《系辞》）。因为《象传》对一卦大义所做的判断就是运用"中正比应"的结果。《周易》卦爻辞指的"中"有两种体现，一是指居于下卦的二爻和居于上卦的五爻，故如《系辞》所言"二多誉"，"五多功"，爻辞的意义多为吉利。二是位于下卦与上卦之间的三、四爻。如其《系辞》所言"三多凶"，"四多惧"，爻辞的意义多为不利。

"正"则指阳爻居阳位（初、三、五），阴爻居阴位（二、四、上）。二、五两爻因有中正之德，多不拘泥于此例。

在一卦之六爻中，相邻之爻谓之"比"。"比"有承、乘之区别，如二爻往下与初爻比，就叫做"乘"；二爻往上与三爻相比谓之"承"。"比"以阳上而阴下为宜，"应"则往往以阴在上、阳在下为宜。

上下两卦各有三对爻位以"世应"形成相互感应和联系的关系。"世应"本存在卦体的爻位之中，后又通过京房创立的"八宫卦"体系加以明确。具体而言，世爻：八个经卦（又叫纯卦）各自以上爻为世，其他各爻自初爻变起，依次为初、二、三、四、五，各以其所变之爻为世爻，游魂卦（八宫之第七卦）以第四爻为世爻，归魂卦（八宫之最后一卦）以第三爻为世爻。应爻：就是与世爻相对应的爻，即初与四应，二与五应，三与上应。其规则为世爻相隔二位之爻则为"应爻"。

世爻为一卦之主，古人在占筮时以世爻代表占问者本人，以应爻象征占问者所问的事、人、时、地、物等。根据古法，相应的两爻必须是一阴一阳才能相互感应，俱阴或俱阳皆不能感应。"世应"是占筮者推理并判断吉凶悔吝、进退得失的主要根据，也是我们理解卦爻辞的主要方法。

六、六十四卦

六十四卦是《周易》用来象征、解释宇宙、人生的六十四种符号，是《周易》的主体。八卦两两相重，就形成了六十四卦，如下卦乾（☰）与上卦坤（☷）相重就形成《泰》（䷊）卦；下卦坎（☵）与上卦坤（☷）相重就形成了《师》（䷆）。在六十四卦中，除《乾》、《坤》、《震》、《巽》、《坎》、《离》、《艮》、《兑》为八经卦自成其名外，其他的五十六卦皆别有其名。从八卦到六十四卦，既是内容扩张的过程，也是用数理来解释宇宙的原理趋于完整系统的过程。这种内容与形式的变化反映了人们思维能力的发展，而这个发展本身也就奠定了《周易》的主体，因此，当六十四卦形成后，易学的发展都是在围绕这个主体来开展。

六十四卦的排列方式《序卦传》予以了解释。这种卦序反映了事物的发生、发展、变化、转化的整体规律，对人们认识自然、世事、人生多有哲理性的启示。卦序始于《乾》《坤》，终于《既济》《未济》。朱熹的《周易本义》将其编为《卦名次序歌》：

乾坤屯蒙需讼师　比小畜兮履泰否　同人大有谦豫随

蛊临观兮噬嗑贲　剥复无妄大畜颐　大过坎离三十备
咸恒遁兮及大壮　晋与明夷家人睽　蹇解损益夬姤萃
升困井革鼎震继　艮渐归妹丰旅巽　兑涣节兮中孚至
小过既济兼未济　是为下经三十四

此歌将六十四卦分以上下经的篇目来编定，便于熟记。因易类书籍是以此歌诀顺序为目次的，所以记着这个歌诀则不仅记住了六十四卦的卦名，而且也记住卦名的顺序，这是读易的必要步骤，应在读经时掌握或先行掌握。

《杂卦传》则根据六十四卦本身固有的"旁通"与"反对"关系，将其组成两两相对、相反相成的分组形式。这在《杂卦传》的"题解"中有详细论述，此不赘言。

七、当位与不当位

六爻在卦中的位次有奇偶之分，阴数对应于偶，阳数对应于奇，初、三、五为奇，以阳爻（以"九"标注）对应；二、四、六为偶数，以阴爻（以"六"标注）对应。六十四卦有三百八十四爻，皆以阴居阴位，阳居阳位谓之"当位"。反之，以阴居阳，以阳居阴则谓之"不当位"，或称"失位"。当位之爻象征着遵循"正道"，符合规律，所以在爻辞中多以"吉"或"无咎"论。而"不当位"（失位）则悖逆正道，违背规律，多以"凶"或"贞吝"言。但是，当位与不当位在具体的一卦中，其吉凶的判断也并非必然如此的结果。一方面要看它与上下周围的关系，另一方面，还要看它能不能因"变"得"正"，故《集解》中引虞翻、荀爽等人的注解时往往有"之正"之说，即本有其"悔"，变"正"则"无悔"；本有其"咎"，变正则"无咎"。

八、互卦

互卦又叫做"互体"。在相重的两卦之中，还能互连出一

个卦，其方法是：除初、上爻外，下互卦以二与四为"同功"，互出一下卦；上互卦以三与五为"同功"，互出一上卦，这种从互相关联中找出的卦，就叫"互卦"。如图所示，《谦》卦中的二至四互为一个坎，三至五互为一个震，下坎上震，于是，《谦》卦中又互出一个《解》卦。

九、反对与旁通

反对是以上下卦象的变化来显示卦与卦之间的关系，即上下卦象具以相反的卦象上下易位，如《渐》（☶）反对成《归妹》（☳），《明夷》（☷）反对成《晋》（☲），《观》（☴）反对成《临》（☳）等。旁通是本卦的六爻尽变，即阴爻变为阳爻，阳爻变为阴爻，则本卦就变为与之对应的另一卦，如《比》（☵）与《大有》（☰）旁通。通过"反对"与"旁通"的对应关系，就使得六十四卦的卦与卦之间形成相生相存、相辅相成的既对立又统一的辩证关系。同时，正是因为这样的关系，就使得《周易》象征的世间万物都处在普遍联系之中。对于今天学习和研究《周易》的人而言，理解"反对"与"旁通"，有两个方面的意义：一是自宋朝以后，很多《周易》的图画都以"反对"与"旁通"的关系来陈列。二是汉人注解《周易》时，多以"旁通"与"反对"的关系来说明爻辞的深义，如唐朝李鼎祚的《周易集解》中所引用的荀爽、虞翻等人的注解，往往是运用"反对"与"旁通"来曲尽其解，解析卦爻辞的意义的。

十、十二辟卦

十二辟卦是从六十四卦中取出十二个能说明时令节气变化的特殊卦形，用以配合十二个月的气候变化，指示自然、天气"阴阳消息"的情况，故又称"十二消息卦"、"十二月卦"。

"辟"字之义，犹言"君"、言"主"，也就是说十二辟卦为十二月之"主"。唐一行之《大衍历议》："十二月卦，出于孟氏章句，其说《易》本于气，而后以人事明之。""孟氏"即汉朝易学家孟喜。他以阴阳爻位的进退来表明一年十二个月的天气变化、寒暑周流。其理论依据不仅相通于自然规律，而且也符合《周易》的基本原理。

"天地盈虚、与时消息"，图中阳盈为"息"，阴虚为"消"。自《复》至《乾》为息卦，如《复》一阳生为十一月卦，《临》二阳生为十二月卦，《泰》三阳生为正月卦，《大壮》四阳生为二月卦，《夬》五阳生为三月卦，《乾》六阳生为四月卦；自《姤》至《坤》为消卦，如《姤》一阴消为五月卦，《遁》二阴消为六月卦，《否》三阴消为七月卦，《观》四阴消为八月卦，《剥》五阴消为九月卦，《坤》卦六阴消为十月卦。"十二辟卦"的理念，自汉孟喜、京房、马融、郑玄、荀爽、虞翻等，以迄清代经学家，通以释《易》，实际上，就是以阴阳之气的变化之道来解释卦象蕴含的意义，印证着易学的根本道理。

十一、筮仪解要

朱子曰："《易》本为卜筮作。"故今之读《易》者，不熟悉"卜筮"，也难通"义理"。古人筮仪讲究甚多，总之，就是要干净，此所谓"洁净精微，易教也"。当然，这里的洁净，不仅仅是指处所的洁净，更多的是指心灵上的洁净。如《易·系辞》所言"圣人以此洗心"。《易·系辞》："大衍之数五十，其用四十有九。分而为二以象两，挂一以象三，揲之以四以象四时，归奇于扐以象闰。""衍"就是演绎、演算。"揲"，即为"数"。据此，当备五十五策（或用五十策）"揲蓍占卦"。占筮之法不仅是理解《易》道的前提，而且其本身就是《易》学的基本内容。但是，须要指出的是，对于今天研习《易经》者而言，占筮只是我们深入理解《易经》卦爻辞的方法而已，绝不应该成为目的。

基于《周易·系辞》有关筮法的论述，并结合《左传》、《国语》记载的有关筮法，在此，简要说明"筮仪"如下：

【一变】第一步，双手合握五十五根蓍草，并从中取出一根不用，以象太极。第二步，将四十九策用左右手随意分为两部分，此一步为《易传》所谓"一营"，即"分而为二以象两"（象征阴阳）。第三步，左手执左边之策，右手置右边之策于案之右侧，右手即从右边之策中取其一策悬挂（夹持）于左手的小指与无名指之间，以形成天地人"三才"（左手所持象征天，挂一象征人，置于案之右侧之策象征地）之象。此为"二营"，即"挂一象三"。第四步，用右手四揲（按每四策为一组数之）左手所执之策，此为"三营"，即《易传》之所谓"揲之以四以象四时"。第五步，将"四揲"之余策，或一，或二，或三，或四，扐之于左手无名指与中指之间，此为"四营"，即"归奇于扐以象闰"。用右手将揲过之策归于案之左侧。第六步，用右手持起案之"右边之策"，以左手四策为一组数之，此为"三营之半"，归其揲余之策而扐之左手中指与食指之间。此为"四营之半"，即所谓"再扐以象再闰"。之后，用右手归揲过之策于案之右侧，合左手"一挂二扐"之策于案上（第二变时置之不用）。此为第一变，即《易传》所谓"四营而成易"。

注：一变所余之策，左一则右必三，左三则右必一，左二则右也二，左四则右也四。合之前"挂一"之策，不五则九。或以为，既如此，则右不必再揲，古人以为不可，一则"失阴

阳交错之义"，二则失"来而不往"之礼，心不能诚。

【二变】再以两手取左右两部分之策合之，或四十四策，或四十策，复"四营"如"一变"之法，置其左手之"挂一扐二"策于案上（第三变时置之不用）。此为"第二变"。

注：二变所余之策，左一则右必二，左二则右必一，左三则右必四，左四则右必三。合前之"挂一"，其数不四则八。

【三变】又取左右两部分之策合之，或四十策，或三十六策，或三十二策，再"四营"如"二变"之法。置其左手之"挂一扐二"策于案上。此为"第三变"。

三变形成一爻，合三变挂扐之策，画爻象于纸上。若三变挂扐之数共十三策，则揲过之策有三十六（49—13），而为"老阳"，其画为○，名为"重"，画阳爻（一）；若挂扐之策合为十七，则揲过之策为三十二（49—17），其画为少阴，名为"拆"，画阴爻（- -）；若挂扐之策合为二十一，则揲过之策为二十八，其画为少阳，名为"单"，画阳爻（一）；若挂扐之策为二十五，则揲过之策为二十四，其为老阴，其画为×，名为"交"，画阴爻（- -）。

由上述筮法可知，"三变"而成爻，"九变"成三爻，谓之内卦。"十八变"成一卦。然后考其所变，占其吉凶。观揲过之策有36为"老阳"、32"少阴"、28为"少阳"、24为"老阴"，因皆以"四揲"，故诸数当以四除，依次为九、八、七、六。按筮占之例，筮成之卦为"本卦"，凡遇"老阳"、"老阴"，均当使阳变阴，阴变阳，余则不变，再形成一卦，谓之"变卦"，推断吉凶应结合本卦及变卦的卦爻辞。若六爻皆变，则取卦辞为占；《乾》、《坤》二卦，若六爻皆以老阳、老阴变之，则取《乾》、《坤》之"用九"、"用六"为占；若六爻逢少阳、少阴而均未变，则以本卦的卦辞为占。

目　录

上经

　　《易》本为象，不是后世理解的书，也没有文字，只有六十四卦的卦画。其认知世界的方法主要是以通过演算的方式求得相应的卦画，然后对未知、未来的事情做一种预测性的判断。在演算过程中，这种符号体系逐渐融入了人们的思维方式和思想内容并以文字方式系属在对应的卦爻象之后，系在卦象下就称为卦辞，系在爻象后的就称为爻辞。至汉代，《易》上升到"经"的位置，于是，卦象、卦辞、爻辞三种构成《周易》的"经"。《易》有《易传（zhuàn）》，传，指注解"经"书的文字。《易》有"十翼"之说，即《彖传》上下篇、《象传》大小篇、《系辞》上下篇、《文言》、《说卦传》、《序卦传》和《杂卦传》，共七种十篇，故而谓之"十翼"。翼，就是翼助的意思，"十翼"之于"经"，就是帮助后人认识《易经》的十种注解。汉以后的学者要想真正地读懂《易经》，理解《易传》就是不可缺少的门径。《易传》诸篇原本单行，不与经文相杂，分卷成册，后经汉代易学家费直、郑玄、王弼等注解将《文言》分列于《乾》、《坤》两卦，又将《彖传》、《象传》分列于六十四卦中，其《系辞传》、《说卦传》、《序卦传》、《杂卦传》缀述于"经"文后。因为这种编排方式便于阅读、理解《周易》，遂定例通行于世。

　　《系辞》曰："《易》有圣人之道四焉：以言者尚其辞，以动者尚其变，以制器者尚其象，以卜筮者尚其占。"又曰："君子居则观其象而玩其辞，动则观其变而玩其占。"今天我们研习《周易》，应主要保持两种基本心态并坚持六种重要途径。两种心态：一是"玩"，"学之者，不如好之者，好之者，不如乐之者"，要带着快乐的心情认真用心地琢磨研究。二是要有忧患意识，即在认识并遵循事物规律性的前提之上，要有"趋吉避凶"的观念。六种重要途径：首先要明了《周易》文本的体例，即卦象、卦辞、爻辞、《彖传》、《象传》、《文言》（唯《乾》、《坤》两卦有）、《小象传》（各爻辞之后的"《象》曰"）。其中的《彖》，"彖者，断也"，有断定一卦大义的作用。其次，读《易》之前，我们要先认真阅读《易传》，尤其是《易传》里的《说卦传》。其三，我们要理解并掌握本书"前言"介绍的"易例"部分中的易学知识，反复熟练其中的"筮仪解要"。其四，熟悉卦象，以卦象为根本，辨析义理。其五，要提高学易的境界，就应该重视在社会实践和人生体会中不断地增强观察世界的能力。其六，在研习易学的过程中，怀抱一颗"洁净精微"、"至诚"、"至善"的心灵。

䷀ 乾卦

乾①：元，亨，利，贞②。

初九③，潜龙④，勿用⑤。

九二，见龙在田⑥，利见大人⑦。

九三，君子终日乾乾⑧，夕惕若厉⑨，无咎⑩。

九四，或跃在渊⑪，无咎。

九五，飞龙在天⑫，利见大人⑬。

上九，亢龙⑭，有悔⑮。

用九⑯，见群龙无首⑰，吉。

【注释】

①乾：卦名，下上皆为☰，象征着"天"象的阳刚之气和刚健之行。古人认为自混沌开明以后，天就以其光明和温暖普照着大地，它高高在上，周流运转，变化无穷，沿着春、夏、秋、冬四季循环往复，制约、主宰着大自然和人类。《乾》卦为六十四卦之首，它最大的特点是六爻皆为阳爻，是《周易》中唯一的纯阳之卦。《乾》卦以"天"来喻指其刚健、正大的美德，又以"龙"为喻，来宣扬"天"之纯阳刚健的精神，解释天体的运行规律。这两种比喻实际上说的是一体一用的关系，即"天"为《乾》之体，"龙"为《乾》之用。朱熹在《朱子语类》中说：《易》难看，不比他书，《易》说一个物，非真是一个物，如说'龙'非真龙。"几千年来，《乾》卦描述的龙已经成为中华民族能屈能伸、灵活

变通的心性和乾乾刚健、自强不息的文化符号。实际上，整个《易》这本书都是以象征性的比喻来说明事物的特征和运行规律的。只是在《乾》卦中，这种特征更为突出、显著。《乾》开篇就以"元、亨、利、贞"四种事物发展的阶段性特征高度概括"天"具有开创万物、并使之亨通吉利、和谐富裕、光大正直的功德。这些"功德"不仅是《乾》道之本，也是万物之本。以这种根本特征说明人事，则君子之行：或"勿用"；或"乾乾"；或"利见大人"；或亢而"有悔"。但是，作为君子始终如一的精神则是"天行健，君子以自强不息"。

② 元，亨，利，贞：元，开始；亨，亨通；利，和谐；贞，正直。

③ 初九：《周易》六十四卦均由初、二、三、四、五、上，六个爻位组成，此处因爻位处于一卦的开始，所以叫"初"。古人用《周易》占筮时，用"九"代表阳，用"六"代表阴。本爻为阳爻，故称"初九"。

④ 潜龙：初九以潜伏在水中的龙比喻启示人们当道德和智慧尚未完备或者未达到发挥的时机时，就应该像龙一样潜伏在水中等待时机。

⑤ 勿用：当龙在深水中潜伏时，因其尚未等到腾飞的时机，故宜于潜伏在下，以等待时机。

⑥ 田：田地，九二在初之上，已上于"潜"位，故以田地象征。九二以龙来象征"大人"，当龙出现在田野之间时，就如同有道德、有作为的人来到民

间，接近民众，体察民情。

⑦大人：在《易经》中，大人是贵族的通称，在此，是指那些有道德修养并身居高位的人。

⑧君子：是贵族和读书人的通称，后来泛指一切有才、有德的人。"君子"，作为中国人文心理象征道德品行的文化符号在殷末周初就已经深入人心。后来，"君子"成为儒家文化推崇和追求理想人格的最高境界，深远而广泛地影响着中国人的思想、品德、言行等诸多美好的愿望，也成为中国人"修身、齐家、治国、平天下"的标准。终日：一整天。乾乾：勤勉而刚健。

⑨夕惕若厉：惕，警惕。若，像……一样。有的《周易》读本和有的学者，在"若"后断句，以"若"语助词，将"惕若"，解为警惕的样子。意也通。但是，按《周易》卦爻辞的一般句式，"无咎"作为断句决疑之辞常常处在句尾。厉，危险。

⑩咎：小的灾难。

⑪或：疑惑之心。跃：暂时起飞的样子。渊：深渊，此处指龙之安身之所。

⑫飞龙在天：在《周易》中，若阳爻处于第五爻时，则往往以吉利解释。九五，在爻位上象征着君王，古人以龙比君，九为阳，为高，故以"飞龙在天"象征君王处于大有作为之时。

⑬利见（xiàn）：见，出现。九五，本身为九五之尊，所以，宜解为"出现大人"。

⑭亢龙：亢，过分，极度，过高。上九位于乾之极高之处，故曰"亢龙"。

⑮悔：悔恨。天生万物，有盈有虚，有进有退，一张一弛，文武之道。子曰："过犹不及。"龙处于穷极过高之处，"知进而不知退，知存而不知亡，知得而不知丧"，故终有悔恨之事发生。

⑯用九：《乾》卦特有之爻题。依古筮法，筮遇《乾》卦，六爻皆七，则以卦辞断事，六爻皆九，则以用九爻辞断事。用九犹言"通九"，是六爻皆九之意。九，纯阳之数，象征着天。

⑰群龙：《乾》卦，六爻皆为纯阳，犹群龙相聚。"九"为天德，若六爻皆变，则变为《坤》卦，阳刚之性变为阴柔之态，故而"无首"，而群龙相聚，是阳中有阳。群龙以其纯阳之德，阳刚之性于变中不自居首位，有同和之美，谦让之德，所以就显得很吉利。

【译文】

《乾》卦：《乾》卦象征着天：是万物的开始，有亨通的力量，能和谐而有利于物，有光明正大的品格。

初九，当巨龙还潜伏在深水之中时，就不应该使自己发挥作用。

九二，当巨龙出现在田野之间时，就有利于去拜见大人。

九三，君子整天勤勉努力，直到夜静更深时还像遇到危险一样地保持着警惕性，这样，就会免于灾祸。

九四，龙，时而有飞起之状，时而又伏处在深渊之中，这种情形没有过错。

九五，当巨龙在天空自由腾飞时，就有利于出现有道德并居于高位的人。

上九，龙飞至极高之处，就会出现悔恨之事。

用九，群龙相聚而没有一个以首领自居，吉利。

《彖》曰①：大哉乾元②，万物资始，乃统天③。云行雨施，品物流形④。大明终始⑤，六位时成⑥。时乘六龙以御天⑦。乾道变化，各正性命。保合大和⑧，乃利贞。首出庶物⑨，万国咸宁⑩。

【注释】

①彖（tuàn）：断定，即断定一卦之义。

②乾元：乾之元气。元，阳和之气开始产生。

③统天：统属于天。统，继续，统属。

④品物：各类事物。

⑤大明：指太阳。

⑥六位：一说为六爻之位；一说为天地四时之位。天在上方，地在下方，日出处为东方，日入处为西方，向日处为南方，背日处为北方。

⑦时：时间，名词用作状语，这里指"按照时间"。乘：驾驶。

⑧大和：太和，阴阳化合之气，即太和之气。

⑨庶物：众物。庶，众也。

⑩万国：天下万方之地。咸：皆，都。宁：安宁。

【译文】

《彖传》说：崇高而伟大的上天啊！您是所有事物的统领，万物依赖您的阳气而生息，世间万物都统属于天道。云儿在天空飘荡，雨水降落在大地，各类事物随地成形。辉煌温暖的太阳周而复始地运转，按照上天、下地、东西南北六种位置形成了昼夜变化和春、夏、秋、冬的季节变化。犹如羲和驾驶着六条龙拉着太阳运转在天空。虽然大自然变化莫测，但是它还是以自己的规律保持事物的正道本性。保全太和元气，以利于守持正固。阳气周流不息，当春天到来时，大地又沐浴在春光里，万物萌生，天下万方都和美安泰。

《象》曰[1]：天行健[2]，君子以自强不息[3]。"潜龙勿用"，阳在下也[4]。"见龙在田"，德施普也。"终日乾乾"[5]，反复道也。"或跃在渊"，进无咎也。"飞龙在天"，大人造也[6]。"亢龙有悔"，盈不可久也。"用九"，天德不可为首也。

【注释】

①象：即形象、象征之意。在《周易》中，象有二义，一是指卦形和卦爻辞，故《系辞传》曰："《易》者，象也。"宋人项安世《周易玩辞》言："凡卦辞皆曰象，凡卦画皆曰象。"二是指《易传》中用来阐释卦象、爻象象征意义的《象传》。此处指第二义。《象传》又有《大象传》、《小象传》之分。前者每卦一

则，释上下卦象。后者每卦六则，释六爻爻象。

②行：指天道，在这里指天体运行的规律。

③自强不息：就是指君子效法《乾》卦之"健行"之象，其立身、行事始终保持奋发图强的精神。

④阳在下：指初九，虽有阳气，然而阳气潜伏在下。

⑤乾乾：《说卦传》曰："乾，健也。"即刚健。

⑥造：孔颖达曰："造，为也。"有作为。

【译文】

《象传》说：天体以劲健刚强的方式运行，君子也应当像天体的运行一样自强不息。"潜伏在水中的龙，暂时不宜施展自己的能力"，这是因为龙属于阳性之物，潜在水下时，说明阳气还很微弱。"巨龙出现在田间"，也就是阳气之德普泽广施于世间之时；"整日刚强健进"，反复行其正道而不知疲倦；"或者在深渊中上下腾飞"，前进也不会有灾害；"巨龙飞腾于天"，这是大人奋发有为之时；"龙飞得太高则会有悔恨之事发生"，因为刚强过甚的行为是不能持久的；用九，它在说明天的美德在于不自居首位。

《文言》曰①："元"者，善之长也②；"亨"者，嘉之会也③；"利"者，义之和也④；"贞"者，事之干也⑤。君子体仁足以长人⑥；嘉会足以合礼；利物足以和义⑦；贞固足以干事⑧。君子行此四德者，故曰"乾：元、亨、利、贞。"

初九曰"潜龙勿用"，何谓也？子曰："龙，德而隐者也⑨。不易乎世⑩，不成乎名，遁世无闷⑪，不见是而无闷。乐则行之，忧则违之，确乎其不可拔⑫，'潜龙'也。"九二曰："见龙在田，利见大人"，何谓也？子曰："龙德而正中者也⑬。庸言之信⑭，庸行之谨，闲邪存其诚⑮，善世而不伐⑯，德博而化。《易》曰：'见龙在田，利见大人'，君德也。"九三曰："君子终日乾乾，夕惕若厉，无咎。"何谓也？子曰："君子进德修业⑰。忠信⑱，所以进德也。修辞立其诚⑲，所以居业也⑳。知至至之㉑，可与言几也㉒。知终终之，可与存义也㉓。是故居上位而不骄，在下位而不忧，故乾乾因其时而惕㉔，虽危无咎矣。"九四曰"或跃在渊，无咎"，何谓也？子曰："上下无常㉕，非为邪也㉖。进退无恒，非离群也。君子进德修业，欲及时也㉗，故无咎。"九五曰"飞龙在天，利见大人"，何谓也？子曰："同声相应，同气相求㉘；水流湿，火就燥㉙；云从龙，风从虎；圣人作而万物睹㉚；本乎天者亲上，本乎地者亲下，则各从其类也。"上九曰"亢龙有悔"，何谓也？子曰："贵而无位，高而无民㉛，贤人在下位而无辅㉜，是以动而'有悔'也。"

【注释】

①《文言》：又称《文言传》，为《十翼》之一。旨在文饰《乾》、《坤》两卦之言辞。

②善之长：即主导着一切美好事物。长，统率，主导。

③嘉之会：即美好之聚合。嘉，嘉美。会，会合。

④义：宜，适宜。和：相应。

⑤干：主干，意指做事的根本。

⑥体（lǚ）：践行。

⑦义：正义，情义，善。

⑧贞固：坚定地守持正义。贞，正，正义，正道。

⑨隐：潜藏，隐居。

⑩不易乎世：不为世俗所改变。易，更改，改变。

⑪遁世无闷：遁，逃避。闷，烦恼，苦闷。《集解》引崔憬曰："道虽不行，达理无闷。"

⑫确乎其不可拔：此言初九虽潜居下位，然阳刚之德与君子之行却坚定不移。确，坚定。拔，犹言"移"。

⑬正中：《乾》，通体喻龙。然九二失位于下卦之中，故曰"正中"，不曰"中正"。

⑭庸：平常。信：因九二有"正中"之德，故其言真实可信。

⑮闲邪：防止邪恶。闲，防，犹言"防止"。

⑯善世：这里指《乾》之九二能以美德利天下。善，美德。世，世间，天下。不伐：不夸耀自己的好处。伐，夸耀。

⑰进德修业：九三为我们的人生确立了一个君子标准，那就是以"终日乾乾"的精神"进德修业"和"修辞立诚"。同时指出，"进德"的方法在于讲求"忠信"。"修辞"的关键在于"立诚"。进德，增进、提高道德修养。修业，修美事业。

⑱忠信：对朋友忠实不欺，与人言而有信。

⑲修辞：修饰言辞，不妄语，不虚言。

⑳居业：蓄积，累积。

㉑知至：知道事业所能达到的目标。至，达到。至之：达到某种地步。

㉒几：事发前的征兆。《系辞》曰："几者，动之微也，吉凶之先见者也。"

㉓存义：保持其所适宜的行为。

㉔因其时而惕：意指随着时间的变化而保持警惕性。因，随，顺。

㉕上下：《集解》引荀爽曰："进谓居五，退谓居初。"上为进，下为退。常：常规，恒定。

㉖非为邪：非私心邪念之所为。接下句可知，进退之事因时间而定。

㉗及时：赶得上、抓得住时机。

㉘同声相应，同气相求：《乾》通体皆为阳爻，九五为一卦之主与其他各爻有相同属性，"同声""同气"，"相应""相求"。

㉙就：接近。

㉚圣人作而万物睹：指圣人创造卦象，使万物可睹。作，创造。睹，目之所见。

㉛无民：九五为君王之位，上九则太高，已失去君王之位，故高贵太甚则脱离民众。处高位而"骄"则必有"二失"：其一，脱离群众，失去民众的拥护，成为孤家寡人。其二，失去贤人的帮助。

㉜无辅：即上九与九三均为两阳相对而不相应。故君不以臣为臣，臣也不知君在何处。如贤人在下位失意，君王则在朝中无人相助。

【译文】

《文言》说：开初的生长，是众善之长；亨通，是美好事物的集合；有利，是"义"的和谐体；正直，是做事的根本。君子实践仁德之本，就足以成为人们的尊长；会聚美好的事物，就符合"礼"；有利于物，有利于人，则足以和谐"正义"，坚守正义、正直的品德就能做成事情。君子就是能够实行这四种美德的人，所以说（他们就像）《乾》卦的卦象所蕴含的哲理一样，具有"元始，亨通，利人，正直"的品德。

初九的爻辞说"巨龙潜伏在水中时，就不要发挥作用"，这说的什么意思呢？孔子说："这是指有龙一样的品德而暂时隐居的人，他们不会因世俗的丑恶而改变自己的坚贞品德，也不会因侥幸的成功而扬名于世。他们遁隐而不苦闷，不被人理解先同也不苦闷。所乐于做的事就去实行，所忧愁的事就避开不去做，具有坚忍不拔的意志就像潜伏在水底的龙一样。"九二的爻辞是说："当巨龙出现在田间时，就利于拜见大人物"，这是什么意思呢？孔子说："有'龙'一样品德的人，他也就是立身中正的人。他平常所言必讲信用，他的平常之行为也是谨慎的；防止邪恶而内心保持真诚，有功于人、有惠于民而从不自我夸耀，其道德溥溥广大而能感化人心。《周易》说：'巨龙出现在田间，就有利于出现大人。'这才是人君之德啊！"九三的爻辞说：

"君子整日强健，直到夜间还像是遇到危险一样保持着警惕性，这样即使是面临危险也不会发生灾祸"，这是什么意思呢？孔子指出："也就是说，君子要不断地增进自己的道德修养、发展事业。忠诚待人，言而有信，通过增进道德和修饰自己的言辞的方法树立诚实可靠的形象，这也是蓄积功业的方法。知道自己在事业上所能达到的目标，就去努力去实现它，这样的人才是可以谈论事物发展的征兆的人；能预知自己将有某种结果，而去努力奋斗得到这种结果，这样的人就可以与他共同保持适宜的状况。因为这样的人们能身居上位而不骄傲，身处下位而不忧愁，所以能随着时间的不断流逝，而始终保持强健和警惕，即使是有危险也不会酿成灾祸。"九四的爻辞说："或者飞跃于天；或者下潜于渊；这样做是没有灾祸的。"这句话是什么意思？孔子说："这是指君子之行，或上升，或下降，本没有什么一定不变的道理。因为，这种行为并非出于自私的邪念。或进取，或隐退，本没有什么常规可循，这也并非是脱离群众。君子涵养道德，建功立业，就是要在需要自己的时候，抓住机会，不失时机。这样，才能尽可能地避免灾祸。"九五爻辞说"巨龙高飞于天，有利于出现大人"，是什么意思呢？孔子说："这是在譬喻相同的声音是相互感应的，同类的气息是相互吸引的。水向湿处流，火向干燥的地方烧。云随着龙的吟啸而涌动，风跟随着老虎的呼啸而出现；圣人创作卦的目的在于以类比的方式描绘和说明万物的情理，这样，万物就可以欣然呈现在人们的眼前。依附于天的东西本来就亲近于天上，依附于地的东西本来就亲近于地下，世间万物都是按照类别而相从相应。"上九的爻辞说"巨龙飞得太高，就会有悔恨之事发生"，这句话是什么意思呢？孔子说："这就像一个尊贵的人没有实际的地位，爬得太高而远远脱离了民众，贤人居于下位，朝中却无人辅佐君王，所以若要妄动就会发生悔恨之事。"

"潜龙勿用"，下也①。"见龙在田"，时舍也②。"终日乾乾"，行事也③。"或跃在渊"，自试也。"飞龙在天"，上治也④。"亢龙有悔"，穷之灾也。乾元"用九"，天下治也⑤。

"潜龙勿用"，阳气潜藏⑥；"见龙在田"，天下文明⑦；"终日乾乾"，与时偕行⑧；"或跃在渊"，乾道乃革⑨；"飞龙在天"，乃位乎天德；"亢龙有悔"，与时偕极；乾元"用九"，乃见天则⑩。

《乾》"元"者，始而亨者也。"利贞"者，性情也⑪。乾始能以美利利天下⑫，不言所利，大矣哉！大哉乾乎！刚健中正，纯粹精也⑬。六爻发挥⑭，旁通情也⑮。"时乘六龙"⑯，以御天也。"云行雨施"，天下平也。

【注释】
①下：身处下位。
②时舍：一时之居。舍，居。
③行事：勤勉做事。
④上：处于上位。

⑤天下治："用九"由极阳转为阴，由刚转柔，故能治天下。

⑥潜藏：时在夏历之十一月，阳气还在地中，故曰"潜藏"。

⑦天下文明：九二之爻象征着阳气已经冒出地面，这时草木萌生，万物欣荣，故曰"天下文明"。天，就是时间，故古人以"天时"名之。就《乾》卦蕴涵的道德观而言，变则因时而变，化则因时而化。

⑧偕：俱，全。行：运行。

⑨革：变革，即改变。

⑩天则：这里指天体运行的规律。则，法则。

⑪性：天之本性。情：天之心情。

⑫美利：美好有利。利，指有利，利益。

⑬纯粹：不杂不变。米不杂曰"纯"，谷不杂曰"粹"。

⑭发挥：这里指六爻的变化运动。

⑮旁通情：广通于万物。旁，广大。

⑯时乘六龙：以四时之变，六爻之动来驾驶六龙。

【译文】

"巨龙潜伏于水中，暂时不能施展才能"，说明它的地位处在低下；"巨龙出现在田间"，这里是贤人的暂时的居住之所；"整日强健"，这是君子勉励做事的精神；"或者腾飞于天，或者深潜于渊"，这是自我试验，展示自己的才华的时候；"巨龙腾飞于天"，这是说君王在上治理着国家；"巨龙飞得太高，就有悔恨之事"，这说明过极就会有灾祸；天有元德，天有善德，所以至"用九"则有化刚为柔，由阳变阴，阴阳合和，天下大治。

"潜伏在深渊中的龙，暂时不宜施展才能"，这是因为阳气还潜藏在地下；"巨龙出现在田野之中"，天下就欣欣向荣，光辉灿烂，一片文明的气象；"整日地保持强健的精神"，就是为了随着时光不断进取；"或腾飞于天，或下潜至深渊"，这是因为天道、阳气正处在改变之时；"龙在天空中飞行"，这是因为"龙"的德性已经上达天位；"龙飞得过高就有悔恨之事发生"，是因为它与时间一起推进到一个穷极过度之时；乾有出生万物之德，"用九"象征着大自然的法则。

"《乾》能出生万物"，就在于它具有创造万物的美德并使之亨通发展；"有利于万物，守正持固"，这是上天的本性、真情。《乾》一开始就能以美好有利的方法而利天下之万物，却不说出它所给予世间的恩惠，这是多么的伟大啊！伟大的《乾》啊！您刚健而中正，纯粹不杂，至精至诚；《乾》卦六爻的运动变化，通达于万物发展的情理；就像六条巨龙顺应时序巡视着天空一样，云儿因此而飘动，雨水因此而下降，给大地万物带来安祥和平。

　　君子以成德为行，日可见之行也。"潜"之为言也①，隐而未见，行而未成②，是以君子"弗用"也。君子学以聚之③，问以辩之④，宽以居之⑤，仁以行之。《易》曰："见龙在田，利见大人"，君德也。九三重刚而不中⑥，上不在天，下不在田⑦，故乾乾因其时而惕，虽危无咎矣。九四重刚而不中，上不在天，下不在田，中不在人⑧，故"或"之。"或"之者，疑之也，故"无咎"。夫"大人"者，与天地合其德，与日月合其明，与四时合其序，与鬼神合其吉凶⑨，先天而天弗违⑩，后天而奉天时⑪。天且弗违，而况于人乎？况于鬼神乎？"亢"之为言也，知进而不知退，知存而不知亡，知得而不知丧⑫。其唯圣人乎！知进退存亡而不失其正者⑬，其唯圣人乎！

【注释】

①"潜"之为言也：初九阳气潜伏，"龙"因时而隐；但是，初九之"隐"是通过隐藏的方式来蓄积力量，等待时机。《乾》象的六阳爻同处一卦之中，其吉凶悔吝的意义各不相同。因为《乾》卦的爻位说的其实就是时间。为，动词，作为。言，讲，谈论。

②未成：即事业、德行尚未达到显著。

③学以聚之：九二爻处上进之位，但仍然在田野之间，尚未启用，更需要积累自己的知识。

④问以辩之：辩，通"辨"。多问才能有辨，故君子之于学，辨而能明。

⑤宽以居之："宽"应解为心宽，非为室"宽"。

⑥重刚而不中：初九、九二均为阳爻，九三又是阳爻，故为"重刚"。《乾》下九二为正中，《乾》上九五为正中，九三位居三位，故失正中之位。

⑦上不在天，下不在田：指九三既不在九五人君之位，又不在九二田野之位，唯悬于上下进退之间。

⑧中不在人：九四爻上不在君位，下又不在田野之位，中不在人位，故失中正之位。《系辞》曰："《易》有天道，有地道，有人道，兼三才而两之。"即指卦之六爻，上、五为"天"，四、三为"人"，二、初为"地"。

⑨鬼神：鬼，隐秘莫测之事。神，精灵幽妙之形。非真指鬼神。

⑩先天：先于天地阴阳化物之前，这里指"道"。古人认为未有天地之前，先有天地之道。圣人能遵循"道"（即客观规律），所以"天"也顺着他。

⑪后天：指后于天地阴阳化物。奉：遵循。

⑫亢：失去，丧失。"亢"象征着事物发展到过极的情况，生存与发展的前提是"欠缺"的状态和谦虚的精神。物极必反，"亢极"则丧。

⑬正：中正之位，中正之德。

【译文】

君子以成就美德作为自己的行为准则，每天都能使自己的道德有所增进，而初九爻"潜"的意思却是退隐潜伏而不显现，这是因为其德行尚未显著，所以君子暂时就不去施展才能。君子依靠学习来积累自己的知识，靠多向别人请教提问来辨明是非，靠胸怀宽广来居于适宜的位置，靠心存仁爱之心来支配自己的行为。《周易》说"田野之间出现巨龙，就有利于拜见大人"，因为"大人"有君子之德。九三是重阳强刚之位，然而其居位不在正中，上不能通达于天，下不能立身于田间，之所以要强健，就因为自身处在必须保持高度警惕之时，这样，即使是面临危险，也没有灾祸。九四也是处在多重阳刚之上，也不在正中之位。上不在九五之天位，下不在九二之田野之位，中不在九三人群之位，故感到"疑惑"，同时，因为有了"疑而未决"的警惕性，所以，也就没有灾祸。九五之爻所称颂的"大人"，他的心灵能与天地万物沟通，能像日月的光辉一样普照大地，治理天下也能顺应四时之节序，而且还具有如"鬼神"一样隐秘幽妙的能力揭示吉凶的预兆，因为他能行先天之道，故天也不违背他，后于天道而行事，却能顺应天时四序。天尚且不违背他，何况人呢？何况鬼神呢？《乾》卦之上九所说的"亢"，是在譬喻某些人只晓得进取而不知道及时地退隐，只知道生存而不知道衰亡，只知道一味地去获得利益而不知道舍弃一些。知道这些事情的人，恐怕只有圣人吧！因为圣人深知进取、引退、生存、衰亡之理，并因此不使自己的行为失去正道，这样明智的人，大概只有圣人啊！

䷁ 坤卦

坤①：元，亨②，利牝马之贞③。君子有攸往，先迷；后得主，利④。西南得朋，东北丧朋⑤。安贞吉⑥。

《彖》曰：至哉坤元⑦，万物资生，乃顺承天。坤厚载物，德合无疆⑧。含弘光大⑨，品物咸亨⑩。牝马地类，行地无疆，柔顺利贞。君子攸行⑪，先迷失道，后顺得常⑫。"西南得朋"，乃与类行⑬。"东北丧朋"，乃终有庆⑭。"安贞"之吉⑮，应地无疆。

《象》曰：地势坤⑯。君子以厚德载物⑰。

【注释】

①坤：卦名，下上皆为☷，象征着地、母亲、马等。《坤》于"象"则象征着大地，于"行"则象征着顺从。《坤》与《乾》同为"天地之门户"，是以纯阴来象征"含弘光大"的大地有"德合无疆"的内涵。如果说《乾》以"刚健中正"的纯粹来张扬"自强不息"的君子之行，那么，《坤》则以"柔顺利贞"的宁静来表彰着"厚德载物"的君子之美。《坤》具有两种特征：一是因为六爻皆阴，阴晦不明，如在黑夜，先行则迷。二是因为随顺安分，守正内敛而"后顺则吉"。在《坤》象中，我们看到君子的美德是由表及里地得到体现。总而言之，《坤》道，即"地道，妻道，臣道"。她有安静顺从的品行，她有正直方大的仪态，她有含弘内敛的心性，她有含弘光大的"厚德"。正因为如此，她能将"黄中通理，正位居体"内美之质"畅于四支，发于事业"，因而她就当之无愧地成为六十四卦中唯一称得上"美之至"的卦象。

②元：与《乾》卦中的"元"略同，因为"天大"，地也大，天能生物，地能化物。亨：天地相配，乾坤合德，所以能亨通。

③牝：《说文》解释："牝，畜母也。"就是母马。贞：

正，就是要守正而行。龙行天上为阳，马行在地
为阴。

④"君子有攸往"四句：坤为阴，应随人后，不宜抢
先而行。若抢先则有迷路之失，若随后则有"得
主"之喜，故有利。攸往，就是所往之地。

⑤西南得朋，东北丧朋：《坤》卦位于西南时六爻皆阴，
同类为朋，以阴居阴，故曰"得朋"。与《坤》卦
方位相对的卦象为《艮》卦，则六阴爻变出两阳爻，
余有四阴爻，故曰"丧朋"。

⑥安贞吉：意指《坤》若安分随顺则能吉利。安，安
守。贞，正道。

⑦至哉坤元：指生育万物的大地有至善的美德。至，
最，极。坤，地。元，大。

⑧无疆：地广博无边，长久无疆。

⑨含：包容。弘：《尔雅·释诂》："弘，大也。"

⑩品物：即万物。亨：亨通畅达。

⑪攸行：即所往之地。攸，所。

⑫先迷失道，后顺得常：《坤》为阴卦，其德为柔顺，
其行应随从。若先行则迷，故曰"先迷"；若后随
顺于阳刚之德，则能得其恒久之道。常，经常恒久
之道。

⑬类行：与志同之士共行。类，类别。这里指同类之人。

⑭庆：福庆吉祥之事。"先迷"而"后顺"，故"终有
庆"。

⑮安贞之吉：安分守正就会吉祥。安，安分，安心。

贞，正直，正道。

⑯地势坤：坤，下、上均为阴，为地，故地势有随顺之德。坤为顺，"坤"古字作"《《"，而"《《"为顺的借字。

⑰厚：这里有增进、增厚的意思。

【译文】

《坤》卦：它象征着大地，大地有元始之生，亨通之利，有利于像牝马一样守持正道。君子若要与人有来往，就要随着他人的后面，让他人来做主，必有利益，若是抢先或居首位，就会迷失方向。向西南走，会得到朋友，往东北走，则会丧失朋友。安分守正就会吉利。

《彖传》说：美德至厚的大地啊！万物的滋生依赖您，您顺承天道，厚实的土地上承载着万物，天地相合，阴阳相生的德性广大无边。您含育一切生命并使之发扬光大，使万物都能亨通和顺。牝马是地上的生物，它能驰骋在无边无际的大地上，以柔顺的性情安分守正。君子若争先前行则易于迷失正道，若能随顺人后，就会走上正道。向西南方向前行，就会得到朋友，并且可以与朋友共赴前程。若向东北方向前进，则会失去朋友，但最终还是会吉祥福庆。安分守正的吉祥，应合着大地的美德而向无边无际的远方展开。

《象传》说：广大无垠的大地包含着随顺安分的美德。君子从中悟出做人的道理，以大地之德来修养自己的品德，这样，也能像大地一样包容、承载万物。

初六①：履霜，坚冰至②。

《象》曰："履霜坚冰"，阴始凝也，驯致其道③，至坚冰也。

六二，直方大④，不习无不利⑤。

《象》曰：六二之动⑥，直以方也。"不习无不利"，地道光也⑦。

六三，含章可贞⑧，或从王事⑨，无成有终⑩。

《象》曰"含章可贞"，以时发也⑪。"或从王事"，知光大也⑫。

六四，括囊⑬，无咎无誉⑭。

《象》曰："括囊无咎"，慎不害也。

六五，黄裳⑮，元吉⑯。

《象》曰："黄裳元吉"，文在中也⑰。

上六，龙战于野⑱，其血玄黄⑲。

《象》曰："龙战于野"，其道穷也⑳。

用六㉑，利永贞㉒。

《象》曰：用六"永贞"，以大终也。

【注释】

①初六：居下卦之第一位，故称"初"；又因为它是阴爻，故称"六"。

②履霜，坚冰至：初六阴气始来，故有霜象，然始于纯阴之卦，则"坚冰至"。履，践，踏，踩。

③驯：犹言"顺"。致：使之到来。

④直方大：据卦象解，天圆地方，《坤》既象地，则地

象为"直方大"。

⑤不习：不要轻易多次反复扰动。习，《说文》："鸟数飞也。"

⑥六二之动：六二的变动于中正之位，顺从事物规律性。

⑦地道光：地以厚德载物，又能生长收成万物，所以其德广大。光，借为"广"，有广大之义。

⑧含章：阴消阳至三，则《坤》道成，《说卦》曰"坤为文"。三本为阳位，以阴居之，故有阴包阳之象，故曰"含章"。含，包含，包裹。章，美。贞：正直。

⑨王事：即公家之事，国家之事。

⑩无成有终：三失位于《坤》，故曰"无成"，动而变正则成《谦》，《谦》之九三曰"劳谦君子，有终，吉"，故曰"有终"。成，成功。终，事情的发展有好的结果。

⑪以时发：按照时机去做事。时，时间，时机。发，发动。

⑫知光大：六三从王事则为"智"；事而"有终"，故能"光大"。知，智慧。

⑬括：束缚，扎紧。囊：口袋。

⑭无咎无誉：《文言》曰"天地闭，贤人隐"。六四近五则多惧，"多惧"就有警惕之心，故曰"无咎"；位不在中，且无下应，就不能建功立业，故曰"无誉"。《坤》之六四爻以束紧口袋为喻，来说明括囊既可使内无所出，也可使外无所入，劝说人在不当言之时，就应缄默其口。咎，灾殃，罪过，过失。

誉，赞誉，美好的名声。

⑮黄裳：黄，黄为中和之色。《坤》为土地，中土之色为黄。土又能生万物，故于诸色中最为贵重。裳，下身所着之衣饰。此处以"黄裳"喻指中之德。

⑯元吉：元，相当于大，长。五本为阳位，阴六居之，象征着有中和之德的君王谦居君位，以治天下，故曰"元吉"。

⑰文：谓"温文"，与"威武"相对。中：中正之位。

⑱龙战：战，交战，《坤》之所处之位在亥，临戌之西北方，西北为《乾》卦之位，故《坤》阴必与之有交战之事。"战"又训为"接"，"龙战"，即阴阳交合。《坤》之上六阴气至盛，阴气甚极而阳气来复。故《坤》尽则《复》来。野：《乾》居西北广漠之方，故称"野"。

⑲其血玄黄："天玄地黄"，承上句，可知"戌亥"之位为《坤》至《乾》位之地，居则天地二气交合于此，故曰"其血玄黄"。玄，赤黑色。

⑳其道穷：龙之所以于原野一战，在于它的纯阴之道已经运行到至极。极则生变。道，即《坤》之道。穷，穷尽，至极。

㉑用六：义与《乾》卦"用九"相对，在筮法中，凡筮得阴爻，或为"六"，或为"八"，其"六"为可变之数，"八"为不可变之数，据以筮法之原则，用"六"不用"八"，若筮后六爻皆"八"，则以卦辞断事，若筮后六爻皆"六"，则以"用六"之爻辞为占。

㉒利永贞:《坤》之"用六"为极柔至变之时,且《坤》
　　为臣道,柔为本分,以柔顺为正则有利于持久。
　　永,永久,持久。

【译文】

初六,当你踩着微霜时,严寒与坚冰也就即将来到。

《象传》说:"踩着微霜即将迎来寒冬和坚冰",从时间
上说,这说明已经到阴气开始凝结的时节,顺从其中的规
律看待事物,那么,结成坚冰的时候也就自然到来。

六二,一如正直、端方、宏大的土地,不可轻易频繁地
扰动它。

《象传》说:六二的变动,必须遵循又直又方的"地
道","不要频繁地扰动它,就会无所不利",这样才能发挥
它广大的道德。

六三,蕴含着阳刚之美德,所占问的事情就是可行的;
或者跟随君王去做事,成功之后,不要把功劳归于自己,
谨守为臣之道,这样就能够有好的结果。

《象传》说:"蕴含阳刚的内在美德,所占问的事情就
是可行的",按照时机去发挥作用,"或者跟从君王去做事",
其智慧是广博弘大的。

六四,像束缚紧口袋一样闭口不言,就不会有危害,
也不要求赞誉。

《象传》说:"束紧口袋,灾祸之事就进不来",所以君
子慎于言,就不会受到危害。

六五,身穿黄色裙裳,就很吉祥。

《象传》说:"黄色裙裳,甚为吉祥",这是因为它以温

和之性，中和之德处于中正之位。

上六，龙在原野上交战，流出青黄相杂的鲜血。

《象传》说："龙在原野上交战"，这是因为《坤》之上六的纯阴之道已经走到穷尽之处。

用六，有利于永久地保持正直之心。

《象传》说："用六'能永远保持正直之心'"，所以也就能得到以阴之柔顺而归之于阳气的结果。

《文言》曰：《坤》至柔而动也刚①，至静而德方②，后得主而有常③，含万物而化光④。坤道其顺乎，承天而时行⑤。积善之家必有余庆，积不善之家必有余殃。臣弑其君，子弑其父⑥，非一朝一夕之故，其所由来者渐矣⑦，由辩之不早辩也⑧。《易》曰："履霜，坚冰至"，盖言顺也⑨。"直"其正也，"方"其义也⑩。君子敬以直内，义以方外⑪，敬义立而德不孤⑫。"直、方、大，不习无不利"，则不疑其所行也。阴虽有美，含之以从王事⑬，弗敢成也⑭。地道也，妻道也，臣道也，地道无成而代有终也⑮。天地变化，草木蕃⑯。天地闭，贤人隐⑰。《易》曰："括囊，无咎无誉"，盖言谨也。君子黄中通理⑱，正位居体⑲，美在其中，而畅于四支⑳，发于事业，美之至也。阴疑于阳必战㉑，为其嫌于无阳也㉒，故称"龙"焉。犹未离其类也㉓，故称"血"焉㉔。夫玄黄者，天地之杂也，天玄而地黄。

【注释】

①《坤》至柔而动也刚：《坤》虽至柔，然动而有变，变则为刚。

②至静：阴静而阳动。《坤》为纯阴之象，故曰"至静"。德方：谓《坤》之恩德因阳动而流布于四方。

③后得主：《坤》性阴而"先迷"，动而为《震》，《震》为主持祭祀之主，故曰"后得主"。"得主"实谓从其"阳"。

④含万物：地道能藏，故曰"含万物"。化光：《坤》化育万物，则其德广大。光，广。

⑤承天而时行：天行其四时之节，《坤》能顺承天道。承，承接，顺应。

⑥臣弑其君，子弑其父：《坤》阴消阳至三则成《否》，《否》下坤上乾。《说卦》曰："乾为君"，"坤为臣"，坤成而乾灭，故曰"臣弑其君"。《坤》阴消阳至二成《遁》，《遁》下艮上乾，《说卦》曰"乾为父"，"艮为少男"，即父之少子。艮成则乾灭，故曰"子弑其父"。弑，下杀上，幼杀长，谓之"弑"。

⑦渐：渐进，逐步发展。

⑧辩：通"辨"。

⑨顺：遵循。

⑩"直"其正也，"方"其义也：意谓为人、做事要以原则性去适应其物理、人情。直，正直，即存心要正。方，方正。义，适宜，合理。

⑪敬以直内，义以方外：以恭敬之德而使内心正直，以"仁义"之德而形端方于外。内，内心。

⑫德不孤：谓美德传扬，众人响应，故曰"德不孤"。

⑬含之：内含其美，含藏不显。

⑭弗敢成：《坤》为臣道，虽内含其美，也要唯《乾》命是从，故虽有"成"而不敢自称为"成"。即《坤》道非无成就，只是不敢居功而已。

⑮代有终：地替代天道而终成结果。代，代替。

⑯草木蕃：天地变化，阴阳二气交通，则草木繁衍。蕃，繁衍。

⑰天地闭，贤人隐：此句指《坤》之六四，《坤》阴消阳至四，则乾坤皆无，故曰"天地闭"，于是贤人退避归隐。闭，闭塞，闭塞无光、无道。

⑱黄中通理：言由中发外，有文理可见。黄，地之色，其色中和，譬喻君子之德。理，文理。

⑲正位居体：六五虽居贵位之正，但以阴柔为用，故以"黄裳"之中和之色来饰其德才。

⑳支：通"肢"，即四肢。

㉑阴疑（nǐ）于阳必战：即阴气到了与阳气相抗衡时，阴阳二气就会有一战。疑，通"拟"，比拟。谓均敌而无大小之差也。

㉒嫌：《说文》曰："嫌，疑也。"同上文之"疑于阳"。

㉓犹未离其类也：上六虽已兼有阴阳二气，然仍属《坤》卦，故曰"犹未离其类也"。

㉔故称"血"：血，阴气之类为"血"。

【译文】

《文言》说:"象征大地的坤道虽然有至阴至柔的秉性,但它的运行是刚强的。它安安静静地将它的美好品德流布于四方。以他人为主,随从在后,顺从人君,所以能保持永恒之道。大地包容万物,化育万物,使万物弘扬光大。坤道是多么的柔顺啊!它顺承天道,顺应四时之序而运行。积德行善的家族,必有很多福庆之事;累积了很多恶劣行为的家族,必然留下许多祸殃。臣民杀害君王,儿子杀害父亲,并非一朝一夕的原因所致。其作恶的由来是逐渐形成的!只不过是君王和父亲没有及早地辨清真相。《周易》说"踩着微霜时,坚冰也就即将到来"。这句话可能是在譬喻阴险丑恶的事是随着时间累积的。"直"是品性正直,"方"是指行为仁义。君子以其恭敬之德而使内心正直,行为仁义则使其外形能端方。树立了恭敬、仁义的品德就会在道德上不孤立。因为大地的本质特征是正直、端方、宏大的,所以不要扰动它就会无所不利。这说明只要遵照大地的自然规律,人们对自己的行为就无所疑虑。阴柔的地道虽然含其内美之德、之才,"含"其美德、美才而跟从君王做事,即使是有所成就也不敢自居其功。因为地道就是妻道、臣道。故"地道"不将成就归之于己,却替代天道去成就万物。天体与大地运转变化,草木繁衍茂盛。而当天地闭塞昏暗时,贤人就退避归隐。《周易》说:"束缚紧口袋,没有过错,也没有荣誉。"这就是说要严谨啊!君子以中和之黄色通达于文理,端正地居于正义之位,使美德含于内心之中,舒畅四肢,并将这些美德发挥到事业之中,这是最美好的事。当阴气强盛到与阳气相抗衡时，就会与阳气发生交战。这是因为阴气可与阳气抗衡，所以就可以与乾一样被称作"龙"，但是，它仍然未有脱离阴属之类，故称"血"。青黄之色，就是天地之色的相互杂合，天的颜色是青蓝色的，地的颜色是黄的。

䷂ 屯卦

屯①：元亨，利贞②。勿用有攸往。利建侯。

《彖》曰：屯，刚柔始交而难生③。动乎险中④，大亨贞⑤。雷雨之动满盈，天造草昧⑥。宜建侯而不宁⑦。

《象》曰：云雷⑧，屯。君子以经纶⑨。

【注释】

①屯（zhūn）：卦名。下震☳上坎☵，震为动，坎为险，动而遇险，所以"屯"象征万物出生的艰难。"刚柔始交"，则万物"生于忧患"；"天造草昧"，则"多难兴邦"。《周易本义》曰："屯难之世，君子有为之时也。"也就是说，生命在萌生时所遇到的困难，既传达着艰苦，也兆示着希望，这正是君子奋发有为的时候。故《易》以《乾》《坤》开篇之后，就以《屯》来阐释万物开始的道理。《屯》通体多难，但是，"艰难困苦，玉汝于成"，生命就是在这种艰难中发育的，邦国也正是在这种艰难困苦中成立的。因此，唯"难生"之《屯》，才能展示君子经天纬地之才。

②利：有利。贞：占卜。

③刚柔始交而难生：阳为刚，阴为柔，下震一阳初生
　　于阴爻之下，故称"刚柔始交"。一阳屈居二阴之
　　下，此为一"难"，动而遇险，当为二"难"。

④动乎险：动于险难之中。《屯》之上卦为坎，坎为陷，
　　下卦为震，震为动，故曰"动乎险"。

⑤大亨贞：亨通之时，宜守持正道。贞，正。

⑥昧：冥昧。阴覆于初阳，故曰"昧"。

⑦不宁：因初生有"难"，"造"昧多艰，故不可以宁
　　而无事。

⑧云雷：上坎有雨云之象，下震为雷，故曰"云雷"。

⑨经纶：治理国家。

【译文】

《屯》卦：亨通之至，有利于所占问的事。不要出门远
行，有利于建立诸侯。

《彖传》说：《屯》，象征着刚柔开始交感而产生的艰难，
虽然它萌动于艰险之中，还是亨通而有利的。天地之间充
盈着雷雨时，上天就开辟世界创造万物于冥昧之中。在适
宜于建立诸侯的时候，本来就不能安宁无事。

《象传》说：雷声在乌云中震动，天空正在酝酿初生的
希望。君子也应有所感动而经略天下，治理国家。

初九，磐桓①，利居贞②，利建侯。

《象》曰：虽磐桓，志行正也③。以贵下贱④，
大得民也。

六二，屯如邅如⑤，乘马班如⑥。匪寇婚媾⑦。女子贞不字⑧，十年乃字。

《象》曰：六二之难，乘刚也⑨。十年乃字，反常也⑩。

六三，即鹿无虞⑪，惟入于林中，君子几⑫，不如舍⑬，往吝⑭。

《象》曰："即鹿无虞"，以从禽也⑮。君子舍之，往吝穷也⑯。

六四，乘马班如，求婚媾⑰。往吉，无不利。

《象》曰：求而往，明也。

九五，屯其膏⑱，小，贞吉；大，贞凶⑲。

《象》曰："屯其膏"，施未光也。

上六，乘马班如，泣血涟如⑳。

《象》曰："泣血涟如"，何可长也。

【注释】

①磐桓：即盘桓，徘徊。磐，通"盘"。

②利居贞：一阳生于二阴之下，坎险之下，身微力弱，故利于居而守正。居，即居守。

③志行正：初九当位于初，上应六四，六四在坎，"坎为险"，知险而应险，志在行正义之道。

④下贱：使自己处于"贱"之下。《屯》，初爻为阳，阳为贵，然屈居二阴及一卦之下，故云。

⑤屯：聚集。如：语气词。邅（zhān）：转悠，难行不进之貌。

⑥班（pán）：盘旋。

⑦匪：借为"非"。婚媾：即婚姻之事。

⑧字：许嫁。

⑨乘刚：指六二爻乘于初九之上，阳为刚，阴在上，故曰"乘刚"。乘，凌驾，凌驾于……之上。

⑩反常：六二以阴居阴，当位居正，上应九五，应及时嫁人，但因其"乘刚"，则违反了男尊女卑的常理。

⑪即鹿：六三在震，震为足，为动，故有"即"之行。六三至九五成艮象，艮为狗，故类如鹿象。即，接近，追逐。无虞：因六三不得位，故云。虞，古代掌管山泽禽兽的官员。

⑫几：接近，求取。

⑬舍：舍弃。

⑭往吝：上卦为坎，《说卦》曰"坎为水"，"坎为险、为陷"。往而遇险，故曰"往吝"。往，前往。吝，困难。

⑮以从禽：从，紧随其后，追踪。禽，鸟兽的统称。

⑯往吝穷：本来六三应该上应上六，然上六处《屯》之穷尽之处，且三、上皆为阴，故不能相应，又有坎水为阻，故曰"往吝穷"。穷，穷于术，穷于途，无路可走之意。

⑰求婚媾：阴爻六四顺承比合于阳爻九五，故有婚媾之事。又六四下应初九，初九在震，震为长子，二者相应，也有婚媾之事。

⑱膏：谓"施膏泽"。

⑲小，贞吉；大，贞凶：坎为水，九五在坎中，犹如

雨水之中，有润泽之象，九五得位而居中正之位，故曰"贞吉"。然上下皆阴，阴小而阳大，故曰"小贞吉"。《屯》，为水中有雷之象，云行雨施，就会膏泽万物。九五处于两阴之间，阳陷于阴中，故不宜"大"其膏泽。其实，《屯》时应在春季，春雷震而雨水动，春雨膏泽万物时，宜小不宜大。

⑳涟如：流泪不断之状。

【译文】

初九，盘桓徘徊时，利于居守正道，利于建立诸侯。

《象传》说：虽然初九在遇到危险时会徘徊犹豫，却有志于践行正道。如果能以尊贵的身份来到社会底层，就能大得民心。

六二，有许多人聚集在一起，乘着马回环徘徊，纷纷前来。但是他们不是强盗，他们是来求婚姻的，女子若在此时不应许，则十年之后才能结成姻缘。

《象传》说：六二之所以陷入危难之中，是因为它凌驾于初九阳刚之上，违犯了男尊女卑，阴下阳上的常理。十年后才许嫁，这是违背常理的。

六三，在没有虞官引导的情况下就追逐山鹿，结果进入茫茫的森林之中。君子与其紧随其后，不如暂时舍弃，如果执意前往，就会陷入困境。

《象传》说："在没有虞官引导的情况下就追逐山鹿"，紧紧地追赶野鹿，君子不如暂时舍弃，执意前往会陷入困境，无路可走。

六四，乘着马纷纷前去，求取婚姻。前往是吉利的，无有不利之事。

《象传》说：求婚而前往，这是明智之举。

九五，在草木萌发初生时遇到雨水的润泽，若雨水小，就吉祥；若雨水滂沱沛大，则凶。

《象传》说："在草木萌发初生时遇到雨水的润泽"，说明九五所施恩泽德惠尚未广大。

上六，乘马盘旋徘徊，血流涟涟不止。

《象传》说："血流涟涟不止"，怎么能长久呢？

䷃ 蒙卦

蒙①：亨。匪我求童蒙，童蒙求我②。初筮告③，再三渎④，渎则不告。利贞。

《彖》曰：蒙，山下有险，险而止⑤，蒙。"蒙亨"，以亨行时中也⑥。"匪我求童蒙，童蒙求我"。志应也⑦。"初筮告"，以刚中也⑧。"再三渎，渎则不告"，渎蒙也。蒙以养正，圣功也⑨。

《象》曰：山下出泉⑩，蒙。君子以果行育德⑪。

【注释】

①蒙：卦名，下坎☵上艮☶，象征着启蒙。其字义为"幼小"。《蒙》象征着事物初生后的蒙昧幼稚的状况。从卦序上看，《蒙》出现在《屯》之后，体现出圣人"爱人"、育人的良苦用心。既然人有其"蒙稚"，就应当"发蒙"教导。先以教学，充分说明了古人对教育的重视。这种重视不仅反映了

古人"尊师敬教"的精神，而且也有如何施教的方针。如卦辞所言"匪我求童蒙，童蒙求我"，就与《礼记·曲礼上》"礼闻来学，不闻往教"的原则相一致。而卦辞所谓"再三渎，渎则不告"的教学态度，则与《论语·述而》篇中的"举一隅不以三隅反，则不复也"方法相一致。在《蒙》卦中，二阳象征着启蒙者，四阴象征着被启蒙的人。因九二以阳刚之德居下卦之中，有"师表"之象；上九则以"击蒙"来说明教育方法和原则；六五谦居上卦之中，象征着谦虚好学的童子；初、三、四爻皆以"发蒙"、"勿用取女"，"困蒙"为喻，来说明人处在"蒙昧幼稚"时的困窘和危难。

② 匪我求童蒙，童蒙求我：上卦为艮，艮为童蒙。《集解》引虞翻曰："童蒙谓五，艮为童蒙，我谓二。"其六五下应九二，故曰"匪我求童蒙，童蒙求我"。童蒙，即幼童。

③ 筮（shì）：古人用蓍草占问吉凶的方法。

④ 渎：亵渎，轻侮。六二爻值中正之位，故无求于人，六五为阴，虚居尊位，又处在艮中，为少男之身，应虚心下问，然问之太繁则有轻侮师尊之嫌，意在告诫人们师道尊严，不可轻侮。当然，这里强调的师道，实际上并不尽指教学者个人，也是指教与学的关系与态度。

⑤ 险而止：下卦为坎，坎为险，上卦为艮，艮为山，山为止。其卦有山下有险之象，遇险而止。

⑥亨行：亨，亨通。行，九二与六五相应交通，使上
　下两卦都得以亨通。时中：这是指九二位居下卦中
　位，如得时之正。

⑦志应：指九二阳爻与六五阴爻，阴阳相亲，心志相应。

⑧以刚中：九二为阳爻，阳爻为刚，且居中正之位。

⑨蒙以养正，圣功：二阳居刚中，二与五应，以二养
　五，五变而得正，故曰“养正”。古人以为“建国君
　民，教学为先”（《礼记·学记》）。教养子弟除去
　蒙昧，使其正直，故曰“圣功”。

⑩山下出泉：艮为山在上，坎为水在下，由下而上则
　有二五之应，如山下流水之象。

⑪君子以果行育德：以果决之行培养其德。果，果决，
　勇敢。育，养育。

【译文】

　　《蒙》卦本义为幼稚蒙昧，象征着教育：亨通。非我去
求幼童，是幼童来有求于我；初次占筮，我告以教诲之辞，
若接二连三地来问就是亵渎和轻侮，若轻侮，就不告以教
诲。利于守持正直。

　　《彖传》说：蒙昧，譬如高山之下遇险，遇险而停止
前行，这就是蒙昧不明啊！“蒙昧而亨通”，因为亨行于合
适的时机。“不是我求童蒙来问我，而是要童蒙来求我启发
他”。只有这样，二者的心志才能互相应和。“初次占问时
就告知他”，因为九二以阳刚居中正之位。“若再三地占问，
就是亵渎神明，亵渎神明则不能告知”，因为这是亵渎启蒙
之道。启蒙就是培养人的正直品格，是圣人的功德。

《象传》说：山下流动着泉水，就如蒙昧渐渐开启。君子就是要以果决之行来培养美德。

初六，发蒙①，利用刑人②，用说桎梏③，以往吝④。

《象》曰："利用刑人"，以正法也。

九二，包蒙⑤，吉。纳妇⑥，吉。子克家⑦。

《象》曰："子克家"，刚柔节也。

六三，勿用取女⑧，见金夫⑨，不有躬，无攸利⑩。

《象》曰："勿用取女"，行不顺也。

六四，困蒙，吝⑪。

《象》曰："困蒙之吝"，独远实也。

六五，童蒙，吉⑫。

《象》曰："童蒙"之"吉"，顺以巽也。

上九，击蒙⑬，不利为寇⑭，利御寇⑮。

《象》曰："利用御寇"，上下顺也。

【注释】

①发蒙：初六动于《蒙》卦之初爻，有启发蒙昧之象。发，启发。

②刑人：即受刑之人。《蒙》卦初动则下变为兑卦，兑为刑，时在正秋。

③说：读为"脱"，即脱离。桎梏：古之刑具。桎，足械也。梏，手械也。

④以往吝：往有困难。初六居坎卦之初爻，动而往，

往至于坎，"坎为险，为陷"。故曰"往吝"。吝，难，困难。

⑤包蒙：包养，包涵。《说文》："包，象人怀妊，巳在中，象子未成形也。"九二在四阴的包养之中。又九二动而化坤，"坤为母"。九二至六四为震，震为长子，故有妊娠之养。

⑥纳妇：九二为阳爻，有六五来应，故有纳妇之象。纳，接纳，接受。

⑦子克家：子，九二至六四互为震卦，震为子，子居刚中，又能得六五为助，故能够治家。克，能够，胜任。

⑧勿用取女：六三爻下乘二阳，失位不正，本应上应上九，然六四至上九为艮，艮为止，又为六四、六五二阴所阻，所行不顺，娶之不吉。

⑨金夫：六三既不得上应，退而见九二，九二至六四互震，震为夫，阳为金，故称"金夫"。

⑩不有躬，无攸利：六三失位不正，不能保持自身之正，以非礼之动来乘二阳之刚，有非礼之行。有，通"由"。躬，身体。

⑪困蒙，吝：六四处于两阴爻之间，故上下为蒙昧所困，且远于师教，故"吝"。

⑫童蒙，吉：六五位在艮中，艮为少男，类如童子，故曰"童蒙"。下应九二，六五属阴，九二属阳，阴暗而阳明，以暗就明，故吉。

⑬击蒙：击，敲打，敲击。

⑭不利为寇:《蒙》,上卦为艮,艮为止。下卦为坎,"坎为险","坎为寇"。止险止寇,故云。寇,伤害,危害。

⑮利御寇:艮上坎下,止高险下,居高临下,故曰"利御寇"。

【译文】

初六,启发蒙昧,有利于受刑之人,让他们脱去桎梏,然而,前行仍有困难。

《象传》说:脱去桎梏,"有利于受刑之人",这是为了严正国家的法律。

九二,为众阴所包涵,吉祥。就像迎娶美丽贤淑的媳妇一样,吉祥。因为儿子已经有能力治理家庭,可以给他娶亲了。

《象传》说:"儿子能治理家庭",这是因为阳刚与阴柔互相接应。

六三,不宜娶这个女子为妻,因为当她见到美男子时,就会不顾礼节地接近这个美男子,所以娶她为妻是很不利的。

《象传》说:"不宜娶此女子为妻",因为这件事不顺利。

六四,困于蒙昧,如陷入困境之中。

《象传》说:"陷于蒙昧之中的困难",是因为唯独它远离了师教。

六五,幼童受到启蒙,吉祥。

《象传》说:"幼童受到启蒙"的"吉祥",是因为幼童能如和风一样顺应老师的教诲。

上九，以敲打的方式启发幼童的蒙昧，不利于做伤害别人的盗寇之事，而有利于做抵御别人伤害的事。

《象传》说："有利于抵御盗寇的伤害"，就能使上下之间的意志顺畅。

䷄　需卦

需^①：有孚^②，光亨^③。贞吉，利涉大川^④。

《彖》曰："需"，须也^⑤。险在前也^⑥，刚健而不陷^⑦，其义不困穷矣^⑧。"需，有孚，光亨，贞吉"，位乎天位^⑨，以正中也^⑩。"利涉大川"，往有功也^⑪。

《象》曰：云上于天^⑫，需。君子以饮食宴乐^⑬。

【注释】

①需：卦名，下乾䷀上坎䷜，按《说卦》，坎为水，乾为天。水在天上，故有下雨之情。《京房易传》曰："需，云上于天，凝于阴而待于阳，故曰需者待也。"在六十四卦中，凡言有"利涉大川"的卦，多有进取之象。《需》卦就是这样的一个卦。但是，进取需要耐心、稳步、有序地进行，而不是轻举妄动。所以《彖传》以"需，须也"阐明卦德。需以时，待于地，利在恒。人，作为行为的主体，有时坚持就是胜利，而胜利往往青睐那些坚持到最后的人。就某种意义讲，等待本身不仅是一种坚持，而且是一种行为。因为，既然动而有险，不如知难而退，保持正道，静观其变。初九动而应于六四，就是等

待时机、远害避祸。《需》中六爻皆无凶象。这表明以诚实、耐心、慎重的态度进取，就会吉祥有利。

②有孚：《说卦》曰"坎为孚"。上卦为坎，故云。孚，诚信。

③光亨：有光明、亨通之意。按《说卦》，"离为日，为光"。九三至九五互为离，离下有天，如日光普照于天，故有"光亨"之象。

④利涉大川：大川，川流不息之大河。需，上卦为坎，有水之象，故曰"大川"。

⑤须：等待。《说卦》曰"乾为马"。马能健行，然前有坎险，故宜"须待"。

⑥险在前：坎为水、为陷，有险象于"乾"前，故有"险在前"。

⑦刚健而不陷：《需》卦下卦为乾，乾有刚健之行，故曰"刚健"。

⑧其义不困穷：待其时而动，则不至于"困穷"致难。义，宜。

⑨位乎天位："乾为天"，九五爻居乾卦之上，故曰"天位"。

⑩正中：九五爻位居坎中，以九五之尊居光明中正之位。

⑪往有功：乾以刚健之行"利涉大川"，又以君子之德涉险建功。

⑫云上于天：乾为天，坎为水，水在天上为云，云浮于天，故云。

⑬君子以饮食宴乐：前有大川，上有云雨，暂不能前

行，等待之时，君子作乐饮食而乐观其时。

【译文】

《需》卦象征着等待：心怀诚信，光明的品德就能亨通于事物。占测要做的事，结果是吉利的，有利于涉越大的河流。

《彖传》说："需"，就是等待。因为有险象于前，等待就不会使乾之刚健之行陷入困境，适宜的时候再前行就不会导致困穷之苦。"等待，心怀诚信，光明亨通，坚持正直之德"，这是因为九五居天君之位，保持正中之德行的缘故。"利于涉过大河"，建立功业。

《象传》说：云浮动在天空的情景，就是《需》卦。在这个时候，君子应该在家饮食作乐等待天晴。

初九，需于郊①，利用恒②，无咎③。

《象》曰："需于郊"，不犯难行也④。"利用恒无咎"，未失常也。

九二，需于沙⑤，小有言⑥，终吉。

《象》曰："需于沙"，衍在中也⑦。虽小有言，以终吉也⑧。

九三，需于泥⑨，致寇至⑩。

《象》曰："需于泥"，灾在外也⑪。自我致寇⑫，敬慎不败也⑬。

六四，需于血⑭，出自穴⑮。

《象》曰："需于血"，顺以听也。

九五，需于酒食⑯，贞吉。

《象》曰："酒食贞吉"，以中正也。

上六，入于穴^⑰，有不速之客三人来^⑱，敬之终吉^⑲。

《象》曰："不速之客来，敬之终吉"，虽不当位，未大失也。

【注释】

①需于郊：在郊外等待。按卦象，下卦为乾，"乾为野"，即郊野之地。上应六四，六四在坎，遇险则"需"于郊野。郊，城市周围地区，郊野之地。

②恒：长久，经常。等待是需要恒心与耐心的。

③无咎：遇险而用恒心等待，所以就没有过失。

④不犯难行：犯，冒着。因前有险情，等待于郊野之外远避其难，不犯难前行而远避于郊野之外。

⑤需于沙：九二应于九五，而九五为坎中之刚，如柔水之中的硬物，故曰"沙"。这说明"需"而涉"大川"的人，又往前进了一步。由郊外而至于水边。

⑥言：言论，这里指责让。因九二至六四为兑象，兑为口，有口舌之事，故为"言"。

⑦衍（yǎn）：沼泽。

⑧终吉：九二失位于中，上不能应九五，然居中以待，故曰"终吉"。

⑨需于泥：泥，泥潭，泥泞。比喻濒临困境。坎为水，在水旁，故称泥。

⑩致寇至："坎为寇"，九三近临于水而陷于泥，故有

招寇之象。

⑪灾在外：指九三居于坎象之外，坎为险，故身在灾险之外。

⑫自我致寇：自己来到水边，坎为险，就在身边，故如招致强寇。

⑬敬慎不败：《需》，下卦为乾，《乾》之九三有"终日乾乾，夕惕若厉"之德，故能谨慎而不败。敬慎，犹谨慎。

⑭需于血：六四居于坎下，为乾阳所伤见血，如在血泊之中。血，喻伤之重。

⑮出自穴：坎本为阴，坎之下乃阴中之阴，故有穴象。六四得位居正，上有比，下有应，又处在九五之下，终未失其柔顺之道，故尚有生机，还是能从穴中逃出，故曰"出自穴"。

⑯需于酒食：九五位居坎中，"坎为水"。又《需》之九三至九五互为离，"离为火"，水在火上，有蒸煮之象，如饮食、酒食之需。

⑰入于穴：上六处于坎之穷极之处，故云。

⑱速：邀请，招致。三人：谓下卦之三阳。三阳动而自至，故曰"不速之客"。

⑲敬之：阴顺于阳，上六为阴，下乾为阳，故需敬之。

【译文】

初九，在郊外等待，有利于保持恒心，如此则没有过失。

《象传》说："等待于郊野之处"，不冒险前行。"用恒心等待就没有过失和灾难"，远离灾害未失常理。

九二，等待于沙滩之中，虽有口舌言语之事，最终还是吉利的。

《象传》说："在沙滩中等待"，水流于其中。即使是稍有言语口舌之事，但是，最终还是吉利的。

九三，等待于泥潭之中，不能进，也不能退，结果招致强寇来侵。

《象传》说："等待于泥潭之中"，这时灾难尚存在于自身之外。是我的前行招致了强寇，虽然如此，只要谨慎就不会失败。

六四，在血泊中等待，从洞穴中爬出。

《象传》说："在血泊中等待"，要顺从地听命于九五。

九五，在危险面前，不犯险前行，却需待于酒食之前，这是吉利的。

《象传》说："需待于酒食之前是吉利的"，这是因为九五居于中正之尊位。

上六，返入于地穴之中，有三位不速之客来到，恭敬相待，最终是吉利的。

《象传》说："不经邀请的客人来到，恭敬地接待他们，最终是吉利的。"即使是位置有不当之处，也不会有大的过失。

䷅ 讼卦

讼①：有孚窒惕②，中吉③，终凶。利见大人④，不利涉大川⑤。

《彖》曰：讼，上刚下险，险而健⑥，讼。"讼有孚窒惕，中吉"，刚来而得中也⑦。"终凶"，讼不可成也。"利见大人"，尚中正也⑧。"不利涉大川"，入于渊也。

《象》曰：天与水违行⑨，讼。君子以作事谋始⑩。

【注释】

①讼：卦名。下坎☵上乾☰，水就下而行，天向上而行，一上一下，其所行方向有迥异不和之象。故《讼》象征着争议和诉讼。或争而不已，或争而结怨，不损人，则必损于人，二者必居其一。故卦以"中吉"而"终凶"来劝诫那些陷于争讼的人，不要因为时或有"吉"而争讼不已，否则必遭"终凶"之实。所以筮遇此卦的人，切不可因卦辞有"中吉"和九五爻之"元吉"，就心迷于《讼》之得而忘乎《讼》之祸。因为所谓"元吉"，并非指争讼者本人，而是指评判争讼的君子。在此卦象中，除九五外，皆为持讼者本人。儒家政治理想是"和为贵"，"争讼"则是力求避免的事，唯息事宁人与和睦相处才是他们寻求社会和谐的方法。

②有孚窒惕：《说卦》，"坎为孚"。九二失位于坎中，上无所应，故其诚信被堵塞。又因居位不正，故有恐惧之感。孚，诚信。窒，堵塞，遏制。惕，恐惧。

③中吉：讼则争而不亲，然九二以阳刚之德居于中位，象征着《讼》有"中吉"之象。

④利见大人：大人指九五。九五得位而居中正之位，故曰"大人"。人有争讼，必决断于"大人"，故云。

⑤不利涉大川：上九处于《讼》之穷极之处，且不得位，下应六三，六三在坎，坎为险难，故云。

⑥上刚下险，险而健：上刚指外卦乾，下险指内卦坎。险于内而健行于外。

⑦刚来而得中：九二为阳，阳为刚，阳本为三位，来居二位，故曰"得中"。

⑧尚中正：《讼》卦唯有九五得位而正，其余均失位不正。九五居君位，故在卦中深为众爻所崇尚。

⑨天与水违行：《讼》上卦为乾，乾为天，下卦为坎，坎为水。古人认为日月星辰皆自东向西运转，水自西向东流动，故天与水之运转的方向不同。

⑩君子以作事谋始：君子指《讼》之上卦乾，乾为君子，有元始之德，故其"作事"之初就有谋划。

【译文】

《讼》卦象征着争辩之事：因为诚信被阻塞而心情恐惧。在诉讼的过程中，可能有暂时的吉利，但最终还是凶险的。此时，有利于去拜见大人，但不利于涉越大川。

《彖传》说：争辩之事，是因为上有阳刚之乾，下有坎水为险，内险而外健，故有争辩之事。"争讼是因为诚信被阻塞，心有恐惧，其过程可能有吉利"，因阳刚之爻来归于中位。卦辞说"最终是凶险的"，原因就在于争讼之事是不可能有所成功的。"有利于拜见大人"，因为九五得中正之位，能决断九二与九四之争，因而深受其崇尚。"不利于涉越大川", 这是因为阳来居于坎水之中, 如 "入于深渊"。

《象传》说: 天与水相背而行, 故有讼象。君子因有元始之德, 做事之初就要有谋划。

初六, 不永所事①, 小有言②, 终吉。

《象》曰: "不永所事", 讼不可长也。虽 "小有言", 其辩明也。

九二, 不克讼③, 归而逋④。其邑人三百户⑤, 无眚⑥。

《象》曰: "不克讼", 归逋窜也。自下讼上⑦, 患至掇也⑧。

六三, 食旧德⑨, 贞厉⑩, 终吉。或从王事, 无成⑪。

《象》曰: "食旧德", 从上吉也。

九四, 不克讼, 复即命渝⑫。安贞吉⑬。

《象》曰: "复即命渝", 安贞不失也。

九五, 讼, 元吉⑭。

《象》曰: "讼, 元吉。" 以中正也。

上九: 或锡之鞶带⑮, 终朝三褫之⑯。

《象》曰: 以讼受服, 亦不足敬也⑰。

【注释】

① 不永所事: 初六以阴居《讼》卦初爻, 有退而不争之象, 故不能永于讼事。

② 小有言: 稍有责难之语。初六处《讼》之始, 遇九四

相犯，变而正，故"小有言"。言，争论，责难。

③不克讼：九二居阳而失位，与九四争而不能赢，且变刚为柔，不能与五敌，故不能克。克，能够，胜任。

④逋：逃亡，逃跑。

⑤其邑人三百户：一个三百户的小城。九二变阴后则下卦为坤，坤为户，乾为百，故曰"三百户"。

⑥眚（shěng）：灾异。

⑦自下讼上：九二在坎，坎为众，乾在上，故云"讼上"。

⑧掇（duō）：停止。九二身居坎险之中，遭遇祸患后，逃难罢讼，故"掇"。

⑨食旧德：六三不正，不能胜九四之阳刚，变而为阳，阳来自乾，"乾为旧"，故云"旧德"。

⑩厉：危险，祸乱。六三失位不正，且居于坎险之中，故云"厉"。

⑪无成：六三失位不正，其所应之上九也失位不正。其跟随君王做事，成功而不居功。

⑫复即命渝：九四失位不正，与初六争讼，"讼"而不能"克"，则回复到应有之位，九四复于阴位，就有归正之吉。复，返还，恢复。即，就位于。渝，改变。

⑬安贞吉：九四动而变阴，九二先于九四已变为阴，则下卦有坤象，如此则同有坤之所谓"安贞吉"。

⑭元吉：九五尊居位中正，能明辨争讼之事，故大吉。

⑮或：疑惑。锡：赐。鞶（pán）带：束衣的革质大带。这里是以朝中之服饰来比喻高官厚禄。

⑯终朝三褫（chǐ）：以讼而得"鞶带"，得之不正，故一日之间被夺去多次。终朝，指从天明至夜晚的一整日。三，指多次。褫，褫夺。

⑰亦不足敬：上九因讼而得，得之不正，不正则难以长久。失者不能服，得者心有惧，故不足以有"敬"。

【译文】

初六，不能长久从事诉讼之事；稍有言语责难，最终是吉利的。

《象传》说："不能长久从事诉讼之事"，因为诉讼之事本身是不能长久的。虽然"稍有言语相伤"，但九五处阳刚中正之位，能辨明是非。

九二，不能赢得诉讼，回家后就急速逃跑。跑到一个有三百户人家的城中，就没有灾难了。

《象传》说："不能赢得诉讼"，就回到家里，立即逃跑。这是因为九二以下讼上，以民告官，故有灾难来到，灾难来时就逃跑，则灾难将暂时停止了。

六三，享用往日累积的功德，虽然占测的结果是危难，但最终会吉利的。或跟随君王做事，但不要把成绩归于自己。

《象传》说："享用往日累积的功德"，遵从于上位之阳刚就吉利。

九四，不能赢得诉讼，就复其本来之位，改变争讼的想法。安于已变之正位就吉利。

《象传》说："回复到本来之位，改变争讼的想法"，安于已变之正位则没有过失。

九五，明辨诉讼之事，大吉。

《象传》说："明辨诉讼之事，大吉。"因其居九五之尊位，有中正之德。

上九，在疑惑中赐予鞶带，又在一日之间多次剥夺这一赏赐。

《象传》说：因为争讼而得到显贵的服饰，故不足以为人所敬重。

䷆ 师卦

师①：贞，丈人吉②，无咎。

《彖》曰：师，众也③。贞，正也。能以众正④，可以王矣⑤。刚中而应⑥，行险而顺⑦，以此毒天下而民从之⑧，吉又何咎矣。

《象》曰：地中有水，师⑨。君子以容民畜众⑩。

【注释】

①师：卦名，下坎☵上坤☷，象征民众，兵众。《师》卦的卦象与卦辞关键强调两个意义：一是众。一是正。无"众"则不能成军，不"正"则无法行军，只有正义之师才有资格用兵，只有选择"正"人才能治出"正"军——军纪严明的军队。也因此，《师》之六爻皆一一演示其用人与用兵的关系，实际上都在不同程度上揭示了用兵之道的关键在于自己要"正"。故《象传》曰"能以众正，可以王矣"。

②贞:占测。丈人吉:《师》之九二居中正之位,上应
　六五,故能"吉"。丈人,指贤明之长者。

③众:上卦为坤,坤为众。下卦为坎,坎为水。《国
　语·晋语》:"坎,水也,众也。"可知"坎"、"坤"
　均为众象。

④能以众正:九二居中为阳,阳为升。阳升至九五则
　能使众人正,且阳御众阴,阴为众,故能使众人正。

⑤可以王:九二失位,然在军旅之中为众人响应,升
　至其五,则可以为王。

⑥刚中:指九二处下卦之中位。应:指得六五之应。

⑦行险而顺:下坎为险,上坤为顺。

⑧毒:治理。

⑨地中有水,师:坎为水,坤为地,地中有水之象就
　如同民中有兵之象。

⑩君子以容民畜众:地能畜养万物,君子也能以其道
　而畜养民众。容民,广泛地容纳民众。畜,畜养。

【译文】

《师》卦象征军旅之事:占测行军用兵的结果是,如果
是贤明的长者执掌军旅,就吉祥而无灾害。

《彖传》说:军旅,是众人所组成的军队。"贞",就是
要坚守正道、正义,能使兵众坚守正道、正义,就可以作
君王了!譬如有刚健中正之人在军旅之中响应君王,执行
危险的任务而能顺应天下之民心,以此来治理天下,而民
众纷纷顺而从之,吉利得很,还哪有什么灾害!

《象传》说:地中蓄积着很多的水,这种情况象征着兵

众和军旅之事。君子深悟其中的道理而广泛地容纳百姓畜养民众。

初六，师出以律①，否臧凶②。

《象》曰："师出以律"，失律凶也。

九二，在师中吉③，无咎。王三锡命④。

《象》曰："在师中吉"，承天宠也⑤。"王三锡命"，怀万邦也⑥。

六三，师或舆尸⑦，凶。

《象》曰："师或舆尸"，大无功也。

六四，师左次⑧，无咎⑨。

《象》曰："左次无咎"，未失常也。

六五，田有禽⑩。利执言⑪，无咎。长子帅师⑫，弟子舆尸，贞凶⑬。

《象》曰："长子帅师"，以中行也⑭。"弟子舆尸"，使不当也⑮。

上六，大君有命⑯，开国承家⑰，小人勿用⑱。

《象》曰："大君有命"，以正功也。"小人勿用"，必乱邦也。

【注释】

①律：法令，军纪。

②否臧凶：初六阴居阳位，位既不正，法令恐不能行，则军纪不严，出师必凶。否臧，军纪不好。否，不。臧，善，美好。

③在师中吉：九二以阳刚之德居中，上与君王相应，下有众人从之，秉持阳刚之德于众阴之中显示"将才"，故曰"中吉"。

④王三锡命：九二为将，上应六五。六五为君，以阴居阳，虚心"锡命"于九二。三，多次。锡，通"赐"。

⑤承天宠：六五为君，二、五相应，九二因"相应"而承受君之信任及宠爱。

⑥怀万邦：群阴因九二之德而归服于六五。怀，归服。邦，国家，坤土为"邦"。

⑦或：有时，或者，也许。舆尸：坤在坎上，坎为舆，坤阴为死，死象为尸，故云。舆，用车辆装载。尸，尸体。

⑧师左次：六四承五，上无所应，则进无所胜，退以驻扎。其不战而退符合用兵之道，其退而舍之也符合地理形势。次，驻扎。

⑨无咎：六四得位居正，然柔不能进，又与失位的初六无法相应，只能按兵不动。按兵法，右靠高山，左靠水泽，故曰"无咎"。

⑩田有禽：打猎而有所擒获。田，打猎。禽，通"擒"，擒获。

⑪利执言：六五处尊，有发布命令的权力。言，话，言论。

⑫长子帅师：互卦为震，震为长子，统领众阴，如一将而统三军。

⑬弟子舆尸，贞凶：弟子，指六三，互卦有震象，坎

为震之弟。三以阴居阳，失位不正，且乘刚九二。失位乘阳，故"贞凶"。

⑭"长子帅师"，以中行也：六五阴居阳位，处尊而失位，下应九二，九二在师中，应王命而统众阴，受益于"中行"之道，故曰"以中行"。

⑮使不当也：弟子居三，位在坎中，坎为震之弟。三应上而不应五，有失位之过，乘刚之错，使之不当。使，用人。

⑯大君：上六位居六五之上，故曰"大君"。

⑰开国承家：上六居坤上，坤为土，为地，为城邑，下不能应三，然有"开国承家"之责。开国，裂土以封诸侯。承家，采邑以立大夫。

⑱小人勿用：小人指六三，上本与三应，然三失位不正，不能应上六，犹不能任以重任，故云"勿用"。

【译文】

初六，军旅出征必遵循国法军纪，反之，则必有凶险。

《象传》说："军旅出征必遵循国法军纪"，没有国法军纪的约束就会有凶险。

九二，贤明长者在军旅之中就吉利，也没有灾难。受到君王的多次奖赏并委以重任。

《象传》说："贤明长者在军旅中就吉利"，承受天子君王的宠爱。"君王多次地颁赐委以重任的命令"，四方万邦之民皆因此而归服君王。

六三，军旅出征有时会运输尸体归来，有凶险。

《象传》说："军旅出征有时会运输尸体归来"，说明六三无战功，很失败。

六四，军队驻扎于左方，就没有灾难。

《象传》说："军队驻扎于左方，就没有灾难"，没有违背正道、常理。

六五，打猎有所擒获。有利于发布命令，没有灾祸。长子统帅军队，弟弟打了败仗载着尸体而归，这件事是很凶险的。

《象传》说："长子统帅军队"，这是因为九二以中正之道行师。"弟弟失败而载着尸体而归"，这都是因为用人不当啊！

上六，君王发布命令，裂土分封诸侯，采邑赏封大夫，小人是不可重用的。

《象传》说："君王发布命令"，就是为了公正地评定功劳。"小人不可重用"，说明任用小人必然导致祸乱国家。

䷇ 比卦

比①：吉。原筮②，元永贞，无咎。不宁方来③，后夫凶④。

《彖》曰：比，吉也⑤；比，辅也⑥，下顺从也⑦。"原筮，元永贞，无咎"，以刚中也⑧。"不宁方来"，上下应也⑨。"后夫凶"，其道穷也⑩。

《象》曰：地上有水，比⑪。先王以建万国，亲诸侯⑫。

【注释】

①比：卦名，下坤☷上坎☵。《说文》："比，密也。二

人为从，反从为比。"水流于地，亲而附之，附之无间，相融相合。《比》卦强调人与人之间"亲切辅助"的和谐关系，从德、人、上下、内外等方面来说明"比"的意义。《比》卦以水流于地象征众望所归的形势，天下皆亲而内附之时，后来者上违君王之心，下失众人所愿，礼失则无所成，故有凶险危及其身。坤象为腹，坎象为心，腹心相亲，一如水地相依之情，故"先王"效法《比》卦之象，而有亲近诸侯之心。

②原：卜也。

③宁：安乐。方：四方之国。来：归附。

④后夫凶：后来归服者则有凶险。夫，语气词。

⑤比，吉也：亲则不争，比则归附，故"吉"。

⑥比，辅也：上下相应，众阴归附亲近于一阳，故有亲而辅助之象。

⑦下顺从：众阴在下，上应于九五之阳。

⑧刚中：指九五，九五以阳刚之德而当位居于上坎之中。

⑨上下应：此蕴有二义：其一，九五居四阴之上，四阴顺从于九五之阳刚，九五以尊贵之位下亲四阴，故有上下相应之亲。其二，六二居中得正，上与九五相应。

⑩其道穷：指上六，上六虽然当位于上，然后于四方之归，又处于《比》卦之穷尽之处，失礼违道而失人，故云"道穷"。

⑪地上有水，比：地得水则滋润，水得地则相依，相

亲相依，故曰"比"。

⑫亲诸侯：坤为土，土成万国，万国既立，则应亲近其诸侯。

【译文】

《比》卦象征着亲近和团结：吉利。卜筮其卦象，则知元统大业利于坚持正道，无有灾祸。不安宁的四方之国均来归附，后来者有凶险。

《彖传》说：亲近归附，就能吉祥如意；"比"，归附而又顺从，这是因为九五之下有众阴顺从。"元统大业利于坚持正道，无有灾祸"，这是因为九五以阳刚之德上居中正之位。"不安宁的四方之国均来归附"，这是因为九五与四阴相亲相应。"后来者有凶险"，这是因为后来者失礼无道，穷途末路。

《象传》说：地上有水的情形，象征着亲密比辅的关系。先代的君王因此而建立万国之邦，亲近诸侯。

初六，有孚比之①，无咎。有孚盈缶②，终来有它③，吉。

《象》曰：比之初六，有它吉也。

六二，比之自内④，贞吉。

《象》曰："比之自内"，不自失也。

六三，比之匪人⑤。

《象》曰："比之匪人"，不亦伤乎？

六四，外比之⑥，贞吉。

《象》曰：外比于贤⑦，以从上也⑧。

　　九五，显比^⑨。王用三驱^⑩，失前禽^⑪，邑人不诫^⑫，吉。

　　《象》曰："显比"之吉，位正中也。舍逆取顺，"失前禽也"。"邑人不诫"，上使中也。

　　上六，比之无首^⑬，凶。

　　《象》曰："比之无首"，无所终也。

【注释】

① 有孚比之：初失位，变而得正，上与四应，四在坎，坎为孚。孚，诚信。

② 有孚盈缶（fǒu）：心怀诚信，心定意闲，我们就能把水盈满于缶中。坎为水，为孚；坤内虚而外实，中空而外有，器像缶，故云。《比》卦通过"盈缶"的卦象和情景告诫人们，诚信是做人的根本，也是做事的前提。孚，诚信。盈，满，充满。缶，古代瓦制容器。

③ 终来有它：初本与四应，然失位不能应四，舍四而应五，犹如内怀诚信而由外归附。来，使之来。

④ 比之自内：六二得位于坤中，自坤内而比于九五。坤中犹国之内部，故曰"自内"。

⑤ 匪人：指行为不正当的人。六三失位无应，阴柔而不能居正，"三多凶"，故有"匪人"之说。匪，通"非"。

⑥ 外比之：六四在外卦，然能承五比五，故曰"外比"。

⑦ 贤：指六四。六四当位于《比》之外卦，本应于初，然阴阴相斥而不能应，则下比于六三，上从于

九五。

⑧以从上：五在四上，四近于五，故承而从之。

⑨显比：九五居中，如道德光明悬于天上，引得众阴来比。显，光明。

⑩三驱：三面放开，仅一面张网，使愿者入网，不愿者离去。

⑪失前禽：向己者则舍之，背己者则射之，所以"失前禽"。九五在坎中，坎为荆棘；六三至九五互艮，艮为狗，类如禽。有禽，有荆棘，也有手，集有猎捕之象。

⑫邑人不诫：九五下应六二,六二在坤，坤为城邑，为民，故云。不诫：上下相亲，内外比合，故曰"不诫"。

⑬比之无首：上六虽当位于《比》，然"比"而后来，有违于"比"道。首，开始，首脑。

【译文】

初六，怀着诚信来归附九五之君，没有灾祸。满腹的诚信犹如缶中盛满水一样最终由外来归附，这种情况也是吉利的。

《象传》说：比卦的初六，内附于九五，就如同由外归附，这样是吉利的。

六二，以中正之心在内而亲近归附于君王，吉利。

《象传》说："以中正之心在内而亲近归附于君王"，说明六二坚持正道而使自己没有过失和损失。

六三，亲近归附于行为不正当的人。

《象传》说："亲近归附于行为不正当的人"，就像亲近辅佐暴君一样，就会受到伤害。

六四，自外亲近归附九五之尊，坚守正道则吉利。

《象传》说：六四自外辅佐其贤君，这说明六四有顺从君王意志。

九五，光明之德使四方皆来归附。先王在围猎时，三面放开，仅张开一面网，任前面的猎物逃走，属下邑人因此知先王有仁德之心而不诫惧，这当然是一件吉利的事。

《象传》说："光明之德使四方皆来归附"所形成的吉祥，来自于九五居于《比》卦的正中之位。舍弃悖逆而接受顺从，这是"任前面的猎物走离"。"属下邑人因此知先王有仁德之心而不诫惧"，这是因为居于九五之位的君王使用中正之人的缘故。

上六，亲近归附时不能领先居首，有凶险。

《象传》说："亲近归附时不能领先居首"，最终无所归附。

䷈ 小畜卦

小畜①：亨。密云不雨②。自我西郊③。

《彖》曰："小畜"，柔得位而上下应之④，曰小畜。健而巽⑤，刚中而志行⑥，乃亨。"密云不雨"，尚往也⑦。"自我西郊"，施未行也。

《象》曰：风行天上⑧，"小畜"。君子以懿文德⑨。

【注释】

①小畜：卦名，下乾☰上巽☴，象征着"小有畜积"

的一种情状。畜，聚积。卦有一阴畜众阳，阴为小，阳为大，以"小"畜"大"，故曰"小畜"。卦以"密云不雨"为喻，来说明阴阳不调的状况。因其卦有"风行天下"之象，故有利于修"文德"之事，以等待时机。

②密云不雨：上为巽，巽为风，风行天上，卷云而去则无雨。

③自我西郊：因互卦有兑，兑为西，乾为野，故曰"西郊"。

④柔得位而上下应之：六四得位，且有阴柔之顺，故使得上下相应。

⑤健：指下卦乾，"乾为健"。巽：指上卦巽。

⑥刚中：指二、五为阳爻，各居于下卦与上卦之中。志行：五得位而中，二虽失位，然变而应之，故其志可以行通。

⑦"密云不雨"，尚往也：阴气太弱，只能"小畜"阳气，故云"不雨"而往。尚，通"上"，这里指阳气上行。

⑧风行天上：巽为风，乾为天，巽在乾上，故云。

⑨懿（yì）：美、善。文德：巽为风，《象传》以风比德教、教化。

【译文】

《小畜》象征着小有畜积：亨通。浓云密布却不降雨，云气从城邑的西郊升起。

《象传》说："小有畜积"，是六四爻以柔顺之德当位而上下阳爻皆来相应，这种情形就叫做"小畜"。乾之刚健之德遇巽之随顺之性，则九五、九二之刚中之志就可以施行，因而得以亨通。"浓云密布却不能降雨"，这是因为阳气上行离去，云气无法聚集成雨水。"云气从我所住的城邑之郊外飘来"，云气散布但未能降下雨来。

《象传》说：风流行于天空之上，象征着"小有畜积"。君子识其时机未到，功德未成，故修美其文章道德以待其时机来到。

初九，复自道^①，何其咎？吉。

《象》曰："复自道"，其义"吉"也。

九二，牵复，吉^②。

《象》曰：牵复在中，亦不自失也^③。

九三，舆说辐^④。夫妻反目^⑤。

《象》曰："夫妻反目"，不能正室也。

六四，有孚^⑥，血去惕出^⑦，无咎。

《象》曰："有孚惕出"，上合志也。

九五，有孚挛如^⑧，富以其邻^⑨。

《象》曰："有孚挛如"，不独富也。

上九，既雨既处^⑩，尚德载^⑪。妇贞厉^⑫，月几望^⑬；君子征凶^⑭。

《象》曰："既雨既处"，德积载也。"君子征凶"，有所疑也^⑮。

【注释】

①复自道：此句应有二义：其一，初九为阳爻。《小

畜》下卦为乾，初九就阳而得其正位，故有返还其
道之象。其二，初九得位居正，上应四六之阴，阴
阳相应合和，故曰"复自道"。复，返还。

②牵复，吉：九二本与九五应，然九二失位，上不能
应于九五，舍五应四。四在巽，"巽为绳"，故曰
"牵复"。虽如此，然自居中位，又不失于阴阳之
应，则"牵复"也"吉"。

③不自失：初与四应，故曰"自复"。九二与九五无
应，旁应于六四而"畜"之。初得正，二得中，故
曰"不自失"。

④舆：大车。《说卦》曰"坤为大舆"。说（tuō）辐：
《小畜》旁通于《豫》，《豫》下卦为坤，变至九三则
成乾，坤象不见，故云。说，脱离。辐，车箱下勾
连底板与车轴的部件。

⑤反目：九三至九五互为离象，"离为目"。九三本
与上应，然上失位不正，不能下应九三，故有"反
目"之象。

⑥孚：诚。指九五。九五以刚健之德而给六四以诚信。

⑦血去惕出：六四以一阴畜众阳，本有忧惧之心，所
幸它能借助九五之诚信，故而能去除忧惧之心。《释
文》引马融曰："血，当作'恤'，忧也。"惕，忧惧。

⑧有孚挛（luán）如：九五动而变上卦成艮，"艮为
手"，手如拳，处中正之位，故云。挛，牵系。

⑨富以其邻：九五有六四为邻，六四畜众阳之实。
六四畜之，九五用之，故云。

⑩既雨：上动而为坎，坎为水，雨降则为水，故云。

既处：上九本应于九三，然上失位，九三不能来应，故云。处，停止。

⑪尚德载：上为阳德，变坎为车，上九得车而有载乘之象。尚，上。德，得。

⑫妇贞厉：上卦为巽，巽为长女，为妇。上动而变坎，坎成则巽毁，故曰"贞厉"。

⑬月几望：月圆将满之时。此以月圆而未满之象为喻，来劝诫阴不可过极。几，接近。又，"几"读为"既"。古人认为每月的十五日为"望"，十六日至二十三日为既望。

⑭君子征凶：君子为阳，小人为阴，上动而变坎，坎之阴盛于阳。征，进。

⑮有所疑：坎象为心，遇阴气兼于阳，故心存疑虑。疑而有"征"则必凶。疑，疑惑。

【译文】

初九，返回到正道，又有什么灾害呢？这本来就是吉祥的。

《象传》说："返还其正道"，其行为正当而获得"吉祥"。

九二，牵连于六四而畜之，故吉利。

《象传》说九二虽牵复于四，而其位在乾刚之中，因而没有自失其道。

九三，车箱与车轴相脱离，这种情形象征着夫妻反目成仇。

《象传》说："夫妻反目成仇"，这种情形是在说明九三为"夫"，为阴四所制，不能正其妻室。

六四，九五以阳刚之德而给予六四以诚信，则六四之忧惧之心离去，这种情况没有灾害。

《象传》说："借助九五给予的诚信，六四心中的忧惧离去了"，这是因为六四以柔顺之德而上合于九五的意志。

九五，心怀诚信之德，牵引上下之众阳而畜于一阴之中。这说明九五不是独享畜积之富。

《象传》说："心怀诚信之德，牵引上下之众阳而畜于一阴之中"，不独享其财富。

上九，密云已经降下雨来，阳刚之气已经畜止于终极，上九为阴气所积载。此时妇女必须守持正道以防止祸乱和危险，要像月亮将圆而未满的样子，阴气不能过盛；君子在阴气太盛时前进，就会遇到凶险。

《象传》说："密云已经降下雨来，阳刚之气已经畜止于终极"，这是因为上九被阴气所积载。"君子在阴气太盛时前进，就会遇到凶险"。就会心存疑忌。

䷉ 履卦

履^①：履虎尾，不咥人^②。亨。

《彖》曰："履"，柔履刚也。说而应乎乾^③，是以"履虎尾，不咥人，亨"。刚中正^④，履帝位而不疚^⑤，光明也。

《象》曰：上天下泽^⑥，"履"。君子以辩上下，定民志^⑦。

【注释】

①履：卦名，下兑☱上乾☰。以兑之柔小，对应于乾阳之刚，故有"履"象。履，践，行。我们常说"老虎的尾巴摸不得"，《履》卦以"履虎尾"为喻，形象地警示人们"老虎的尾巴踩不得"。这里讲到的"老虎"并非指真老虎，而是喻指走路时可能遇到的危险。慎行正道之"履"方可保"无咎"。

②履虎尾，不咥（dié）人：兑为西方之卦，西方为虎，又兑为口，六三为虎口，故有"咥人"之象。然履之以柔，则人不伤虎，虎也不伤人，故"不咥人"。咥，咬。

③说而应乎乾：六三以和悦之态度对待上九乾之刚强。说，通"悦"。

④刚中正：指九五爻居乾之中，得位而正。

⑤履帝位而不疚：九五为君王之位。不疚，《说卦》曰"坎为疾"，"坎为心"，九五以刚中履帝位之正，坎象不见，故曰"不疚"。

⑥上天下泽：乾为天在上，兑为泽处下。

⑦君子以辩上下，定民志：天在上，泽处下，上下既分，然后民志有定。

【译文】

《履》卦：象征着人轻轻地踩了一下老虎的尾巴，因未伤痛虎，虎不咬人。这种情况是亨通的。

《彖传》说："轻轻地行走"，就是以轻柔之足而行走于坚刚之体上。以和悦之情应合其乾刚之体，即使是一不小心，"轻轻地踩着了老虎的尾巴，老虎也不会咬人，亨通"。
这是因为乾以阳刚之德而居于中正之位，履行帝王之职而
无有灾害，显现出道德光明。

《象传》说：上为乾，为天；下为兑，为泽。这种情景
就像人"轻轻地行走"。君子以其卦象分辨上下之名分，端
正百姓的心志。

初九，素履往①，无咎②。

《象》曰："素履之往"，独行愿也。

九二，履道坦坦③，幽人贞吉④。

《象》曰："幽人贞吉"，中不自乱也。

六三，眇能视⑤，跛能履⑥，履虎尾，咥人，
凶。武人为于大君⑦。

《象》曰："眇能视"，不足以有明也。"跛能履"，
不足以与行也。"咥人之凶"，位不当也。"武人为于
大君"，志刚也。

九四，履虎尾，愬愬⑧，终吉⑨。

《象》曰："愬愬终吉"，志行也。

九五，夬履⑩，贞厉⑪。

《象》曰："夬履贞厉"，位正当也。

上九，视履考祥⑫，其旋元吉⑬。

《象》曰：元吉在上，大有庆也。

【注释】

①素：白色而无华饰之文采。履：鞋子。往：初与四

应，初九当位，九四失位不正，在外卦，故初九之应称"往"。

②无咎：无应而"往"，本有其咎，然"素履"而往则"无咎"。

③履道坦坦：九二失位不能应九五，然二者居中位，如走直道。又九二至九四互离，离为日，履日下直道，故曰"履道坦坦"。

④幽人：深思明哲之人。九二虽失位于中，然以阳居阴位，明生暗中，如深思明哲之人。幽，幽深。

⑤眇（miǎo）：《说文》："眇，一目小也。"九二至九四互有离象，离为目，然六三居离中而失位，失位不正，故"眇"。

⑥跛：跛足。《说卦》曰："震为足。"九二至六三为半震之象，乾为健行，六三失位则乾象毁，故"跛"。

⑦武人为于大君：三为阳刚武人之位，上九在九五之上，故曰"大君"。六三虽失位于《履》，然上应于上九，故曰"为于大君"。

⑧愬愬（sè）：恐惧的样子。

⑨终吉：九四虽有"履虎尾"之危，但是九四为阳爻，居乾为刚，而又能以"愬愬"之谨慎小心地走在老虎尾巴之后，故最终是吉利的。

⑩夬（guài）履：九五以阳刚之德而居中正之位，故有果决之行。夬，决断。

⑪贞厉：九五恃其得位之正，又有君临天下之气势，故行事果决，无所忌惮。然而，《履》本应"以柔履

刚"，九五却以刚履柔，故"贞厉"。九五之"厉"，
用朱熹《周易本义》一言可蔽之，曰"伤于所恃"。

⑫视履考祥：上九处《履》之极，能审视履之善否。
考，考察。祥，吉祥，美善。

⑬其旋元吉：上九尊居乾之极处，转身向下而应于兑
三，刚极而返回于柔道，故"元吉"。旋，回还。
元，大。

【译文】

初九，穿着洁白柔软的鞋子，轻轻前行，没有灾害。

《象传》说："穿着洁白柔软的鞋子，轻轻前行"，这是
因为初九自己愿意奉行其朴实的美德。

九二，深思明哲的人走在平易坦坦的道路上，吉利。

《象传》说："深思明哲的人走在平易坦坦的道路上，
吉利"，这是因为他心中不乱。

六三，目盲而视物，足跛而行路，踩着了老虎的尾巴，
老虎就会咬人，有凶险；武士要效力于大人君王。

《象传》说："目盲而视物"，不足以辩明事物；"足跛而
行路"，力不足以行走。"老虎咬人有凶险"，在于六三居于
不当、不正之位。"武士要效力于大人君王"，因为他有乾刚
之志。

九四，小心翼翼地走在老虎的尾巴之后，心中保持警
惕，终将是吉利的。

《象传》说："小心翼翼地走在老虎的尾巴之后，心中
保持警惕，终将是吉利的"，这样他的志愿也就得以实行。

九五，刚猛果断地走路，是会有危险的。

《象传》说："刚猛果断地走路是会有危险的"，这是因为九五处尊得位，恃正决刚的缘故。

上九，回顾所行之善恶，就可以考察吉凶之征兆，这是因为上九能回还而下应于三爻之阴，所以很吉祥。

《象传》说：很吉祥的情况存在于上九之位，这说明上九有很大的福庆。

䷊ 泰卦

泰①：小往大来②，吉，亨。

《彖》曰："泰，小往大来。吉，亨。"则是天地交而万物通也，上下交而其志同也③。内阳而外阴，内健而外顺，内君子而外小人，君子道长，小人道消也④。

《象》曰：天地交，泰。后以财成天地之道⑤，辅相天地之宜⑥，以左右民。

【注释】

①泰：卦名，下乾☰上坤☷。《序卦传》曰："泰者，通也。"在《周易》里，一个卦象的吉利与否决定于三个方面的因素：交流、相应、变通。三者之中，"交流"与"相应"是"变通"的前提。交流，就是下卦与上卦交流，下爻与上爻交流。相应，就是爻与爻之间的阴阳属性要相应。有了交流与相应，自然也就能够实现变通。"变通"不仅是《周易》认识世界的方法，也是认识世界的目的。在《周易》

六十四卦里，《泰》卦是唯一实现"交流"、"相应"和"变通"的卦。它一反大自然的本来面貌，将"天上地下"变化为"地上天下"。这种"反态"使得"天地交"泰，爻爻相应，气象变通。

②小往：坤与乾比，也就是天与地比，则天大而地小。坤在外卦，纯阴为小，于象为"往"，故曰"小往"。大来：乾为天，天在地下，为内卦，于象为"来"。纯阳为大，故曰"大来"。

③上下交而其志同：上喻君子，下喻臣子，上下交则表明其志气相投。

④君子道长，小人道消：阳为君子，阴为小人。阴阳二气至《泰》卦时，已至于立春时节，这时阴气已经渐渐消亡，而阳气则渐渐兴旺生长。

⑤后以财成天地之道：《泰》处于阴阳二气运行的通泰之时，故君王分其时节以裁制时序之变。后，君王。财，裁也。

⑥辅相天地之宜：君王分时节序以指导百姓的生活。辅、相，助也。宜，适当。

【译文】

《泰》卦象征着通顺安泰：坤道柔小往外，乾道宏大来入内，吉祥，亨通。

《彖传》说："通泰，坤道柔小在外，乾道伟大在内，吉祥，亨通。"就是说天地交感而万物亨通，上下交感互应则人们的志气相同。内卦有阳而外卦有阴，内为刚健而外为柔顺，内为君子而外为小人：于是君子之道兴旺生长，小人之道软弱消亡。

《象传》说：天地交合，通泰。君王由此而裁制成天地运行之道，辅助天地以适当的方式运行，这样就可以保佑百姓生存发展。

初九，拔茅茹①，以其汇②。征吉③。

《象》曰："拔茅征吉"，志在外也。

九二，包荒④，用冯河⑤，不遐遗⑥。朋亡⑦，得尚于中行⑧。

《象》曰："包荒，得尚于中行"，以光大也。

九三，无平不陂⑨，无往不复⑩。艰贞无咎⑪。勿恤其孚⑫，于食有福⑬。

《象》曰："无往不复"，天地际也。

六四，翩翩⑭，不富以其邻⑮，不戒以孚⑯。

《象》曰："翩翩不富"，皆失实也。"不戒以孚"，中心愿也。

六五，帝乙归妹⑰，以祉元吉⑱。

《象》曰："以祉元吉"，中以行愿也。

上六，城复于隍⑲，勿用师⑳，自邑告命㉑。贞吝。

《象》曰："城复于隍"，其命乱也。

【注释】

①拔茅茹：就卦象而言，以初九之阳刚对应六四之阴柔，则茅茹之柔象已焕然而出，再深研其究，则六四位居坤下，有柔而又柔之容，更类如茅茹之

象。茅，茅草。茹，茅根。

②以其汇：以其同类而聚集在一起。汇，类。

③征吉：坤为阴，为顺；乾为阳，为健进。阳气上升则为进，进而顺，故曰"征吉"。

④包荒：包，包容，囊括。荒，同"巟"。《说文》曰："巟，水广也。"引申为广大。

⑤冯（píng）河：徒步涉过河水。冯，通"淜"。《说文》："淜，无舟渡河也。"

⑥不遐遗：远而无所遗忘。遐，遐远。遗，遗忘。

⑦朋亡：《坤》卦有"西南得朋，东北丧朋"之说，《泰》卦所处的位置正是东北方，故曰"朋亡"。

⑧得尚于中行：九二为臣，上应君王六五，二者俱居于卦中，以阳而应阴，故得阴阳中和之道。尚，保佑，辅助。

⑨无平：九三爻处天地相交之处，平而能分，故曰"平"。"平"而面临变革，故曰"无平"。陂：通"坡"，即倾斜的山坡。

⑩无往不复：乾本在上、在天，因《泰》而互通至下，相交于地。九三上应上六，又复于本位，故曰"无往不复"。九三以"平"与"陂"和"往"与"复"为喻，说明世上的事没有一成不变的道理，否极泰来，泰极否来。

⑪艰：九三所处的位置"上不在天，下不在田"，本有"夕惕若厉"之心，又位于阴阳相交之处，至六五互有震象，故曰"艰"。贞无咎：三虽"多凶"而

"艰"，然以阳居阳，得位居正，又能应于上六，故曰"无咎"。

⑫勿恤其孚：不要担心自己的诚信不为人所理解。恤，忧虑。孚，诚信。

⑬于食有福：九三在乾，乾为福。九二至六四互为兑，兑为口，上应坤象，坤有多食之象，故曰"食有福"。

⑭翩翩：疾飞的样子。四与三接，下应初九之间，互有兑，兑为悦。兑下为乾，乾为天。兑，悦然于天，故有"翩翩"之状。

⑮不富以其邻：《泰》之互卦《归妹》下兑上震，兑与震为邻，故曰"其邻"。《周易本义》曰："阴虚而阳实，故凡言不富者，皆阴爻也。"六四以阴虚为邻，又有乘阳之嫌，故曰"不富以其邻"。

⑯不戒以孚：六四当位居正，虽有乘阳之嫌，然下应于初九，初九为乾，为君子，故可以"不戒"。

⑰帝乙：据《子夏易传》、京房、荀爽等人注，皆认为是古帝商汤。六五尊居中位，故曰"帝"。归妹：六五下应九二，九二至六四互为兑，兑为少女。九三与六五，互为震，震为长子，以兑为妹而归之于九二。归，古代女子出嫁。妹，古称女子，少女。

⑱祉：获得幸福。元吉：六五居《泰》之主，又有"归妹"之喜，故曰"元吉"。

⑲城复于隍：九三至六五互为震，震为艮之覆象，艮为城，艮覆为震，则曰"城覆"。又九二至六四互为兑，"兑为泽"，"为毁折"，类如护城河，故有

"城覆于隍"之象。复，通"覆"，倾覆。隍，护城
的壕沟。

⑳勿用师：坤为众，有兵众之象。然上六在穷极之
地，阴柔之甚，不可以用兵，故曰"勿用师"。

㉑自邑：坤为土，土筑城邑。坤性阴，阴皆有下降之
志，故曰"自邑"。告：请，传达。

【译文】

初九，拔出茅草，汇聚同类，有利于出征。

《象传》说："拔出茅草与前进就会吉祥"，这说明初九
的志愿在于向外发展。

九二，以包容之心，囊括之志，徒步涉过河水，无论
多远都无所遗弃。心中也不结党营私，而以中正之德去辅
佑君王。

《象传》说："以包容之心，囊括之志，徒步涉过河
水，以中正之德去辅佑君王"，这是因为九二有光明正大的
道德。

九三，世上的事物未有平坦而无坡的情况，也没有往
而不复还的情况。艰难曲折时须守持正道，就会免于灾害，
不要担心自己的诚信不能被人理解，在食物供给方面会有
幸福。

《象传》说："世上的事没有往而不复还的情况"，这是
因为九三处于天地交接之处。

六四，翩翩地飞来飞去，因上与阴虚为邻，下有乘阳
之嫌，故不富裕，这是因其不以诚信戒其行为的缘故。

《象传》说："翩翩地飞来飞去，因上与阴虚为邻，下

有乘阳之嫌，故不富裕"，原因全在于阴虚而失实的缘故。
"不以诚信戒其行为"，这说明坤之阴爻都有下降而乘阳的
愿望。

　　六五，帝乙嫁出了自己的妹妹，其妹因下嫁而获得幸
福，这件事很吉祥。

　　《象传》说："求福而得吉祥"，六五以"中和"之德实
现了自己美好的心愿。

　　上六，城墙倾覆于壕沟之中，这时不可出征用兵，城
邑中的人请命不要用兵。因为占问的结果是有难。

　　《象传》说："城墙倾覆于壕沟之中"，这是因为阴乘于
阳，尊卑颠倒，政令不顺。

䷋ 否卦

　　否①：否之匪人②，不利君子贞③，大往小来④。

　　《彖》曰："否之匪人，不利君子贞，大往小
来。"则是天地不交而万物不通也⑤，上下不交而天
下无邦也⑥；内阴而外阳，内柔而外刚，内小人而
外君子⑦，小人道长，君子道消也。

　　《象》曰：天地不交，"否"。君子以俭德辟难⑧，
不可荣以禄⑨。

【注释】

　　①否（pǐ）：卦名，下坤☷上乾☰，象征闭塞。变化之
　　　理是《周易》的普遍特征，这在《否》、《泰》两卦
　　　体现得最为充分，因为这两卦代表着事物发展变化

的两个终极。天上地下是天地的本来面貌，但是，这种固定不变的位置说明天地、上下之间缺乏交流互动，使事物处于闭塞不通的情况下而不能发展。对于人而言，《否》象征着小人行志，君子困厄之时；对于事而言，《否》象征着闭塞不通，难以成就大业。然而至九四则有"否极泰来"之势。总的说来，《否》卦是在说明"小人吉，大人否"的道理。物极必反，泰极则反于否，否极则反于泰。事物的变化规律总是以起伏不定的状态和循环往复的方式进行。在展现希望时，也隐藏着危亡；在显示危亡时，又给人们以希望。在此，《否》道启示着人们：尽管天地或有反常之时，但总体上还是以时节有序地成就着万物，而丝毫没有毁灭万物的本性。因此，人应该顺应天地之道，保持热爱生命的信念和希望。

②匪人：否与泰反，阴气剥阳，不利君子，又非人道，故云。匪，通"非"。

③不利君子贞：《否》下之三阴剥上之三阳，阴阳两种势力对峙僵持，闭塞不通，三阳有渐去之势，故不利于君子之行。

④大往小来：阳为大，阴为小，"大往"即阳消而去，"小来"即阴来而长。

⑤天地不交而万物不通：乾居上而不降，坤居下而不升，上下不通，阴阳不交，故云。

⑥上下不交而天下无邦：上为君，下为臣，上下不交

则天下不能成邦国。

⑦内阴而外阳，内柔而外刚，内小人而外君子：坤为阴柔在内，乾为阳刚在外，这种情况也象征着小人在朝内当道，君子流放在外。

⑧俭德辟难：《序卦》曰："物不可以终通，故受之《否》。"《否》卦象征着由通泰转变为否闭的状态。当此之时，君子应不求荣禄有功与闻达显贵，唯以俭德避难为是。

⑨不可荣以禄：乾为福，为禄。乾不施下，故"不可荣以禄"。

【译文】

《否》卦象征着闭塞不通：不利于君子之行，因为这时正是正大的阳气消往而去，卑弱的阴气生长而来。

《彖传》说："闭塞而不利于人道，不利于君子之行，因为正大的阳气消失而去，卑弱的阴气生长而来。"这是因为天地不能交通使得万物的生长不能通达，君臣上下不能相互交流，使得国君的天下没有邦国的辅助。阴气居内，阳气居外，柔顺者居内，刚强者居外，小人居内，君子居外。这种情况就像是小人之道在增长，君子之道在消亡。

《象传》说：天地不能相互交通，象征着"闭塞"不通的情况。君子以勤俭之德避难，不可追求荣显、俸禄。

初六，拔茅茹^①，以其汇。贞吉，亨。

《象》曰："拔茅贞吉"，志在君也。

六二，包承^②，小人吉，大人否^③，亨。

《象》曰："大人否，亨④"，不乱群也。

六三，包羞⑤。

《象》曰："包羞"，位不当也。

九四，有命无咎⑥，畴离祉⑦。

《象》曰："有命无咎"，志行也。

九五，休否⑧，大人吉⑨。其亡其亡⑩，系于苞桑⑪。

《象》曰：大人之吉，位正当也。

上九，倾否⑫，先否后喜⑬。

《象》曰：否终则倾，何可长也。

【注释】

①茅茹：坤顺而柔，故曰"茅茹"。

②包：包容，二五相应，二为五所包容。承：指六二顺承于九五。

③大人否：小人受包容则吉，于大人则否。

④亨：《经义述闻》："六二包承于五，小人之道也；九五之大人若与二相包承，则以君子而入小人之群，是'乱群'也。故必不与相包承，而其道乃亨。"

⑤包羞：羞耻，羞辱。《否》之所成在于六三，六三处在下卦之终，不中不正，位既不当，又为九四所包，故曰"包羞"。然不言"凶"，似对六三有劝勉之心。六三既能包羞，则有"知耻近乎勇"的德行。《否》之六三启示人们：蒙"羞"而"知耻"，才是有"勇"之人，才是真"男儿"。

⑥命：天命，也就是天之所令。九四互为巽，巽为号

令。无咎：九四以阳居阴位，虽有不正之嫌，然受命于上，故"无咎"。

⑦畴（chóu）离祉：乾为福，九四因失位而附于。畴，通"俦"，同类，一起。离，依附，附着。祉，福，得福。

⑧休：止息，停止。六三至九五互为巽。巽为木，乾为人，人依树木，有休息之象。

⑨大人吉：九五以其正大之道尊处君位，阴不能消其阳刚之正气，故曰"大人吉"。

⑩其（jī）亡：将要灭亡。因《否》道阴浸阳消，坤三阴即将要消去九五之阳，故曰"其亡"。其，将要。

⑪系于苞桑：九五互巽，巽为木。九五为"大人"，有救世之责，故曰"系于苞桑"。苞，丛生，茂盛，根本深固。桑，桑木。

⑫倾否：上九居《否》道终极之时，下应六三，六三失位，且在坤阴之中，虚而不能承阳，故有"倾否"之象。倾，倾覆。

⑬先否：否道在先，故曰"先否"。后喜：上九失位不正，下应六三，动而变正，则三之上，成《咸》卦，下艮上兑，有少男取悦少女之象。动而变，变正而悦，故曰"后喜"。

【译文】

初六，拔起茅草，根系相连，这是因为草根以同类相聚的缘故。这种情况是吉祥的，也是亨通的。

《象传》说：初六之所以有"拔起茅草与吉祥如意"的

好事，就因为初六有上应九四之君的志向。

六二，被包容且顺承九五之尊，小人吉利，大人不为这种小人之道所包容，故亨通。

《象传》说："大人不入于小人之道，亨通"，这说明大人不能为小人之道所乱。

六三，被包容而行小人之道，终致羞辱。

《象传》说："被包容而行小人之道，终致羞辱"，说明六三居于不正当之位。

九四，承受上天之命，没有过错，其同类因依附于它而获得幸福。

《象传》说："承受上天之命，没有过错"，这说明九四奉命扭转否道的行动正在进行中。

九五，使否闭停止，大人就会得到吉祥。将要灭亡！将要灭亡！要使我系之于如山之固，如桑之坚。

《象传》说：大人能得到吉祥，这是因为他居于九五之正当之位。

上九，倾覆否闭的局势，起先还有否闭之困，尔后则通泰喜悦。

《象传》说：否闭之道终极之时，就会使否道倾覆，如此，则否道怎么能长久呢！

䷌ 同人卦

同人^①：同人于野^②，亨。利涉大川。利君子贞^③。

《彖》曰：同人，柔得位得中而应乎乾^④，曰同人。同人曰："同人于野，亨。利涉大川"，乾行也^⑤。

文明以健，中正而应，君子正也⑥。唯君子为能通天下之志⑦。

《象》曰：天与火⑧，同人。君子以类族辨物。

【注释】

①同人：卦名，下离☲上乾☰，象征着与人同志。下离为日，上乾为天，日附于天，悬象著明，此为一同。六二与九五，俱得位而处中正之位，又相互因应，是谓二同。"同"之义因其所言的对象不同，意义也有所不同。《周易》之"同"是指人们在"言行"上保持一致性，因此，在《同人》卦中，没有真正以"吉"对应的爻位，因此王弼于此卦叹曰："凡处'同人'而不泰焉，则必用师矣！"言下之意，即今日之"同"实为往日攻战而来。

②同人于野：乾为野，有六二上应，故云。《本义》曰："同人于野，谓旷远而无私也。"

③利君子贞：下离卦文明而上乾卦刚健，六二中正而应，心怀文明而健行，故曰"利君子贞"。

④柔得位得中而应乎乾：六二以阴柔之德居下离之中，上应于乾之九五爻，故曰"应乎乾"。

⑤乾行：指《乾》卦有"刚健"之行。

⑥中正而应，君子正也：六二居其中正之位，上应于乾之九五，即因应君子"正大"之德。

⑦唯君子为能通天下之志：乾为天，故曰"天下"；离有文明，普照天下；六二至九四互为巽，巽为

风，风气传扬、播送天下。其外持刚健之行，内秉文明之德，于象则悬象著明，光被四表；于德则刚健中正，正大光明；于事则传播文教，教化人心，故而能"通天下之志"。

⑧天与火：天在上，火有炎上之势，故天与火同性，两相亲和。《同人》之六二一心一意上应九五，亲则和，和则同，则《同人》之同，实为君子心志相同。与，犹亲也。

【译文】

在广阔的原野上行走，其志气相同，亨通。有利于涉过大河，有利于君子守正持固。

《彖传》说：《同人》卦，六二以其阴柔之爻得中正之位，上应于乾之刚健之德，象征着和同于人。《同人》卦说："在原野上与人志气相同，亨通。有利于涉过大河"，这正应了乾之刚健之行。其卦内文明而外刚健，位居中正而上应于乾，这是君子和同于人的纯正美德。只有君子才能通达于天下人的心志。

《象传》说：天与火相亲近，象征着人与人之间志气相同。君子以事物的类别来辨别事物的本质特性。

初九，同人于门①，无咎。
《象》曰：出门同人，又谁咎也。
六二，同人于宗②，吝③。
《象》曰："同人于宗"，吝道也。
九三，伏戎于莽④，升其高陵⑤，三岁不兴⑥。

《象》曰："伏戎于莽"，敌刚也。"三岁不兴"，安行也。

九四，乘其墉⑦，弗克攻，吉⑧。

《象》曰："乘其墉"，义弗克也。其"吉"，则困而反则也。

九五，同人先号咷而后笑⑨，大师克相遇⑩。

《象》曰：同人之先，以中直也。大师相遇，言相克也。

上九，同人于郊⑪，无悔⑫。

《象》曰："同人于郊"，志未得也。

【注释】

①同人于门：初九上应九四，六二至九四互为巽，巽为门。初在巽下，如同门内，同门相亲。

②同人于宗：六二以阴柔之性得中正之位，上应九五，九五居一卦之尊，如同宗主一样，故曰"同人于宗"。宗，宗亲。

③吝：吝啬，吝惜。在《同人》卦里，除六二之外，均为阳爻。因六二只与九五相应，不与其他阳爻相应，故曰"吝"。

④伏戎于莽：《同人》下卦为离，离有兵戎之象。互巽，"巽为伏"，巽又有草木之象，故曰"伏戎于莽"。阳阳相敌，阴阴相斥。九三居离卦之上，不能与上九相应，故与乾之三阳为敌。敌强我弱，则九三只能伏于莽，"先为不可胜，以待敌之可胜"（《孙子

兵法》）。

⑤升其高陵：九三与九五互乾，乾为陵，为行，六二至九四互为巽，巽为高。为兵之道，在于占领有利地势，故于理、于象皆有"升其高陵"的理由。

⑥三岁不兴：三年也不兴兵作战。乾为天，一岁等于一周天，因爻在九三之位，故曰"三岁"。兴，兴起。

⑦乘其墉（yōng）：六二至九四互为巽，巽为高，九四在巽上，有乘其高墙之象。墉，城墙。

⑧弗克攻，吉：离有兵戎之象，巽为入，兵象入于九四，故有"攻"象。然九四乘墉居高，又依恃乾刚，敌攻而不克，故"吉"。

⑨先号咷而后笑：二与五应，互有巽，巽为风，如号咷之声。先遇敌，故曰"先号咷"。旁通于《师》，大师克敌于号咷之后，故曰"后笑"。

⑩大师：《同人》下离上乾，乾为大，"离为甲胄"，借指军旅征战之事。

⑪郊：城外之地。乾为野，上九处外卦与乾之极，故曰"郊"。

⑫无悔：上九处穷极之处，下无所应，本应"有悔"，而上九逸于兵象相争之外，不参与世事，悠悠于郊野之上，得其"同人"而乐，无违"同人"之道，故"无悔"。

【译文】

初九，出门与人志气相同，必无灾害。

《象传》说："出门与人志气相同"，又有谁能使其有灾害！

六二，仅与同宗血亲的人求同，有难。

《象传》说："仅与同宗血亲的人求同"，这说明六二以阴柔合和之德与贞静吝惜之心唯与九五和同。

九三，潜伏兵戎于草莽之中，登上高陵频频察看，三年也不敢兴兵作战。

《象传》说："潜伏兵戎于草莽之中"，这是因为敌人刚强。"三年也不敢兴兵作战"，这说明九三是为了安稳健行。

九四，乘其高墙之上，敌人不能攻打我，吉利。

《象传》说："乘其高墙之上"，不能为敌方所克，其所以"吉利"，在于九四能知"克"困之因而反正为友。

九五，与人和同时，先号咷而哭，尔后笑容满面，这是因为大军克敌告捷而归，志气相同的人相遇在一起。

《象传》说：一开始就和同于人，乾德真诚中直。待大军相遇，九五战胜三、四之强之后，九五才能与六二相合。

上九，在远郊野外而和同于人，没有悔恨。

《象传》说："在远郊野外而和同于人"，这说明上九的志向未能如愿。

䷍ 大有卦

大有①：元亨②。

《彖》曰："大有"，柔得尊位大中③，而上下应之④，曰"大有"。其德刚健而文明⑤，应乎天而时行⑥，是以元亨。

《象》曰：火在天上，"大有"。君子以遏恶扬善⑦，顺天休命。

【注释】

①大有：卦名，下乾☰上离☲。《大有》之所以为"大"，就是因为有五阳之实应一阴之虚。乾为天，离为火，天为大，天上之火就是太阳，她给这个世界带来了光明，也带来了生命。离本为阴卦，有女象。《大有》以阴居尊位，得上下众阳响应。圣人体验到太阳的灿烂光辉能生长万物，也能驱除腐朽，故以"遏恶扬善，顺天休命"治理天下。这是多么好的太平盛世！

②元亨：九二处乾之中正之位，故曰"元"，六五下应九二，故有"亨"。

③柔得尊位大中：六五为卦主，以阴柔居五之尊位，有中正之德。

④上下应之：六居五位，上下之阳皆应之。

⑤其德刚健而文明：外卦为离，离为火，火有文明之象；内卦为乾，乾有刚健之德。

⑥应乎天而时行：离为日，日行天上，顺应天道，以时而行。

⑦遏恶扬善：《大有》之"火"谓天上之火，即太阳。光天化日之下，恶得以"遏制"，美好的事物得到发扬。

【译文】

《大有》卦象征着大有收获：极为亨通。

　　《彖传》说："大有收获"，这是因为阴柔居于尊崇之位，身居高位，中正有德。上下响应，这种情况就称之为"大有收获"。《大有》内秉刚健之德，外著文明之光，能顺应天体的规律，按照时节运行，所以大有亨通。

　　《象传》说：日光如火，高悬于天，象征着"大有收获"。君子遏止邪恶，弘扬善德，顺应天道，美化万物之性和政令。

　　初九，无交害①，匪咎。艰则无咎②。
　　《象》曰：《大有》初九，无交害也。
　　九二，大车以载③，有攸往，无咎。
　　《象》曰："大车以载"，积中不败也。
　　九三，公用亨于天子④，小人弗克⑤。
　　《象》曰："公用亨于天子"，小人害也。
　　九四，匪其尪⑥，无咎⑦。
　　《象》曰："匪其尪，无咎"，明辩晰也。
　　六五，厥孚交如⑧，威如⑨，吉。
　　《象》曰："厥孚交如"，信以发志也；"威如之吉"，易而无备也。
　　上九，自天佑之⑩，吉，无不利。
　　《象》曰：《大有》上吉，自天佑也。

【注释】
①无交害：四失位为"害"、为恶人，初不应四，故云。
②艰：初居乾下，虽秉君子之德，然有"潜渊"之艰。

③大车以载:《大有》旁通于《比》,《比》下为坤,"坤
　　为大舆"。乾阳为实,载实于上,故云。

④公用亨于天子:九三为公侯。亨,通"享"。九三
　　当位且有刚正之德,因此深受君王的信任和重用。

⑤小人:指九四。

⑥尪(wāng):邪曲不正。指九四以阳居阴,失位不正。

⑦无咎:九四失位不正,故多非议。《本义》曰:"六五
　　柔中之君,九四以刚近之,有僭逼之嫌。"然若能
　　"匪其尪"、"明辩晰",也可以"无咎"。

⑧厥孚交如:九二与六五应,六五以诚信接应,故其
　　"交"则"孚"。孚,诚信。

⑨威如:乾有阳刚之德,故曰"威如"。

⑩自天佑之:上九位在离上,离为日,日悬于天,又
　　有六五承之,故得天"佑之"。

【译文】

　　初九,不与恶害相交,自然无有过错。即使是身处患
难之中也没有灾祸。

　　《象传》说:《大有》的初九,不与恶害相交。

　　九二,用大车承载"大有"之财富,有所前往,没有
灾祸。

　　《象传》说:"用大车承载'大有'之财富",将物承载
在正中就不会失败。

　　九三,公侯享用天子的宴请之礼,小人则不能享受此
种礼遇。

　　《象传》说:"公侯享用天子的宴请之礼",小人受此礼

遇必致祸害。

九四，排除自身的邪曲不正，无所祸害。

《象传》说："排除自身的邪曲不正，无所祸害"，这说明九四能辨明自身的处境。

六五，用诚信与人交往，威严庄重，吉祥。

《象传》说："用诚信与人交往"，这说明六五用诚信来感化、激发他人的心志；"威严庄重而得到吉祥"，这是因为六五有平易的心情，所以对人无所防备。

上九，得到上天的帮助，吉祥，无有不利。

《象传》说：《大有》上九的吉祥，是来自于上天的佑助。

䷎ 谦卦

谦①：亨。君子有终②。

《彖》曰：谦，亨。天道下济而光明，地道卑而上行。天道亏盈而益谦③，地道变盈而流谦④，鬼神害盈而福谦⑤，人道恶盈而好谦。谦尊而光，卑而不可逾，君子之终也。

《象》曰：地中有山⑥，谦。君子以裒多益寡⑦，称物平施。

【注释】

①谦：卦名，下艮☶上坤☷，艮为山，坤为地。山本应在地上，而在《谦》象中，高山却卑处地下以象征"谦虚"。韩婴曾曰："夫《易》有一道焉，大足以治天下，中足以安国家，近足以守其身者，其惟

《谦》德乎？"（《韩诗外传》卷八）需要强调的是，
《谦》六四至上六为坤，六二至六四互为坎，则二至
五有《师》象。故自五爻始，有用兵征伐之语。谦
德有礼，礼不能服之，则须用兵征伐。故用礼谦让
的同时还须有武力的准备。当谦则谦，谦而好礼，
方可谓之"谦谦君子"。当武则武，武而"用师"，
凛然难犯，此《谦》之文武之道。

②君子有终：《集解》引虞翻曰："'君子'谓三，艮
'终万物'，故'君子有终'。"

③亏盈而益谦：如日高则落，月满则亏，故曰"亏
盈"。又如日出则上升，月虚则渐盈，故曰"亏盈"
而"益谦"。

④变盈：如河水满则溢，山陵高则摧。流谦：地洼则
渐平，沟虚则水至。

⑤鬼神害盈而福谦：指富裕过甚则为鬼神所忌害。

⑥地中有山：《谦》卦之内为艮，艮为山，外为坤，坤
为地。

⑦裒（póu）多益寡：削减过多者以补充寡少者。裒，
削减。益，补充，补助。

【译文】

《谦》卦象征着谦虚：亨通。君子若保持谦虚的美德，
就能得到美好的结果。

《彖传》说：谦虚，亨通。天因为能将其光明、雨露
下济于地而愈显其光明，大地的本性在于处于低底之处而
地气冉冉上升。天道的规律是亏损满盈而补益谦虚，大地

的规律是改变满盈而充实谦虚，鬼神的本性是损害满盈而施福于谦虚，人类的本性是厌恶满盈而爱好谦虚。人爱好谦虚，处于尊位就光荣，即使是处于卑贱之位也不可超越，所以君子能有好的结果。

《象传》说：巍峨的高山就在大地之中，这种情形象征着谦虚。因此，君子对待事物的态度是削减过多的，补充不足的，权衡事物，然后公平地施予。

初六，谦谦君子①，用涉大川②，吉。

《象》曰："谦谦君子"，卑以自牧也。

六二，鸣谦③，贞吉。

《象》曰："鸣谦，贞吉"，中心得也。

九三，劳谦④，君子有终⑤，吉。

《象》曰："劳谦君子"，万民服也。

六四，无不利，㧑谦⑥。

《象》曰："无不利，㧑谦"，不违则也。

六五，不富以其邻⑦，利用侵伐⑧，无不利。

《象》曰："利用侵伐"，征不服也。

上六，鸣谦，利用行师征邑国。

《象》曰："鸣谦"，志未得也⑨。可用"行师征邑国"也。

【注释】

①谦谦：谦而又谦。

②用涉大川：六二至六四互为坎，坎为水。初六本与

四应，然失位不能应四，动而变正，则上应六四，涉川而应四，故曰"涉大川"。

③鸣谦：九三至六五互震，震为雷，声应六二，故曰"鸣谦"。

④劳谦：九三本有"乾乾"、"夕惕"之德，于《谦》中又位居互坎之中，坎为劳，故曰"劳谦"。

⑤君子有终：九三为阳，为一卦之主，故为君子；处艮上，艮为"万物之终始"。

⑥扚（huī）谦：六四本应下应初六，因初六失位不得相应，近取九三而应之。九三居艮上，艮为手，六四在互震中，震为动，手动，故有"挥"象。就卦德而言，六四乘三承五，不敢自安，然因其得位居正，与众阴一起拥护九三，因而与整个《谦》卦的精神保持一致。扚，挥动。

⑦不富以其邻：邻指四、上爻。六五以柔居君位，虽以谦德服众，然众阴乘阳，阴虚而阳实，故不能富。

⑧利用侵伐：六五居尊位，有讨伐之权，故曰"利用侵伐"。

⑨志未得：上六虽有谦虚的美名，但因其柔居偏远之地，使其与九三之相应受到重重阻碍，故"志未得"，有行师之意。

【译文】

初六，谦而又谦的君子，可以涉越大河，吉祥。

《象传》说："君子谦而又谦"，这说明初六以谦卑来制约自己。

六二，宣扬谦虚的美德，吉祥。

《象传》说："宣扬谦虚的美德能获得吉祥"，这是因为心中坚守正道的缘故。

九三，有功劳而能谦虚的君子，必然有一个美好的结果，吉祥。

《象传》说："有功劳而能谦虚的君子"，天下的万民都信服他。

六四，无有不利，发挥谦虚的美德。

《象传》说："无有不利，发挥谦虚的美德"，说明六四不违背谦虚的法则。

六五，不富裕是因为其邻国的原因，我用武力讨伐，无有不利。

《象传》说："我用武力讨伐"，只是征伐那些骄横不服的邦国。

上六，宣扬谦虚的美德，就有利于用兵作战，征伐那些不服的小国和都邑。

《象传》说："宣扬谦虚的美德"，然而心中的志向仍然未能实现。可以"出兵作战，征伐那些不服的邑国"。

䷏ 豫卦

豫①：利建侯行师②。

《彖》曰：豫，刚应而志行③，顺以动④，豫。豫顺以动，故天地如之⑤，而况"建侯行师"乎？天地以顺动，故日月不过，而四时不忒⑥。圣人以顺动，则刑罚清而民服。豫之时义大矣哉⑦！

《象》曰：雷出地奋⑧，豫。先王以作乐崇德⑨，殷荐之上帝⑩，以配祖考。

【注释】

①豫：卦名，下坤☷上震☳，象征着欢乐。从某种意义上看，《豫》是一个描绘音乐和研究乐理的卦，雷声震动万物，这是上天的音乐，它感动着人心，也使整个大地都感到欣喜、振奋、欢乐。圣明的先王感悟雷声之于大地与万物的喜悦和振奋，作乐配天，颂祖娱民，百姓手舞足蹈，歌颂天地，赞扬祖先，敬奉天帝，献给祖先，其乐融融，洋洋大观。《豫》卦以"顺以动"的主要特征启示人们，当雷声在大地上震动时，一则有利于"建侯行师"，二则"天地如之"。雷声是上天献给大地的音乐盛典，表现着地球生命最大的欢乐。

②利建侯：震为长子，下临坤，坤为地，为城邑，故曰"利建侯"。行师：行军，出征。《豫》六三至六五互有坎象，坎为水，兵法云："兵形象水。"因此，《易》有坎象，多言师。又坎为寇，长子监国御寇，故曰"行师"。

③刚应：指九四爻与众阴爻相应。志行：因众阴相应而从，故志向得以实现。

④顺以动：坤为顺，震为动，坤下震上，故"顺以动"。

⑤天地如之：指天地之动随着雷声的震动而来。春雷震动时，春天就到了，一年四季之变从此开始。

如，随从。

⑥四时：四季。忒（tè）：差错。

⑦豫之时义大矣哉：春雷震动，大地回春，万物欣然复苏，其乐融融，此时、此情、此景关乎民生，故曰"义大"。

⑧雷出地奋：震为雷，坤为地，震为"动"，雷动于地上。

⑨崇：尊崇，赞扬。

⑩殷：兴盛。荐：献。

【译文】

《豫》卦象征着欢乐：有利于建立诸侯，行军出征。

《彖传》说：欢乐，（因为在此卦象之中）有阳刚与阴柔相应，使得心中的志向能实现，顺着事物的本性而动，就会得到欢乐。之所以欢乐，是因为顺应事物的本性而动，所以天地的运行也是这样，更何况封侯建国、出师征战这样的事呢？天地能按照事物本性运动，所以日月的运转就不会出现过错，四季的更替也不会出现差错。圣人顺应事物的本性行动，那么运用刑罚就清楚分明，老百姓也就信服。"欢乐"的时候包涵的意义是多么伟大啊！

《象传》说：雷声发出时，大地都感到振奋，欢乐。先代圣明的君王受《豫》情启发而制作音乐以赞赏美德，并以盛大的场面将其乐歌呈献给伟大的天帝，同时，让祖先的神灵配享其乐。

初六，鸣豫①，凶②。

《象》曰："初六鸣豫"，志穷凶也。

六二，介于石③，不终日，贞吉。

《象》曰："不终日，贞吉"，以中正也。

六三，盱豫④，悔，迟有悔⑤。

《象》曰："盱豫有悔"，位不当也。

九四，由豫⑥，大有得⑦，勿疑。朋盍簪⑧。

《象》曰："由豫大有得"，志大行也。

六五，贞疾⑨，恒不死⑩。

《象》曰："六五贞疾"，乘刚也。"恒不死"，中未亡也。

上六，冥豫⑪，成有渝，无咎⑫。

《象》曰："冥豫"在上，何可长也？

【注释】

①鸣豫：初六阴居阳位，失位在下，上应九四，九四为一卦之主，位在震，震为雷，雷动而"鸣"，故曰"鸣豫"。

②凶：初六应四，四在坎中，坎为险，失于位而应于险，故曰"凶"。

③介于石：六二至九四互为艮，艮为手，三上为震，震为动，手动于石上，故六二为"攻玉"之事。介，间。

④盱（xū）豫：忧而未乐。六三失位居互坎下，坎为疾，故云。盱，通"吁"，忧愁。

⑤迟：六二至九四艮，艮为止，故有"迟"象。有悔：本已"盱豫"有悔，若迟缓，则违背《豫》道，又有其"悔"。

⑥由豫：九四为《豫》之卦主，为众阴之宗主，故众阴之乐皆来自于九四一阳之所为。由，自，从。

⑦大有得：九四为阳，阳为大，一阳得众阴，故曰"大有得"。

⑧朋盍簪（zān）：九四如簪子束发一样，将众阴聚合在一起。朋，阴阴为朋。盍，合。

⑨贞疾：六五虽尊居中位，然失位而不能下应六二，其位又在互坎之上，故曰"贞疾"。贞，贞问。

⑩恒不死：六五尊居五位之中，又乘阳于《豫》，故虽有疾，却能久病不死。

⑪冥豫：天昏地暗还在娱乐。冥，幽也，晦也。

⑫成有渝，无咎：上六处《豫》之极，虽得位于上，然与失位之六三无应，变而有应，则豫而不极，故"无咎"。成，变成，成为。渝，变更，改变。

【译文】

初六，狂呼乱喊地娱乐，有凶险。

《象传》说："狂呼乱喊地娱乐"，这是因为它欢乐之极，乐极生凶。

六二，攻石治玉，不到一天就做成了，这是一件吉祥可庆的事。

《象传》说："攻石治玉，不到一天就做成了，吉祥可庆"，这是因为六二以君子之德当位居正的缘故。

六三，忧而未乐，必有悔恨；若迟缓醒悟，必将更加悔恨。

《象传》说："忧而未乐，必有悔恨"，这是因为六三所处的位置不当所致。

九四，人们依赖他而得到欢乐，大有所得，至诚不疑。这会使自己的朋友像头发括束于簪子一样聚拢在一起。

《象传》说："人们依赖他而得到欢乐，大有所得"，这说明九四的志向大为成功。

六五，要预防疾病，只要长久地预防就不会死。

《象传》说："六五要预防疾病"，这是因为他凌乘于九四之刚直之上。"只要长久地预防就不会死"，这是因为六五以阴柔处尊位，行中和之道，故不能败亡。

上六，日昏天暗还一味地耽于娱乐，如改正并有所变化则无灾祸。

《象传》说："日昏天暗还一味地耽于娱乐"，处于上位之极，怎么能够长久呢？

䷐ 随卦

随①：元亨，利贞，无咎。

《彖》曰：随，刚来而下柔②，动而说，随。大亨，贞，无咎，而天下随时③，随时之义大矣哉！

《象》曰：泽中有雷，随。君子以向晦入宴息④。

【注释】

①随：卦名，下震☳上兑☱。随，《说文》："从也。"从卦象看，下震为长男，上兑为少女；从卦德看，上兑为悦，下震为动，联想起来，均有"随"意。《说卦》云："动万物者莫疾乎雷"，"说万物者莫说

乎泽"，故《象传》以"动而悦"来赞美《随》卦之
德。孔子说："三人行，必有我师焉；择其善者而从
之，其不善者而改之。"（《论语·述而》）从中可
以看出孔子随从善道的乐观情绪。同样，《随》卦以
"元亨，利贞"来赞美随从于善道的品德。

②刚来：震为阳卦，附内卦而来。下柔：兑为阴卦，
震居阴卦之下，又初九居六二、六三之下。九四、
九五居上六之下，均为阳刚下居阴柔之下。

③天下随时：《随》有雷来入于泽之象，为秋天之卦，
春种夏长，秋收冬藏。天下随时而动。

④向晦：兑为西方之卦，二阳处于一阴之下，为日落
之处，震动而入于兑，故曰"向晦"。向，趋向。
晦，日暮，晚上。宴息：休息。六二至九四互艮，
艮为止，止则安，君子向晦而止，则有"宴息"之
象。宴，安然。

【译文】

《随》卦象征着随从、顺应：大为亨通，有利于做大
事，无灾祸。

《彖传》说：随从，阳刚来屈居于阴柔之下，震动而充
满喜悦，故有众人相随。大为亨通，做大事而无灾害，因
而使天下之物随之以适宜的时机，随从以适宜的时机，意
义是多么的伟大啊！

《象传》说：大泽中有雷声，象征着随从。随着日晦天
晚之时来到，君子也回家入室休息。

初九，官有渝^①，贞吉，出门交有功^②。

《象》曰："官有渝"，从正吉也。"出门交有功"，不失也。

六二，系小子^③，失丈夫^④。

《象》曰："系小子"，弗兼与也。

六三，系丈夫，失小子^⑤，随有求得^⑥。利居贞。

《象》曰："系丈夫"，志舍下也。

九四，随有获^⑦，贞凶^⑧。有孚在道以明^⑨，何咎？

《象》曰："随有获"，其义凶也。"有孚在道"，明功也。

九五，孚于嘉^⑩，吉。

《象》曰："孚于嘉吉"，位正中也。

上六，拘系之^⑪，乃从维之^⑫，王用亨于西山^⑬。

《象》曰："拘系之"，上穷也。

【注释】

①官：思想观念。初九在下震，为君子，为长子，为下卦之主，象征思想观念。渝：改变。震为动，动而出，故有变。

②出门交有功：初九上无所应，须出门有所交往，以"随"其正，故曰"交有功"。

③系小子：依附于小子。系，附，依附。小子，喻初九。

④失丈夫：丈夫，喻九五。六二系于初九，不能上应九五。

⑤系丈夫，失小子：初九为"小子"，然已为六二所系。

故六三舍初系四，志在"丈夫"，而失去"小子"。

⑥随有求得：阴之为物必有所归属，六三以阴居阳，失位而无应，故随而求之于人，求而得其"丈夫"。且六三因有"居贞"之志，舍其不可乘，得其应所承，故虽有失位之憾，也能有"得"。

⑦随有获：六三随从九四而为其所获。

⑧贞凶：因三、四均有失位之嫌，自六三至上成《大过》，为棺椁之象，故曰"贞凶"。

⑨有孚在道以明：上为兑，兑为悦；六三至九五互有巽，巽为入，九四在二者之间，蕴有"入"而"悦"之象。孚，诚信。明，显示。

⑩孚于嘉：九五处《随》之中正，能尽"随时"之义，且以中正刚直之诚信得其"随时"之德，故而能获美善之吉。

⑪拘系之：强迫而使之相附于己。六三至九五互有巽，巽为绳，故《随》之六二、六三、上六皆有"系"字。因上六独处《随》卦之极，穷极乘刚，内无所应，不肯相随于五。九五行王道，故"拘系"而使之从己。

⑫乃从维之：使其随从并系属于己。维，系结。

⑬王：指九五。亨：通"享"，其义为"祭祀"。西山：《随》之上卦为兑，兑为西方。又《随》互有《渐》，《渐》之下卦为艮，艮为山，故象有"西山"。在周代时，应指镐京之西的岐山。

【译文】

初九，思想观念随着时间改变，就吉祥，出门与人交往就能成功。

《象传》说："思想观念随着时间发生改变后"，随从正道就吉利。"出门与人交往就能成功"，这说明初九随从正道就不会有所失。

六二，依附小子，失去阳刚之大丈夫。

《象传》说，"依附小子"，这是因为六二不能同时兼有"小子"与"丈夫"。

六三，依附于大丈夫，失去了小子，随从于人，求而有所得。利于守居正道。

《象传》说："依附于大丈夫"，这说明六三的心志在于舍弃居于己下的初九。

九四，为六三相随而有所获，却有凶险之兆。然而，若于正道之中保持其诚信，使自己的行为光明磊落，有什么灾害呢？

《象传》说："六三随从九四而为其所获"，但蕴涵的意义则是凶险。"在正道之中保持其诚信"，这是九四保持了光明磊落所立的功劳。

九五，保持诚信于美善之道中，吉祥。

《象传》说："保持诚信于美善之道中，吉祥。"这是因为九五处于正中之位的缘故。

上六，九五拘捕上六，强迫其相附于己，并使其随从并系属于己，君王因兴师讨逆，祭祀西山。

《象传》说："拘捕而强迫其相附于己"，因为上六处于穷极之处。

䷠ 蛊卦

蛊①：元亨②。利涉大川③，先甲三日，后甲三日④。

《彖》曰：蛊，刚上而柔下⑤，巽而止，蛊⑥。蛊，元亨而天下治也。"利涉大川"，往有事也⑦。"先甲三日，后甲三日"，终则有始，天行也⑧。

《象》曰：山下有风⑨，蛊。君子以振民育德⑩。

【注释】

①蛊（gǔ）：卦名，巽下☴艮上☶。《说文》曰："蛊，腹中虫也。"可引申为蛊惑、蛊乱等意。《序卦传》曰："蛊者，事也。"事乱则至于"蛊惑"，故《左传》云："女惑男，风落山，谓之蛊。"《蛊》卦之义在除弊治乱。就其卦象而言，它以山下有风来喻指"往有事"。苏轼曾就《蛊》卦何以谓"蛊"做了细致的分析："器久不用而蛊生之，谓之'蛊'；人久宴溺而疾生之，谓之'蛊'；天下久安无为而弊生之，谓之'蛊'。""蛊之灾非一日之故也，必世而后见，故爻皆以'父子'言之。"（《东坡易传》）

②元亨：九二以阳居中，上应六五，故曰"元亨"。

③利涉大川：初六至六四为大坎之象，初六在巽下，巽为入，入于坎，坎为水，故云。

④先甲三日，后甲三日：古代以天干、地支记日。天干为甲、乙、丙、丁、戊、己、庚、辛、壬、癸。甲为天干之首，是一个创制法令的日子，先甲三日即为辛，后甲三日即为丁。欲要治乱，须在先甲三

日宣传政令，以期于后甲三日加以治理。

⑤刚上：下卦巽以二阳乘于初六一阴爻之上。上卦艮以上九处于二阴之上，上下卦皆阳刚在上。柔下：下卦初六之阴居于二阳爻之下，上卦二阴爻居于阳爻下。

⑥巽而止，蛊：巽为入，艮为止，入而止，止则不通，不通则"蛊"。

⑦往有事：巽为长女，艮为少男，巽入于艮，有蛊惑之事，然止而不得其入，止其乱事。

⑧终则有始，天行也：天之道，有终则有始。天行，天的运行规律。行，规律性。

⑨山下有风：上卦为艮，艮为山。下卦为巽，巽为风。

⑩君子以振民育德：按《象传》以山比贤人，以风比教化，其卦象比喻贤人传德教以教化万民。

【译文】

《蛊》卦象征着弊乱和整治：大为亨通，有利于涉过大河；应当在"甲"日的前三天准备，至"甲"日的后三天行动。

《彖传》说：蛊之卦象，阳刚之爻居于阴柔之爻上，政令入而弊乱止。弊乱而最终得到整治，是大有可为的亨通之事，它能使天下得到大治。"利于涉越过大河"，这是因为前往则有事可做。"应当在'甲'日的前三天准备，至'甲'日的后三天行动"，有终止，也有开始，终而复始，就如同天体的运行一样。

《象传》说：山下吹来一阵风，象征着有乱事出现。这时君子就应以道德来培养百姓，拯救他们。

初六，干父之蛊^①，有子^②，考无咎^③。厉^④，终吉^⑤。

《象》曰："干父之蛊"，意承考也。

九二，干母之蛊^⑥，不可贞^⑦。

《象》曰："干母之蛊"，得中道也。

九三，干父之蛊，小有悔^⑧，无大咎^⑨。

《象》曰："干父之蛊"，终无咎也。

六四，裕父之蛊^⑩，往见吝^⑪。

《象》曰："裕父之蛊"，往未得也。

六五，干父之蛊，用誉^⑫。

《象》曰："干父用誉"，承以德也。

上九，不事王侯，高尚其事^⑬。

《象》曰："不事王侯"，志可则也。

【注释】

①干父之蛊：正其父辈的弊乱。干，正。

②有子：父辈有了过错，子能纠正，故曰"有子"。

③考无咎：子能正父之过，后继有人，故曰"考无咎"。考，专指去世之父。按卦象，乾为父，初六失位则乾象毁，毁则无父象，故辞称其"考"。

④厉：祸乱。初六本上应四，然失位不正，故"厉"。

⑤终吉：子绪父业，故曰"终吉"。初六之"终吉"在其"有子"。

⑥干母之蛊：九二居巽中，为母象，然失位不正，故有"蛊"。

初六，干父之蛊[1]，有子[2]，考无咎[3]。厉[4]，终吉[5]。

《象》曰："干父之蛊"，意承考也。

九二，干母之蛊[6]，不可贞[7]。

《象》曰："干母之蛊"，得中道也。

九三，干父之蛊，小有悔[8]，无大咎[9]。

《象》曰："干父之蛊"，终无咎也。

六四，裕父之蛊[10]，往见吝[11]。

《象》曰："裕父之蛊"，往未得也。

六五，干父之蛊，用誉[12]。

《象》曰："干父用誉"，承以德也。

上九，不事王侯，高尚其事[13]。

《象》曰："不事王侯"，志可则也。

【注释】

①干父之蛊：正其父辈的弊乱。干，正。

②有子：父辈有了过错，子能纠正，故曰"有子"。

③考无咎：子能正父之过，后继有人，故曰"考无咎"。考，专指去世之父。按卦象，乾为父，初六失位则乾象毁，毁则无父象，故辞称其"考"。

④厉：祸乱。初六本上应四，然失位不正，故"厉"。

⑤终吉：子绪父业，故曰"终吉"。初六之"终吉"在其"有子"。

⑥干母之蛊：九二居巽中，为母象，然失位不正，故有"蛊"。

⑦不可贞：九二居下卦之中，此女主内之象；然以阳居阴，故有失位不正之嫌。

⑧小有悔：九三欲正父辈弊乱，然上九失位，以刚济刚，故"有悔"。九三当位居正，故曰"小有悔"。

⑨无大咎：巽为入，兑为口为言，言之入，意在"干父之蛊"。上无所应，且有艮止，故终言"无大咎"，不如初六"终吉"之好。

⑩裕父之蛊：六四以阴居阴，柔弱而不能如初六、九三之"干父之蛊"，又为艮所止，故只可"裕"之。裕，宽缓，宽容。

⑪往见吝：六四本应下应初爻，然初爻失位不能应。又居艮下，艮为止，故曰"往见吝"。

⑫用誉：六五以柔处尊，居高位而不骄，执权势而不横。秉持美德，子承父业，故理应赢得人们的赞誉。用，因而。誉，赞誉。

⑬不事王侯，高尚其事：上九处于《蛊》之极，内无所应，仿佛世外之人，不累于位，故可以逍遥于"不事王侯，高尚其事"的超然之境界。

【译文】

初六，纠正父辈的弊乱之事，这是说有儿子可以依靠，那么，即使是父辈去世了，也不会造成太大的危害。而且，即使是有一些危害，因为有儿子能纠正并继续父辈未竟的事业，最终也是吉利的。

《象传》说："纠正父辈的弊乱之事"，这说明儿子的意愿是继承已去世的父辈的未竟事业。

九二，纠正母辈的弊乱之事，是不可以做的。

《象传》说："纠正母辈的弊乱之事"，这是因为九二居于下卦之中，得中正之道的缘故。

九三，纠正父辈的弊乱之事，稍有悔恨，但没有大的过失。

《象传》说："纠正父辈的弊乱之事"，最终并没有什么过失。

六四，慢慢地纠正父辈的弊乱之事，前面肯定会遇到困难。

《象传》说："慢慢地纠正父辈的弊乱之事"，即使是往前发展也不能得到功效。

六五，纠正父辈的弊乱之事，因而得到人们的赞誉。

《象传》说："纠正父辈的弊乱之事而受到人们的赞誉"，这是因为六五自己用美德继承了父辈的事业。

上九，不侍奉君王公侯，并把自己的行为看得很高尚。

《象传》说："不侍奉君王公侯"，这种高尚的心志值得效法。

䷒ 临卦

临①：元亨，利贞②。至于八月有凶③。

《彖》曰：临，刚浸而长④，说而顺⑤，刚中而应⑥。大亨以正，天之道也。"至于八月有凶"，消不久也。

《象》曰：泽上有地⑦，临。君子以教思无穷⑧，容保民无疆。

【注释】

①临：卦名，兑下☱坤上☷。《临》之阳气渐长，其德壮大，临之于阴，阳大而临下，故曰"临"。"临"有"大"的意思，而《临》卦的真正意思则是"统治"。根据事物发展的规律，统治者认识到物盛则衰，并以"八月有凶"告诫自己，因此卦中各爻所演绎的方法，就是如何避免"凶"而有"咎"的结局。从"咸临"、"甘临"、"至临"、"知临"、"敦临"，可以说是机关算尽，但是唯一可取的则是教育对于治国的重要作用。

②元亨，利贞：按十二辟卦的运行，《临》之二阳有渐趋增长之势，增至三则动而为《乾》，《乾》有元亨利贞四德，《临》欲变至《乾》，故卦辞同。且九二以阳居中正之位，上应六五，大而能应，故曰"元亨利贞"。

③至于八月有凶：《临》为十二月之卦，至八月则变至《否》。此时，有阴消阳之势。

④刚浸而长：《临》始于《复》，阳气有逐渐增长之势。刚，指《临》之初、二之阳爻。

⑤说而顺：内卦为兑，兑为说（悦），外卦为坤，坤为顺。

⑥刚中而应：九二居内卦之中，故曰"刚中"。上有六五相应。

⑦泽上有地：内卦为兑，为泽，外卦为坤，为地。地包容泽，所以圣人观此象而知包容民众之心。

⑧君子：指九二。教：教育。因内卦为兑，兑为口，

有讲习之象。思：思念，关心。无穷：坤为地，地厚而博大，故曰"无穷"。

【译文】

《临》卦象征着君临天下：大为亨通，有利于做大事。但是时至八月则有凶险。

《彖传》说："君临天下"，这是因为阳刚有渐趋增长之势，全国上下心悦诚服，随和顺从，君子秉持阳刚之正气，又有六五顺应相亲。不仅大为亨通，而且守正持固，这顺应了大自然的运行规律。"时至八月有凶险"，那是因为接近消亡之时，"小人道长，君子道消"，故曰"有凶"。

《象传》说：水泽之上是大地，象征着"君临天下"。君子以无穷无尽的思想道德教育民众，关心民众，并以宽厚博大的胸怀容纳民众，保护民众。

初九，咸临，贞吉①。

《象》曰："咸临贞吉"，志行正也。

九二，咸临②，吉，无不利③。

《象》曰："咸临，吉，无不利"，未顺命也。

六三，甘临④，无攸利⑤；既忧之，无咎。

《象》曰："甘临"，位不当也。"既忧之"，咎不长也。

六四，至临，无咎⑥。

《象》曰："至临无咎"，位当也。

六五，知临，大君之宜⑦，吉。

《象》曰："大君之宜"，行中之谓也。

上六，敦临⑧，吉，无咎。
《象》曰："敦临之吉"，志在内也。

【注释】

①咸临，贞吉：初九屈居《临》下，然得位居正，上应六四。六四位在互震，又居坤下。初九在兑，兑为言、为悦。雷震于地，言感于震，悦应于坤，故曰"咸临"。其地有所感应，人心也有所感应，故《象传》以"教思无穷"传《临》之大义。咸，感化，感应。

②咸临：九二虽以阳居中，上应六五，然位在兑与互震之中，与初九同应坤象，故辞同初九曰"咸临"。

③吉，无不利：兑为悦；二至四互震，震为动；三至五互有坤，坤为顺；于是以愉悦之情入顺利之境，以阳中之德上应六五之尊，故"无不利"。

④甘临：以甜美之巧言取悦人。兑为口，坤为土，兑口衔坤，故云。甘，美味，引申为美言。

⑤无攸利：六三失位乘阳，上无所应，故无所利。

⑥至临，无咎：六四下以应初九，故曰"至"。初九而应，当位有实，故"无咎"。

⑦知（zhì）临，大君之宜：六五居君王之位，下与九二相应，犹如任用刚健能干的大臣，辅佐自己君临天下。大君，指六五。

⑧敦临：上六处于《临》之极，又处坤卦之上，"坤厚载物"，故云。敦，敦厚。

【译文】

初九，以感化之道君临天下，大事吉祥。

《象传》说："以感化之道君临天下，大事吉祥"，这说明初九的志向是实行正道。

九二，以感化之道君临天下，吉祥，没有不利的事情。

《象传》说："以感化之道君临天下，吉祥，没有不利的事情"，这说明九二并非全顺应六五之命。

六三，靠甜美之巧言统治人民，无所利益；若已经为此感到忧虑，则无过失。

《象传》说："靠甜美之巧言统治人民"，这是因为六三失位不正。"若已经为此感到忧虑"，其过失必不可长久。

六四，以极为亲近的方式统治民众，没有过失。

《象传》说："以极为亲近的方式统治民众，没有过失"，这是因为六四当位居正。

六五，以聪明睿智统治民众，大人君主应当这样，吉祥。

《象传》说："大人君主以适宜的方式治理国家"，这说明六五实行的是中和之道。

上六，温柔敦厚地统治民众，吉祥，没有过失。

《象传》说："温柔敦厚地统治民众，吉祥"，这说明上六的志向在于邦国之内。

䷓ 观卦

观①：盥而不荐②。有孚颙若③。

《彖》曰：大观在上④，顺而巽⑤，中正以观天下⑥，观。"盥而不荐，有孚颙若"，下观而化也⑦。观天之神道，而四时不忒，圣人以神道设教，而天下服矣。

《象》曰：风行地上，观。先王以省方观民设教⑧。

【注释】

①观：卦名，坤下☷巽上☴。六三至九五互艮，艮为观。艮下为坤，坤为民，九五居巽中，"中正以观天下"，故曰"观"。"大观天下"的真正意图，是要定出一个上下有别、君臣有分的"礼"来。在这个庄严隆重的《观》礼中，一方面赞美着君王有重才尚贤的胸怀，另一方面则强调作为诸侯、臣子，也要有借"观国之光"之盛典尽朝觐君王的本分。九五不仅尊居中正之位，为一卦之主，有君王之气象，而且还秉持阳刚之德"大观天下"，下应六二，观民于下。他就像一个慎于政事、勤政爱民的君王，"观民风"而察得失。设文教以"服天下"。故研究《观》卦之九五，则可见古代君王仁德之博大。

②盥而不荐：王弼曰："王道之可观者，莫盛乎宗庙。宗庙之可观者，莫盛于盥也。至荐简略，不足复观，故观盥而不观荐也。"盥，古代祭祀宗庙时用香酒灌地以降神的祭礼。荐，献贡，指灌礼完毕后，陈列祭品的仪式。盥礼隆重，荐礼简略。

③孚：诚信。颙（yóng）：指严肃端正的样子。

④大观在上：指九五以阳刚居正，与下之众阴相比，

形成大上而下观之象。

⑤顺而巽：《观》之内卦为坤，坤为顺；外卦为巽，巽
　为风。

⑥中正以观天下：中正，指九五，九五尊居中正之位
　"以观天下"。

⑦下观而化：下为坤，坤为众，为顺。众观祭祀之典
　而知君王之威严，诚信悦服，故为其王风所感化。

⑧先王以省方观民设教：九五中正当位并有上九临之；
　巽为风，为文教；坤为地，为民众，为邦国。卦象
　成"观民设教"。先王，指九五、上九。省，视察。
　方，邦国。

【译文】

《观》卦象征着观察：看过祭祀开始时用香酒灌地以降
神的隆重仪式后，就可以不再观看后面贡献祭品的过程了。
因为你经过庄严隆重的祭典，你的内心对君王的威严已充
满崇敬和信服。

《彖传》说：隆重壮观的场面呈现在上面，这种场面蕴
涵着和顺和润物的气象，君王以中正之德让天下的人都看
到宏大威严的场面。观看的含义在于："看过祭祀开始时用
香酒灌地以降神的隆重仪式后，就可以不再观看后面贡献
祭品的过程了，因为你经过庄严隆重的祭典，你的内心对
君王的威严已充满崇敬和信服"，这说明在下面观看祭典的
人们已从中被感化。而观看大自然的神奇的运行规律，其
春夏秋冬四季的运行不会发生差错，圣人从中悟出"天道"
的奇妙，并将其运用于设立教化的意义中，使天下的百姓

都能信服。

《象传》说：有风行于大地之上，象征着"观察民风"。先代的君王因此而视察天下邦国，观察民风，实施教化。

初六，童观①，小人无咎，君子吝②。

《象》曰："初六童观"，"小人"道也。

六二，窥观③，利女贞④。

《象》曰："窥观女贞"，亦可丑也。

六三，观我生，进退⑤。

《象》曰："观我生进退"，未失道也。

六四，观国之光，利用宾于王⑥。

《象》曰："观国之光"，尚宾也。

九五，观我生，君子无咎⑦。

《象》曰："观我生"，观民也。

上九，观其生⑧，君子无咎。

《象》曰："观其生"，志未平也。

【注释】

①童观：童，指初六。失位在下，位居坤下，晦昧之至，故云。

②小人无咎，君子吝：初六失位，本已晦昧无知，又上无所应，故有所"吝"。

③窥观：六二以阴柔之德当位中正，因居内卦之中，有"主内"之象。六二上应九五，六三至九五互艮，艮为观，为门，望门而观，故曰"窥观"。

④利女贞：既为女子，当居中主内，故其所"窥"，合情而不违于礼，故曰"利女贞"。

⑤观我生，进退：生，进也。六三虽失位，然与上应，又近四，四与上均在巽，巽为入，入为进。又六三介于上下卦之间，位在互艮与巽之间，入则有止，故有进退之象。

⑥观国之光，利用宾于王：六四近于九五，九五为君王之尊，近则得"大观"之气象，为君王所重。

⑦观我生，君子无咎：九五尊居中正之位，为《观》卦之主，观民风以察政绩得失，然后以德教正己、正民，故"无咎"。我，自身。生，生民，庶民。

⑧观其生：上九因其居于九五之上，能观九五而自省，故"无咎"。上九处《观》之上极，既为天下所观，又能"观其生"，省人而自省，可谓观中之观。生，生民。

【译文】

初六，如幼童一样观看事物，这对于小人而言，并没有什么过失，如对君子而言，则为可羞之事。

《象传》说："初六，如幼童一样观看事物"，这本是"小人"观看事物的方法。

六二，从内向外窥视，利于女子守正持固。

《象传》说："从内向外窥视，利于女子守正持固"，这对于女子而言，守正则有利，对于男子而言，则是耻辱的事。

六三，观察我自己的行为，就可知进退之可否。

《象传》说:"观察我自己的行为,就可知进退之可否",这说明六三没有丢失《观》卦所赋予的道理。

六四,观看国家壮丽辉煌的大气象,有利于成为君王的宾客。

《象传》说:"观看国家壮丽辉煌的大气象",这说明六四是君王的座上宾。

九五,观看天下生民,就可以使君子不犯错误。

《象传》说:"观看天下生民",就是观察民风。

上九,观察他所治理的百官庶民,君子就可以不犯错误。

《象传》说:"观察他所治理的百官庶民",自己心中也难以平静。

䷔ 噬嗑卦

噬嗑①:亨。利用狱②。

《彖》曰:颐中有物曰噬嗑③。噬嗑而亨④,刚柔分⑤,动而明⑥,雷电合而章⑦。柔得中而上行⑧,虽不当位,利用狱也。

《象》曰:雷电,噬嗑。先王以明罚敕法。

【注释】

①噬嗑(shìhé):卦名,下震䷲上离䷝。噬,啮。嗑,合。九四如颐中有物,有啮合之状,故名之以"噬嗑"。《噬嗑》以其雷电之动、之明象征先王"明罚敕法"的法制之严明,又以"啮合"食物为喻,来

形象化说明刑罚、罪行的轻重之别。《彖传》释其为"颐中有物",则"啮"去其物而使之通,以喻刑法,则"利用狱"。《象传》释其为"雷电交加",则威而有明,法明则民服,刑威则民惧,此刑法之所以存。廉洁与光明是维护法律公正的前提,公正与威力则是法律存在的基础。《噬嗑》的卦象,既以互坎、互艮象征着刑律与囚狱,又以雷电交加象征着震憾性的威力,更以"动而明"的意义昭示执法者要"明镜高悬"。

②利用狱:六三至六五互坎,坎为狱,也指刑罚。上卦为离,离为日,日为光明。下卦为震,震为动,动而见明,故"利用狱"。

③颐(yí)中有物:《噬嗑》之卦象上下为阳爻,阳为实。中阴为虚,九四如虚中之物,故其象如口中有物。颐,面颊,下巴。

④噬嗑而亨:有物在口,使上下相隔,若啮之,则又能使上下相通,故曰"亨"。

⑤刚柔分:下卦震为阳卦,为刚,上为离为阴卦,为柔,故曰"刚柔分"。

⑥动而明:下震为动,上离为明,故曰"动而明"。

⑦雷电合而章:雷声以震动显示出威力,闪电以光耀显示出光明。二者相合,就使其威力和光明显示出来。章,通"彰",显明。

⑧柔得中而上行:六五柔居离中,离为光明。《乾·文言》曰"本乎天者亲上",故六五能"上行"。

【译文】

《噬嗑》象征着啮合与刑罚：亨通。有利于施行刑罚。

《彖传》说：口中含有东西就需要啮合。啮合而亨通，震刚在下，离柔在上。当雷声振动时，雷电闪耀出光芒，雷电交合在一起，就使其雷声的威力和闪电的光明显示出来。阴柔居中，其性如地气喜爱上行一样，虽然六五爻因以阴居阳而不当位，却有利于刑罚。

《象传》说：雷电交加，象征着啮合。先代的君王运用这个卦象中所蕴涵的道理，严明法律，公正刑罚。

初九，屦校灭趾①，无咎②。

《象》曰："屦校灭趾"，不行也。

六二，噬肤灭鼻③，无咎④。

《象》曰："噬肤灭鼻"，乘刚也。

六三，噬腊肉遇毒，小吝⑤，无咎。

《象》曰："遇毒"，位不当也。

九四，噬干胏⑥，得金矢⑦。利艰贞⑧，吉。

《象》曰："利艰贞吉"，未光也。

六五，噬干肉得黄金⑨。贞厉，无咎⑩。

《象》曰："贞厉无咎"，得当也。

上九，何校灭耳，凶⑪。

《象》曰："何校灭耳"，聪不明也⑫。

【注释】

①屦（jù）校灭趾：脚上戴着刑具而伤害了脚趾。初

九虽得位，然位处震下，震为足为动。动而前行，遇坎象，坎为险为陷，故有"屦校灭趾"之象。屦，脚上着物。校，古代刑具，桎梏之统称。灭，灭伤，伤没。趾，足。

②无咎：初九因"小惩"而防止"大过"，故虽有"灭趾"之苦而终"无咎"。

③噬肤灭鼻：《噬嗑》互有《蹇》象，下艮上坎，艮为鼻，鼻没于水中，故曰"灭鼻"。灭，割去。灭鼻，即劓刑，割去犯人鼻子的一种刑罚。

④无咎：六二以柔居正，故虽"灭鼻"，终无大刑加身，故曰"无咎"。

⑤噬腊肉遇毒，小吝：六三施刑于人，就像噬咬腊肉一样，不仅很难咬，而且遇到了有毒的物质，故稍有困难。

⑥噬干胏（zǐ）：坎为肉，九四在互坎，故云。胏，肉中有骨。

⑦得金矢：坎为弓，类于箭矢，阳为金。金，为金属材料之统称。矢，指箭镞。这里是以金喻刚，以矢喻直，比喻刑罚之刚直有力。

⑧利艰贞：九四因失位不正，故虽有刑人之力，须从艰难中得之。

⑨噬干肉：六五在互坎上，"坎为血，为赤"，类如干肉，故云。干肉，喻指肉质坚硬。得黄金：黄为中和之色，金为刚直之物。六五失位不正，动而变，阴变阳，则九四至上成乾，乾为金，故曰"得黄金"。

⑩贞厉，无咎：厉，指危险。六五以阴处阳，以柔乘刚，噬物遇刚，下无所应，故曰"厉"。然处尊柔中，变而成"乾"，故曰"无咎"。

⑪何校灭耳，凶：何，通"荷"，担于肩上。校，刑具。耳，因上九处于《噬嗑》之极，"颐"边近于耳。刑伤至耳，就是伤其首，故曰"凶"。

⑫聪不明：互坎为耳，然上九为坎之不正，故"不聪"。又上卦为离，离为火，本有光明之象，然互为坎，坎为水，为水所灭，故"聪不明"。

【译文】

初九，脚上戴着刑具伤没了脚趾，没有太大的罪过。

《象传》说："脚上戴着刑具伤没了脚趾"，不重犯以前的罪行。

六二，如咬脆肉一样地割除犯人的鼻子，以使其不再犯大的罪行。

《象传》说："如咬脆肉一样地割除犯人的鼻子"，因为六二有乘刚之嫌。

六三，噬咬腊肉却遇到毒物，稍有困难，却没有大的灾祸。

《象传》说："六三之所以遇到有毒的物质"，就是因为他所处的位置不当所致。

九四，噬咬干肉，却遇到了骨中的金属箭头。这有利于在艰难中守正，吉祥。

《象传》说："有利于在艰难中守正而得到吉祥"，这说明九四不能使刑之威、罚之明发扬光大。

六五，噬咬干肉得到黄金一样的东西。事有危险，但最终没有灾难。

《象传》说："有危险却没有灾难"，这说明六五所用的刑罚是得当公正的。

上九，肩上荷负的刑具伤没了耳朵，有凶险。

《象传》说："肩上荷负的刑具伤没了耳朵"，这说明上九积恶不改，如不听话的聋子，太不聪明了。

䷕ 贲卦

贲①：亨。小利有攸往②。

《彖》曰：贲亨，柔来而文刚③，故亨。分刚上而文柔④，故小利有攸往，天文也⑤。文明以止，人文也⑥。观乎天文，以察时变；观乎人文，以化成天下⑦。

《象》曰：山下有火，贲。君子以明庶政，无敢折狱⑧。

【注释】

①贲（bì）：卦名，下离䷂上艮䷳。文饰。《贲》卦之所以"亨通"，在于有"文饰"之美。然君子之德在"正而质"，而不在其"美而饰"。"山下有火"的卦象，使人在火光中看到了文采，也看到了光明。这种光彩对于人类而言，上可以焕发出"天文"，下可以焕发出"人文"。圣人以此知《贲》之光明和文采能有"明庶政"、"化天下"之功。将同有"离"

象的《噬嗑》与《贲》做比较，《贲》象为山下火；《噬嗑》象为天上之火，《贲》火有文饰之明，而《噬嗑》之火则为威猛之力；故《噬嗑》"明罚敕法"而"利用狱"，而《贲》虽"明庶政"，却"无敢折狱"。

②小利有攸往：按前人所注，"小利"有三指：一是指六五，六五为阴，阴为小。二是指下卦离，为光。上卦为艮，为止，光有所止，故"小"。三是指互下为坎，坎为险，上为艮，为止，下陷而上止，故曰"小有利"。

③柔来：指下卦本为乾，乾为阳刚，有阴爻下来而居中。文刚：指变乾为离，离为光明，有文采，文饰乾刚。

④分刚上而文柔：《贲》之上卦为阳卦艮，下卦为阴卦离。又六二、六五皆以柔中而居阳爻下。

⑤天文：下离为文明，上艮为石，为星斗，如日月星辰垂象于天，故云。

⑥人文：初、二、三，三爻均为人象，故其文为"人文"。

⑦观乎人文，以化成天下：观察人类自身具有的文明气象与文饰之道，则可知文教有化育人心的功能和作用。

⑧君子以明庶政，无敢折狱：山映火光，就如同君子内心含有光明一样，以此理政则政明，若为"折狱"之事，则《贲》有其明，而无其威，故曰"无敢"。

【译文】

《贲》卦象征着文饰：亨通。较有利于有所前往。

《彖传》说：文饰一些事情是亨通的，阴柔前来文饰阳刚，所以亨通。卦分为阳刚在上，阴柔、文饰在下，所以较有利于有所前往，这是上天的文章与文明。离卦焕发文明而艮卦有限制，这是人类的文化与文明。观察上天显示出来的文明与文章，就可以知道四季变化的规律；观察人类的文化与文明，就可以使教化成就天下万物。

《象传》说：山下燃烧着火焰，它的光芒象征着文饰。君子因此想到自己应该使政务清楚明确，而不敢判决讼狱之事。

初九，贲其趾①，舍车而徒②。

《象》曰："舍车而徒"，义弗乘也。

六二，贲其须③。

《象》曰："贲其须"，与上兴也④。

九三，贲如⑤，濡如⑥，永贞吉⑦。

《象》曰："永贞之吉"，终莫之陵也。

六四，贲如皤如⑧，白马翰如⑨。匪寇⑩，婚媾⑪。

《象》曰：六四，当位疑也⑫。"匪寇婚媾"，终无尤也⑬。

六五，贲于丘园⑭，束帛戋戋⑮，吝，终吉⑯。

《象》曰：六五之吉，有喜也。

上九，白贲，无咎⑰。

《象》曰："白贲无咎"，上得志也。

【注释】

①贲其趾：初九上应六四，六四互为震，"震为足"，故云。

②舍车而徒：古时候大夫乘车，初九为"士"，社会地位低下，坐车则于礼不合，故舍车步行。徒，徒步而行。

③须：胡须。六二本应上与五应，然五失位无应。六二动而变阳，则二至四互为兑卦，兑为口，六二在口下，故为须。

④与上兴：六二以阴居正，然以须为象，则必上附于口，故曰"上兴"。

⑤贲如：指九三在离上，文采焕然。如，语气词。

⑥濡如：九三在互坎之中，坎为水，故云。濡，润泽，滋润。

⑦永贞吉：九三得位居正，变而上应则有《颐》象，《颐》上卦为艮，为万物之终始，故曰"贞吉"。

⑧贲如：六四得位，本与初应，初在离下，离有文明，故云。皤（pó）如：六四动而变，变则为巽，巽为白，故云。皤，白色。

⑨白马翰如：贲互震，震为马。震为动，马动如飞。翰，高。

⑩匪寇：六二至六四互有坎象，坎为寇，然六四动而变则坎象毁，故曰"匪寇"。

⑪婚媾（gòu）：九三至六五互震，震为长子，为夫，下应初九，初九在离，离为中女，卦有婚媾之象。

媾，结亲，交合。

⑫当位疑：六四与初应，然中隔有九三，故一方面疑心初九之坚贞，另一方面惧怕九三为难，犹豫不决，徘徊迟疑。

⑬终无尤：若六四守正以待初九之应，则终无他患。

⑭丘园：艮为山，六五为半山，故称。丘，土山。

⑮束帛：六五失位，不能下应六二，动而变阳，则六四与上互为巽，巽为白色，为绳，类如帛。戋戋（jiān）：众多的样子。六五变正则下应六二，六二在离，得文饰之中，故"束帛"有缤纷之状。

⑯吝，终吉：六五失位无应，然变而得正以应二，故始吝而终吉。吝，难。

⑰白贲，无咎：上九处于《贲》之极，绚烂之极而反本，本色为白。又与六五亲比，故"无咎"。

【译文】

初九，把文饰好的鞋穿着在自己的脚趾，不坐车，徒步而行。

《象传》说："不坐车，徒步而行"，这说明按照礼义是不能乘车的。

六二，文饰胡须。

《象传》说："文饰胡须"，这说明六二是随着九三而兴起。

九三，文饰得那样俊雅，润泽得那样滋润，做事能够长久吉祥。

《象传》说："做事能够长久吉祥"，最终也没有谁能凌辱自己。

六四，文饰得那样俊雅，一身洁白素雅，白色的马，白得是那样纯洁高贵。那不是来抢劫的盗寇，而是拿着聘礼来求婚的人。

《象传》说：六四当位得正，然心中仍有所疑惧。"那不是来抢劫的盗寇而是拿着聘礼来求婚的人"，这说明六四最终并不会有过失。

六五，一束束丝帛装饰着山上的园圃，虽有困难，但是最终是吉祥的。

《象传》说：六五之所以最终能得吉祥，这说明他有喜庆的事。

上九，用纯净洁白的颜色文饰，就不会有过失。

《象传》说："用纯净洁白的颜色文饰就不会有过失"，这说明上九的心志得以实现。

䷖ 剥卦

剥①：不利有攸往②。

《彖》曰：剥，剥也。柔变刚也③。"不利有攸往"，小人长也④。顺而止之⑤，观象也。君子尚消息盈虚⑥，天行也。

《象》曰：山附于地⑦，剥。上以厚下安宅⑧。

【注释】

①剥：卦名，坤下☷艮上☶，象征着剥落。群阴自初
　　至五剥消上九之一阳，阴气盛极，阳气被剥，至于

将尽，故曰"剥"。阴盛阳衰，这是《剥》卦总的特征。对于自然而言，阳气将为阴气剥尽，秋风萧瑟，草木凋落。如对社会人生而言，则小人得势，世道混乱，国运衰微。君子观象而知天道，当识时务。一方面，于"剥"之时，"顺而止之"，"不攸往"。另一方面，于《剥》象中，通达物理，"厚下安宅"，守身自重。上九为仅有之阳，悬系于上，如将尽之残阳，令人想起"残阳如血"的凄怆。上九以"硕果"为喻说明阳气之珍贵、重要，并提醒人们戒备"小人"剥削硕果。

②不利有攸往：阴长阳消，君子道消，小人道长，故"不利有攸往"。

③柔变刚：《剥》道中阴柔使阳刚之气变至五，五本为阳刚之爻，故云。

④小人长：阴为小人，阴盛则"小人道长"。

⑤顺而止之：《剥》之卦象为下坤上艮，坤为顺，艮为止。

⑥消息盈虚：即天行，天体运行的规律。消息，消亡与生息。盈虚，盈满与亏虚。

⑦山附于地：山本高峻，其附于地，就有剥落之象。

⑧上：指上卦坤。厚：坤为地，地以"厚德载物"。

下：地卑而下。安：地道安静。

【译文】

《剥》卦象征着阳气被剥落：不利于有所前往。

《彖传》说：剥，就是指阳气被阴气剥落。阴柔改变了阳刚。所以"不利于有所前往"，因为此时小人的势力得到增长。坤之柔顺被艮止住，从卦象上就可以看出这种情况。君子崇尚阴虚消亡和阳盈息长的节气变化，因为这本来就是天体运行的自然规律。

《象传》说：高山依附于地面而耸立，这种情形象征着"剥落"。君子以此而悟出要想宅第安稳，就应该有厚实坚固的基础。

初六：剥床以足①，蔑，贞凶②。

《象》曰："剥床以足"，以灭下也。

六二：剥床以辨③，蔑，贞凶④。

《象》曰："剥床以辨"，未有与也。

六三：剥之，无咎⑤。

《象》曰："剥之无咎"，失上下也。

六四，剥床以肤⑥，凶。

《象》曰："剥床以肤"，切近灾也。

六五，贯鱼以宫人宠⑦，无不利⑧。

《象》曰："以宫人宠"，终无尤也。

上九，硕果不食⑨，君子得舆⑩，小人剥庐⑪。

《象》曰："君子得舆"，民所载也。"小人剥庐"，终不可用也。

【注释】

①剥床以足：上卦为艮，艮为房屋，下卦为坤，厚而载物，故卦有床象。且初动则变震，震为足。又初在一卦之下，也可以"足"象视之。

②蔑，贞凶：床"足"既剥落，则人身也无以安之，故贞凶。蔑，通"灭"。

③辨：床头。

④蔑，贞凶：六二得位居中，然中正而居"剥"道之中，犹君子处于危难之中，故"凶"。且五失位，六二失上应，使安身之所失于上下之间，故曰"蔑，贞凶"。

⑤剥之，无咎：六三虽身处于"剥"中，然与上能应，于群阴剥阳之时，独协助上阳，故虽处于"剥"阳之时，可以"无咎"。

⑥以：却，然而。肤：以自己身体的皮肤紧贴着地面睡。

⑦贯鱼：贯穿排列的鱼群，这里形容宫人按次序排列。六五动而变，变则上卦为巽。《说卦》曰"巽为鱼"。宫人：后宫嫔妃之人。

⑧无不利：六五为君主之位，阴则为后，五阴率群阴以承上之一阳，如受宠于君。

⑨硕果不食：上卦为艮，艮为坚果，上九处剥之极，所以其果实未被剥食，以至于硕大。

⑩君子：上九为阳，阳为君子。得舆：《剥》之下卦为坤，坤为大舆。

⑪小人：上九变则乾刚尽失，成纯阴之《坤》卦。阴为小人。庐：上卦为艮，为房屋。

【译文】

初六，去掉床的足，这就等于削去了正道，结果必然是凶险的。

《象传》说："去掉床的足"，这等于是毁灭下面的基础。

六二，把床头剥落下来，这同样也是毁灭正道，必有凶险。

《象传》说："把床头剥落下来"，没有谁赞同，也没有谁来帮助。

六三，处剥落之时，却没有灾害。

《象传》说："处剥落之时而没有灾害"，这是因为六三摆脱了处于上下的两阴而独与上九应。

六四，把床剥去而使自己的皮肤紧贴着严寒的地上，有凶险。

《象传》说："把床剥去而使自己的皮肤紧贴着严寒的地上，有凶险。"这说明六四已经很接近灾难了。

六五，引领宫人鱼贯而入受君主的恩宠，没有什么不利。

《象传》说："引领宫人承接君王的恩宠"，即使是到最终也没有过失。

上九，硕果不曾剥食，当此之时，君子得到大车就会装载着硕果去济世，小人得势则天下百姓的房屋也会被剥落殆尽。

《象传》说："君子得到大车"，这是因为百姓爱戴他，承载他。"小人得势则会使天下百姓的房屋剥落殆尽"，故小人最终也不能使用。

䷗ 复卦

复①：亨。出入无疾②。朋来无咎③。反复其道④，七日来复⑤，利有攸往⑥。

《彖》曰："复，亨。"刚反⑦，动而以顺行⑧。是以"出入无疾，朋来无咎"。"反复其道，七日来复"，天行也。"利有攸往"，刚长也⑨。复，其见天地之心乎⑩。

《象》曰：雷在地中⑪，复。先王以至日闭关⑫，商旅不行⑬，后不省方⑭。

【注释】

①复：卦名，震下☷坤上☷。群阴剥尽阳气后，有一阳来复生于下，故曰"复"。《复》卦象征着阳气回复，正道复兴的情况。一种严冬即将过去，春天将要来到的生机，生动、形象、可喜地展现在人们眼前。卦之初九因及时地回复阳刚之气而得"元吉"，其余五阴中，凡与初阳相得相应者，皆有所得。唯上六因远于初阳而"迷复"，所以有"凶"有"灾"。

②出入无疾：出为阳气外长，入为阳气内生，阳气为"生气"，阳气之长、之生之时，人之出入则"无疾"。按卦象解，阳生于初而成震，震为动，动则出。上卦为坤，坤于卦德为"顺"。动而出，出而顺，故曰"无疾"。

③朋来无咎：一阳来复，则曰"朋来"。"君子以朋友讲习"，朋来则阳生，阴阳相感，阴以阳通，阴阳相悦，故"无咎"。

④反复：阳气剥尽之时，一阳归复于下，故曰"反复"。

⑤七日来复：此有二说。一为卦气说：《剥》自《乾》

来，剥尽众阳，需六个月，然后成《坤》，至一阳
来复则为七个月，一爻为一月，古人称月为日，故
为七日。二为爻象说:《坤》之纯阴六爻，以一爻为
一日，至一阳来复，计有七日之长。

⑥利有攸往:因阳气来复，下卦成震，震为动，动而
顺，顺而往，阳气更生，故曰"攸往"。

⑦刚反:刚，指初阳。《复》之初阳是自《剥》反于
《复》，变成震初，故曰"刚反"。

⑧动而以顺行:《复》下震上坤，震动，坤顺，阳气上
行而遇顺，是顺势而行。

⑨刚长:阳生于初，阳气有上长之势。

⑩其见天地之心:阴阳的往复循环，皆为了养育万物
而来，其一往一复，一动一静之间，皆有生育万物
之心。动则阳生，阳生，则万物也生，以此可见
"天地之心"。

⑪雷在地中:上坤为地，下震为雷，故曰"雷在地中"。

⑫先王以至日闭关:先王以《复》之卦象为法，在冬
至日闭关静养。《乾》为王、为先，《复》为阳始，
故曰"先王"。至日，为冬至之日，因此时阳气始
生，还很微弱，宜扶而助之。

⑬商旅不行:《复》之初伏有巽，《说卦》曰巽为"近
市利三倍"，故巽有"商旅"之象，因冬至时节"先
王"也要"闭关"，故使商旅不行于道路。

⑭后不省方:初阳既动，震闭坤门，商旅不行，君后
也掩闭于事。后，泛指君王。方，邦国。

【译文】

《复》卦象征着阳气往而复来：亨通。阳气从内生长，出入之间则无从得疾患。朋友前来也不会有什么过失。转来回复是有其规律性的，一般而言，过不了七日就会到了回复之时，在这种情况下，有利于有所前往。

《彖传》说："象征着阳气往而复来，亨通。"阳刚之气又返回于震初，当阳气振动时，顺势往上运行。所以"出入之间则无从得疾患。朋友前来也不会有什么过失"。"阴气剥尽至阳气来复，其运行有其规律性，时间需要七日"，这是天体运行的规律。"不利于有所前往"，这说明阳刚之气会随着你的前往而增长。阳气往去复来，从中我们可以看到天地哺育万物的善良愿望。

《象传》说：雷处在大地之中，这象征着阳气来复。先代的君王在冬至日要闭关静养，同样，在冬至这一天，商贾旅客也不远行，即使是君王也不巡视四方的邦国。

初九，不远复①，无祗悔②，元吉。

《象》曰："不远之复"，以修身也。

六二，休复③，吉。

《象》曰："休复之吉"，以下仁也。

六三，频复④，厉，无咎⑤。

《象》曰："频复之厉"，义无咎也。

六四，中行独复⑥。

《象》曰："中行独复"，以从道也。

六五，敦复，无悔⑦。

《象》曰："敦复无悔"，中以自考也。

上六，迷复，凶，有灾眚⑧。用行师⑨，终有大败⑩；以其国，君凶⑪，至于十年不克征⑫。

《象》曰："迷复之凶"，反君道也⑬。

【注释】

①不远复：阳灭于坤道，而复于《复》。比较而言，初九最先来复，故曰"不远复"。

②无祗悔：初动得正，于上有应，故无大悔。祗，大。

③休复：六二以柔顺居中，下比初阳，阳为仁，处上而亲仁善邻。休，美，善。

④频复：指六三处下卦之终，于复道已远，且上无所应，近无所亲。频，皱眉。

⑤厉，无咎：频而求复，未至于迷道，故虽危无咎。厉，危难。

⑥中行：指六四身居群阴之中，当位应初，以行复道。独复：指独六四在群阴之中，能应于先行复道的初九。

⑦敦复，无悔：六五居坤体之中，坤为地，地博大而厚，故六五得厚之实，以厚实之德行回复之道，则必无所悔。敦，敦厚。

⑧迷复，凶，有灾眚（shěng）：上六远离《复》道，易迷路失道，故云。眚，灾异，灾难。

⑨用行师：若三动而得正，则既有《坤》象，又成《师》象。两象均有"行师"之象。

⑩终有大败：坤有阴死之象，且于迷而难复之时，用兵"行师"终则致败。

⑪以其国，君凶：上六无应于内，远迷于《复》，有悖于君道。凶而行师，兵败则国难存。以，用。

⑫至于十年不克征：师败国凶，在这种形势下估量其国力，虽至"十年"犹不能征伐。《系辞》曰："天九地十"，坤以十数，故曰"十年"。克，能够。

⑬反君道：《复》之所以为"复"，在于复阳，阳为君。上六远于复，迷于复，故曰"反君道"。

【译文】

初九，往而不远就来回复，这样做就没有大的悔恨，大为吉祥。

《象传》曰："往而不远就来回复"，这说明初九是善于修身正己的。

六二，美的回复，吉祥。

《象传》说："美的回复，吉祥"，这说明六二能屈己之尊，亲善处在自己下位的仁爱、贤能之士。

六三，蹙额皱眉地回复，虽然有危险，却没有什么灾祸。

《象传》说："蹙额皱眉地回复有危难"，但是，只要努力履行回复善道，就不会有灾祸。

六四，居群阴之中而行为正当，独与先行复道的初九相应以实行回复之善。

《象传》说："居群阴之中而行为正当，独与先行复道的初九相应以实行回复之善"，这是因为六四能忠诚地遵从

“复道”。

六五，敦厚忠实地回复，没有悔恨。

《象传》说：六五之所以能“敦厚忠实地回复，没有悔恨”，这是因为他能居中不偏，自我考察是非得失。

上六，迷入歧途而难以回复，有凶险，有灾难。在这种情况下，若用兵作战，则最终必然是大败；同样，若在此时，用于治理国政，则必然使国君也有凶险，以至于十年之期也不能出征。

《象传》说：“迷入歧途而难以回复，有凶险”，这是因为上六有悖于回复阳刚的君道。

䷘ 无妄卦

无妄①：元亨，利贞②。其匪正有眚，不利有攸往③。

《彖》曰：无妄，刚自外来而为主于内④，动而健⑤，刚中而应⑥。大亨以正⑦，天之命也。“其匪正有眚，不利有攸往”，无妄之往何之矣？天命不佑，行矣哉⑧！

《象》曰：天下雷行⑨，物与无妄⑩。先王以茂对时育万物⑪。

【注释】

①无妄：卦名，震下☳乾上☰，天上有雷，雷震天威，戒人不可妄行，故卦名“无妄”，就是指“不妄为”。胡炳文曰：“善学《易》者在识‘时’……

时当动而动……时当静而静。"(《周易本义通释》)
因为"天"以当令之"时"而"育万物",故"妄"
行则不利。而且,虽不妄行,也遭飞来之灾,原因
非己之过而在不得"时"。有时,待"时"而动,
本身就是"时"来而运转。

② 元亨,利贞:阳自上来于初,其卦体为乾,乾元得
正,下为震,震为动,正而动,故曰"元亨"。二
以阴居阴,五以阳居阳,二者皆以中正之德得位居
正,故曰"利贞"。

③ 其匪正有眚,不利有攸往:非正则有灾,故不利于
前往。就卦象而言,天上有雷,预示着暴雨的来
临,给出行带来困难和危险。

④ 刚自外来而为主于内:因震以初九之阳刚从外而来,
为一卦之主,而震为内卦,故曰"主于内"。

⑤ 动而健:下为震,震为动,上为乾,乾为健,故曰
"动而健"。

⑥ 刚中而应:九五以阳刚处中,六二应之,故曰"刚
中而应"。

⑦ 以正:坚守正道。

⑧ 天命不佑,行矣哉:"无妄之往"则非正道,非正
则有"眚",即使是上天也不会保佑,实不可以行。
行,即俗语之"算了吧"。

⑨ 天下雷行:乾为天,震为雷,又为行,震在天下,
故云。

⑩ 物与无妄:雷动则阳气生长,万物皆生,物皆"与"

而不敢"妄"。与，同。

⑪先王：指上之乾卦。茂：通"懋"，勉励，努力。对
　时：即与时节对应，按时令培育万物。

【译文】

《无妄》象征着不妄为：大为亨通，有利于做大事。若
背离正道就会灾难降临，所以不利于有所前往。

《彖传》说：无虚妄之行，阳刚自外面而来成为一卦
之主而居于《无妄》之卦中，这样的卦象表现出下面是
雷声震动上面是刚健威行，九五以阳刚之德居中与六二相
应。因为坚守正道，所以有大为亨通的吉祥，这也是自然
规律的真实反映。"若背离正道就会灾难降临，所以不利于
前往"，也就是说，在天下都没有虚妄之行时，不守正道而
有所前往，将到哪里去呢？因为上天是不会保佑，还是算
了吧！

《象传》说：天下有震雷之行动，万物皆怀敬畏之心不
敢妄为。先代的君王以勤勉之心来配合时节培育万物。

初九，无妄往，吉①。

《象》曰："无妄之往"，得志也。

六二，不耕获，不菑畲②，则利有攸往③。

《象》曰："不耕获"，未富也。

六三，无妄之灾④，或系之牛⑤，行人之得，邑
人之灾。

《象》曰：行人得牛，邑人灾也。

九四，可贞，无咎⑥。

《象》曰："可贞无咎"，固有之也。

九五，无妄之疾⑦，勿药有喜⑧。

《象》曰："无妄之药"，不可试也。

上九，无妄行，有眚，无攸利⑨。

《象》曰："无妄之行"，穷之灾也。

【注释】

①无妄往，吉：初九以刚健之德，屈尊处下，以实践其"无妄"之行，故曰"吉"。

②菑（zī）：开垦一年的田地。畬（yú）：即耕耘三年的田地。

③利有攸往：六二处中得位，上与九五之尊相应，故曰"利有攸往"。

④无妄之灾：因为六三以阴居阳，其行为违背了谦和柔顺之道，故虽"无妄"也得灾。

⑤或系之牛：六三至九五成巽象，巽为绳；六二与九四成艮象，艮为手，四爻动则变为坤，坤为牛。故曰"或系之牛"。或，有人。

⑥无咎：九四以阳居阴，本有"咎"象，然下无所应，而上却近于君王之位，乘柔履正，不妄为，故"无咎"。

⑦无妄之疾：四动成巽，巽为木，药材之象。上动则成坎，坎为疾。

⑧勿药有喜：九五居尊处正，以阳履刚，阳盛而疾不深，故其能不服药而自愈。药，服药。

⑨无妄行，有眚，无攸利：上九处于不可妄为之极，

唯应静保其身。

【译文】

初九，不要虚妄前往，就会得到吉祥。

《象传》说："不要虚妄前往"，这是因为初九上行前往能够实现他的愿望。

六二，不耕种收获，不开垦良田，却有利于有所前往。

《象传》说："不耕耘收获"，这说明六二之志不在于求取富裕。

六三，不虚行妄为却遇到灾祸，这就像有一个人把牛拴在树下，过路的人将它牵走，居住在他家附近的人却受到怀疑，遭到拘捕，这可真是飞来的横祸。

《象传》说：路过的行人牵走了牛，住在家中的人却无缘无故地遭到拘捕之灾。

九四，能够坚守正道，则没有灾害。

《象传》说："能够坚守正道，则没有灾害"，这说明九四乘柔履正，固守其所有之正道。

九五，行为不虚妄却染上了疾病，即使是不服药也能有病愈之喜。

《象传》说："行为不虚妄却染上了疾病，不服药而有病愈之喜"，这是因为此九五刚健中正，其疾用不着服药也能自愈。

上九，没有虚妄之行，却有灾祸，无有所利之事。

《象传》说："没有虚妄之行"，这是因为上九位处穷极之地，动即有灾祸。

䷙ 大畜卦

大畜①：利贞；不家食，吉②；利涉大川③。

《彖》曰：大畜，刚健笃实④，辉光日新⑤。其德刚上而尚贤⑥，能止健⑦，大正也。"不家食吉"，养贤也⑧。"利涉大川"，应乎天也⑨。

《象》曰：天在山中，大畜⑩。君子以多识前言往行⑪，以畜其德。

【注释】

①大畜：卦名，乾下☰艮上☶。乾为阳为天，天有刚健之德和日月光辉，雨露滋润之美。艮为山，山有藏物之性，笃实厚重之诚。阳实而天大，藏之于山，此"畜"之蓄，象征着大有蓄积。然《大畜》之所以为"大畜"，其根本的意义不仅在"物"，"畜"之于己，则为"以畜其德"；"畜"之于人，则可"尚贤"；"畜"之于上，则可"上合志"、"道大行矣"。概而言之，畜之所谓"大"，就在于以所蓄之资"养贤"。

②不家食，吉：既有大畜之资，应当养贤能之士，以不使其在家自食，如此则有吉祥。

③利涉大川：有大畜之资，又顺应天道，则无须忧险，故"利涉大川"。

④刚健笃实：乾体有刚健之性；艮为山，山有厚实、静止之德。

⑤辉光：辉耀其光荣。日新：日日增新其品德。

⑥其德：指卦体所蕴涵的品格。刚上：指上九，以阳刚之德而居卦之上。尚贤：艮为贤人，居于乾上，乾为君、为朝廷，贤人在朝廷之上，是国君能尊重贤人。尚，崇尚。古代贤者常隐居山中，故以山喻贤人，也是常理。

⑦能止健：止，指上卦艮，艮为止。健，指下卦乾，乾为健。

⑧养贤：《大畜》三至上有《颐》象，颐，颐养。艮为宫阙，在朝廷之上，故《大畜》有"养贤"之象。

⑨应乎天：顺应天道。卦之上体为艮，应下体之乾，故称"应天"。

⑩天在山中，大畜：天本来就大，有山能畜天，山可谓大。天之光辉能照耀山中，使山生出万物而"养贤"，其天德更是大，故曰"大畜"。

⑪识（zhì）：记住。

【译文】

《大畜》卦象征着大有蓄积：利于守正持固；不使贤能之士在家自食，就有吉祥之事；有利于涉越大河。

《彖传》说：大有蓄积，品格笃信诚实，行为刚健，辉耀其光芒以使品德每日都能有所增新。其卦德以阳刚充满着上进之势而又崇尚贤能之士，能够刚健而有所抑止，所以宏大而正直。"不使贤能之士在家自食，就有吉祥之事"，所以能够养活贤能之士。"有利于涉越大河大川"，能顺应天道。

《象传》说：天畜于大山之中，这种景象就称作"大畜"。君子效法"大畜"之德，多多地识记前代贤人的言行事迹，所以能蓄积其美德。

初九，有厉①，利已②。

《象》曰："有厉利已"，不犯灾也。

九二，舆说辐③。

《象》曰："舆说辐"，中无尤也。

九三，良马逐④，利艰贞⑤；日闲舆卫，利有攸往⑥。

《象》曰："利有攸往"，上合志也。

六四，童牛之牿，元吉⑦。

《象》曰："六四元吉"，有喜也。

六五，豶豕之牙，吉⑧。

《象》曰："六五之吉"，有庆也。

上九，何天之衢⑨，亨。

《象》曰："何天之衢"，道大行也。

【注释】

①有厉：初九当位而上应六四，然为九二、九三阻隔，又六四在震，"震为动"，动则不能畜。

②利已：既知前进就会有危险，那么停止前进就较为有利。已，止。

③舆说辐（fù）：九三至六五为震，震为动，为车。九二至六四为兑，兑为毁折，有脱落之象。舆，车。说，脱落。辐，车箱下部勾连底板与车轴的部件。

④良马逐：乾为良马，震为警走。九三本与上九应，

然均为阳爻，当如无应而有进之象。上九为天衢之途，畅通无阻。

⑤利艰贞：九三得位而正，又有良马为骑，故云。艰贞，占问艰难之事。贞，占问。

⑥日闲舆卫，利有攸往：虽有良马，也要有娴熟的驾驭技能和防卫准备，才能上合其志。闲，习，练习。卫，护，防备。

⑦童牛之牿（gù），元吉：小牛的角初生时，喜用其触物。触物则易折，束缚以牿，既可防牛角不伤，也可防牛角伤人，故"元吉"。童牛，小牛。六四为阴，阴为小，又九二至六四为兑，兑也为小，兑为羊，因有角而类如小牛。且以动变而言，则六四动则与上九成离，离为牛，牛象在下，也有小牛之象。之，犹言"有"。牿，缚在牛角上以防牛触人的横木。

⑧豮（fén）豕（shǐ）之牙，吉：九二动而变正，与六四成坎象。九二居坎中为豕，六五将其阉割，虽有其尖牙，也不能害人，故吉。豮，阉割过的猪。豕，猪。

⑨何天之衢（qú）：艮为路，在乾上，故有天衢通道之象。何，多么。衢，大路。

【译文】

初九，有危险，有利于停止前行。

《象传》说："有危险，有利于停止前行"，这说明初九不冒险前行。

九二，车脱掉了车辕而不能前进。

《象传》说："车脱掉了车辕而不能前进"。然居中而上应于六五，故没有多大的过失。

九三，驾着良马在奔逐时，即使是道路艰险，也是吉利的；不断地熟练车马防卫技能，有利于有所前往。

《象传》说："有利于有所前往"，这是因为九三与上九的大畜之志相合。

六四，将横木做成的框束缚在小牛的头上，大为吉祥。

《象传》说："六四爻大为吉祥"，这是因为他有喜庆之事。

六五，被阉割过的猪，其尖利的牙被制服，故吉利。

《象传》说："六五之所以吉祥"，是因为"豮豕之牙"被制服，值得庆贺。

上九，何等通达的天上大路，亨通。

《象传》说："何等通达的天上大路"，这说明上九的"大畜"之道如同大路一样畅通。

䷚ 颐卦

颐①：贞吉。观颐，自求口实②。

《彖》曰：颐，贞吉，养正则吉也③。观颐，观其所养也④；自求口实，观其自养也。天地养万物，圣人养贤以及万民，颐之时大矣哉⑤！

《象》曰：山下有雷⑥，颐。君子以慎言语，节饮食⑦。

【注释】

①颐：卦名，震下☳艮上☶。《序卦》曰："《颐》者，

养也。"其卦象中虚外实，有口中含物咀嚼之象，故象征着颐养。众生得养而能生，贤者得养而能用。养有两种，或"求实"自养，震在下为动、为朵颐、为自养；或为人所养，艮在上，为静、为贤者、为灵龟，贤者以灵龟比德，故被养。自养者动，被养者静。《颐》下动而上静，养则以下养上，故下三爻皆"凶"，上三爻皆"吉"而"无咎"。

②观颐，自求口实：观其所养，则可知养生的道理。

③养正：指六二当位居正，中正仁和，为上下虚涵颐养。

④观其所养：观察所养，则可知"所养"者何人、何德而为圣人颐养。

⑤颐之时大矣哉：春种夏长，秋收冬藏，万物皆生之以时，人得其养也应之以时。失时则贤者隐，万民苦。

⑥山下有雷：山止于上，雷动于下。一静一动中，言语、咀嚼、饮食之事皆在其中。

⑦君子以慎言语，节饮食："祸从口出，病从口入。"君子观察《颐》象而知见颐养之道。

【译文】

《颐》卦象征着颐养：吉利。观察事物的颐养情况，应当明白自食其力的道理。

《彖传》说：颐养，做事吉利，这说明用正道养身就会吉祥。观察颐养之道，就是观察所颐养的人；而观察自求口中食物，就是观察自养之道。天地之大能养育万物，圣人效法天地养育万物之道，颐养贤能之士及其千门万户的民众，颐养贤人和百姓，时间起着很大的作用。

《象传》说：静止的山下有雷震动，这种情形象征着颐养。君子因此而大受启发，慎言少语，节制饮食。

初九，舍尔灵龟^①，观我朵颐，凶^②。

《象》曰："观我朵颐"，亦不足贵也。

六二，颠颐^③，拂经于丘颐^④，征凶^⑤。

《象》曰："六二征凶"，行失类也。

六三，拂颐，贞凶^⑥，十年勿用^⑦，无攸利。

《象》曰："十年勿用"，道大悖也。

六四，颠颐，吉^⑧。虎视眈眈，其欲逐逐，无咎^⑨。

《象》曰："颠颐之吉"，上施光也。

六五，拂经，居贞吉^⑩；不可涉大川^⑪。

《象》曰："居贞之吉"，顺以从上也。

上九，由颐，厉吉^⑫。利涉大川^⑬。

《象》曰："由颐厉吉"，大有庆也。

【注释】

① 尔：指六四。灵龟：《颐》之上卦为艮，艮有山龟之象。龟在古代为神器，更何况"灵龟"，比喻为美德。

② 观我朵颐，凶：舍灵龟而观我之大吃大嚼，有贪禄之心，"贪"则不正，故凶。我，指初九。朵颐，鼓腮嚼食。初九在震，震为动，有大吃大嚼的样子。朵，喻腮帮鼓起的样子。

民众，颐养贤人和百姓，时间起着很大的作用。

《象传》说：静止的山下有雷震动，这种情形象征着颐养。君子因此而大受启发，慎言少语，节制饮食。

初九，舍尔灵龟[1]，观我朵颐，凶[2]。

《象》曰："观我朵颐"，亦不足贵也。

六二，颠颐[3]，拂经于丘颐[4]，征凶[5]。

《象》曰："六二征凶"，行失类也。

六三，拂颐，贞凶[6]，十年勿用[7]，无攸利。

《象》曰："十年勿用"，道大悖也。

六四，颠颐，吉[8]。虎视眈眈，其欲逐逐，无咎[9]。

《象》曰："颠颐之吉"，上施光也。

六五，拂经，居贞吉[10]；不可涉大川[11]。

《象》曰："居贞之吉"，顺以从上也。

上九，由颐，厉吉[12]。利涉大川[13]。

《象》曰："由颐厉吉"，大有庆也。

【注释】

[1] 尔：指六四。灵龟：《颐》之上卦为艮，艮有山龟之象。龟在古代为神器，更何况"灵龟"，比喻为美德。

[2] 观我朵颐，凶：舍灵龟而观我之大吃大嚼，有贪禄之心，"贪"则不正，故凶。我，指初九。朵颐，鼓腮嚼食。初九在震，震为动，有大吃大嚼的样子。朵，喻腮帮鼓起的样子。

③颠颐：指六二处下体之中，本该应于六五，反而颠
　倒上下去养初九。颠，颠倒。

④拂：违反。经：常理。丘：指六五，上艮为山，五
　在半山，故曰"丘"。

⑤征凶：六五为阴，六二也为阴，因此六五无应于
　六二，故有"征"则"凶"。征，出行。

⑥拂颐，贞凶：六三失位不正，虽有上应，然上也不
　正，不正而应，故"贞凶"。拂颐，指六三失位不正。

⑦十年勿用：卦中有坤象，坤为地，地数为"十"。
　六三失位不正，又与不正之上九相应，故虽待至十
　年，也不为所用。

⑧颠颐，吉：六四居位得正，下应于初，虽其"颠颐"
　之实，也可为"吉"。

⑨虎视眈眈，其欲逐逐，无咎：眈眈，威猛而视的样
　子。逐逐，不断地求取。六四有应于初，其下交也
　不轻视亵渎，故曰"虎视眈眈"，威而不猛以待之。
　因有所养，求食不断，故曰"其欲逐逐"。

⑩拂经，居贞吉：六五与六二无应，近顺于上九而居。
　艮为门阙，有居象，居正则"吉"。

⑪不可涉大川：六五在艮，艮为止，如贤士在上，宜
　居正静养。《颐》中为坤，坤有川象，然六二失位，
　六五不得其应，故六五依上而居则吉，不能屈尊而
　下养不正之人。

⑫由颐，厉吉：《颐》从上九而来，上九为众阴所承，
　虽失位有"厉"，然有众阴在下，故"厉"而有

"吉"。由，从，自。

⑬利涉大川：五、上易位则卦成坎象，虽二者均失位，
　然上在坎外有应，故"利于涉"，五在坎中无应，
　故"不利"。

【译文】

初九，舍弃你的灵龟，却观看我鼓起腮帮子大吃大嚼，
这是有凶险的。

《象传》说："观看我鼓起腮帮子大吃大嚼"，这没有什
么贵重可言。

六二，颠倒"颐养"之理，违反以下养上的常理，而
向处在山丘之上的六五去求食，其前行必有凶险。

《象传》说："六二前行必有凶险"，这说明六二前行将
失去同类的帮助。

六三，违背"颐养"之常理，做事就会有凶险，因为
十年也不能为君王所用，故无有所利。

《象传》说："十年也不能为君王所用"，这是因为六三
大悖于"养正"之道。

六四，颠倒颐养之道，却有吉祥。这是因为六四如老
虎一样威猛地注视着初九，不断地求取所养之食，却没有
过错。

《象传》说："颠倒颐养之道，却有吉祥"，这是因为
六四能够向下广施光明的美德。

六五，违背常理，居住在家就吉利，不可以涉越大河。

《象传》说："居住在家就吉利"，这说明六五顺于上九
的缘故。

上九，天下众生依赖他而获得颐养，虽然有危险，但是，最终仍然能获得吉祥。有利于涉越大河。

《象传》说："天下众生依赖他而获得颐养，虽然有危险，但最终仍然能获得吉祥。"这说明上九得颐养之福，大有喜庆。

䷛ 大过卦

大过①：栋桡②；利有攸往③，亨。

《彖》曰："大过"，大者过也④。"栋桡"，本末弱也⑤。刚过而中⑥，巽而说行。利有攸往，乃亨⑦。"大过"之时大矣哉⑧！

《象》曰：泽灭木，大过⑨。君子以独立不惧，遁世无闷⑩。

【注释】

①大过：卦名，巽下☴兑上☱。过，越也。过分，太甚。阳为大，阴为小，其卦四阳过盛而居中，上下皆为阴小，故曰"大过"。其义有二，一是阳刚之气过大而有失，二是强大过人者才能拯救危难。子曰："知者不惑，仁者不忧，勇者不惧。"（《论语·子罕》）在《大过》中，君子于灭顶之灾时，进而不惧，退也"无闷"，令人想起"泰山崩于前而色不变，麋鹿兴于左而目不瞬"（苏洵《权书·心术》）的境界，而其"独立不惧"的精神更能证明君子"拯救危难"的能力和品德。

②栋桡（náo）：下巽为木，中阳为大，木而大，故为栋梁。两阴在外而柔弱，力不胜其任，故"栋桡"。栋，房屋的栋梁。桡，通"挠"，弯曲，扭曲。

③利有攸往：卦下为巽，为恭顺而入之象；上为兑，为说（悦），是以恭顺而入其喜悦之境，故曰"利有攸往"。

④大者过：过，过越。唯阳刚强大之才、之德，方能"过"其大难。

⑤本末弱：初六为本，上六末，两爻均为阴柔弱小之象。

⑥刚过而中：刚为九二，以阳居阴，失位无应，然变而正，则与九五之中正相应。

⑦利有攸往，乃亨：九二过三、四而应九五，恭顺地进入喜悦之境，故利往而"亨"。

⑧"大过"之时大矣哉：栋为屋之脊梁，国之栋梁，"栋桡"则屋坏而国败。此种情况于国、于家都是大难之时，非大能过人者不能胜任拯难之责。

⑨泽灭木，大过：上卦为兑，兑为泽；下卦为巽，巽为木；灭，淹没。泽有润木之水，然泽水"大过"，则会淹没近水的树木。

⑩君子以独立不惧，遁世无闷：君子在衰难之时，卓尔独立，没有畏惧，隐遁于世而无所郁闷，其操行品德也不会改变。

【译文】

《大过》卦象征着大有过越：栋梁扭曲；有利于有所前往，亨通。

《象传》说："大有过越"，只有强大的人才能战胜大难。"栋梁扭曲"，这是因为栋梁的本末都弱。刚强的九二失位居中，过九三、九四，然后与九五之中正相应，这种过程说明九二将柔顺地进入喜悦的境界，故有利于有所前往。因为前往则必得其亨通。这说明"大过"之时的功绩是多么的宏大啊！

《象传》说：水泽淹没了树木，这象征着"大过"。君子处在"大过"之时，独立而无所畏惧，即使是逃避现实世界也不感到郁闷。

初六，藉用白茅①，无咎。

《象》曰："藉用白茅"，柔在下也。

九二，枯杨生稊，老夫得其女妻②，无不利。

《象》曰："老夫女妻"，过以相与也。

九三，栋桡③，凶。

《象》曰："栋桡"之"凶"，不可以有辅也。

九四，栋隆，吉④。有它，吝⑤。

《象》曰："栋隆之吉"，不桡乎下也。

九五，枯杨生华，老妇得其士夫⑥，无咎无誉⑦。

《象》曰："枯杨生华"，何可久也？"老妇士夫"，亦可丑也。

上六，过涉灭顶，凶。无咎⑧。

《象》曰："过涉之凶"，不可咎也。

【注释】

①藉（jiè）用白茅：古代祭祀时，要用洁白柔软的茅

草衬垫祭品，以示敬神之意。藉，衬垫。白茅，洁白的茅草，指初六，因其在巽下，巽为草木，刚爻为木，阴爻为草，巽为白，故曰"白茅"。

②枯杨生稊（tí），老夫得其女妻：下卦为巽，巽为木；九二至九四互有乾象，乾为父，为老。巽木之"父"，故曰"枯杨"。九二生于巽中，上应九五，九五无应，九二动则变，变则有应，应在兑，兑为少女，故曰"老夫得其女妻"。稊，杨柳树上新生的枝叶。

③栋桡：九三处巽之极，故有"栋"象。九三上应上六，上六柔弱不能支持，又在兑上，兑为毁折，故曰"栋桡"。

④栋隆，吉：九四以阳处阴，在"栋桡"之险中，犹弱而得强之拯救，使栋梁隆起而获得吉利。

⑤有它，吝：本有弱质，因居阳得免，若应于初，将过柔而不能救"桡"。

⑥老妇得其士夫：九五在《乾》为君，故曰"士夫"。《乾》旁通于《坤》，《坤》为老母，《坤》生《乾》而有"士夫"。

⑦无咎无誉：以士夫之才，于"栋桡"之时未拯难建功，只与老妇相配，故"无咎无誉"。

⑧过涉灭顶，凶。无咎：兑泽为水，水太深难以徒步涉越。"灭顶"本为凶事，然死于拯难之义，也是死得其所，故"无咎"。过，超过。涉，徒步过水。顶，头顶。

【译文】

初六，用洁白柔软的茅草衬垫在祭品之下，就没有过错。

《象传》说："用洁白柔软的茅草衬垫在祭品之下"，因为初六就如同衬垫的茅草，柔软地处于下位。

九二，枯槁的白杨树生出了嫩芽和新枝，一个老汉娶了一个年少的娇妻，这没有什么不吉利的。

《象传》说："老汉娶得少妻"，虽然年龄超过很多，但他们相处得还是很亲和的。

九三，栋梁弯曲，有凶险。

《象传》说："栋梁弯曲"有凶险，但是，因为过刚，九三不能再承受辅助。

九四，栋梁隆起，吉利。若应于其他，则有难。

《象传》说："栋梁隆起而获得吉利"，这说明九四不应被下柔所"桡"。

九五，枯槁的白杨树开出了新鲜的花朵，一个老态龙钟的妇人配了一个强壮的丈夫，没有什么过错，也得不到人们的赞誉。

《象传》说："枯槁的白杨树生出了新鲜的花朵"，这怎么能够长久呢？"老态龙钟的妇人配了个强壮的丈夫"，虽没有什么大过失，但也是可羞、可丑的事。

上六，涉水过深以至于淹没头顶，有凶险。但没有什么灾祸。

《象传》说："涉水过深以至于淹没头顶而造成凶险"，这是因为上六拯难死节，故没有什么大的过错可以追究。

䷜ 坎卦

习坎①：有孚维心②，亨。行有尚③。

《彖》曰："习坎"，重险也。水流而不盈④。行险而不失其信⑤。维心亨，乃以刚中也⑥。"行有尚"，往有功也⑦。天险不可升也⑧；地险山川丘陵也⑨。王公设险以守其国，险之时用大矣哉⑩！

《象》曰：水洊至⑪，习坎。君子以常德行，习教事⑫。

【注释】

①习坎：习，按卦象，习有"练习"、"重叠"两义。坎，卦名，坎下☵坎上☵。"坎"为水，阳陷于阴中，故曰"坎为险"。又坎又有坑象，故又为"陷"，坎上有坎，就是陷而有险，险中有险，这样的险难之事，必须经过练习，才能涉渡通行。"习坎"就有重险和练习二个意思。按《易》常例，卦名前不加其他的字，唯独《坎》卦因为险难重重，所以特加"习"字以名之。这一方面说明坎"重"则险也"重"，另一方面，则强调人要战胜险陷之难，就必须熟习地掌握技能。而《象传》则从道德方面指出，战胜险难还要心怀诚信之德，以"常德"来行事，以常德来"习教事"。《坎》卦"险而有凶"与"险而无凶"的爻辞各占一半，这也是《坎》卦含有的深义，即险能害于事，也能利于人。古人对待险陷的态度是积极而乐观的，观象取法于天地之险，然

后"设险"而"守国"，于险难之中"行有尚"而"往有功"，如《象传》之所谓"险之时用大矣哉"。

②有孚维心：用诚信之德维系心灵。孚，诚信。阳为实，为君子，阳居坎中，中有诚信。维，维系，系结。心，《说卦》："坎为心。"

③行有尚：这里指九二。九二失位，若变而前行，则与九五之君相应。尚，崇尚。

④水流而不盈：此言喻险之极甚，以释其"重险"之义。

⑤行险而不失其信：二、五以阳刚之德居于卦中，刚中而实，实则有诚信。

⑥乃以刚中：指九二、九五以阳刚居坎中。

⑦往有功：九二失位无应，变正而上应于五，五为君王，应之必能建功立业。

⑧天险不可升：天险是相对于地险而言，王公"设险"以"守国"。其地险可以仿效，其天险难以仿效，故曰高"不可升"。

⑨地险山川丘陵：山川丘陵皆含有地险。坎为川，坎之互卦有艮，艮为山，故《坎》中之险全在其中。

⑩王公设险以守其国，险之时用大矣哉：承上句，圣人仿效天险、地险，以山廓为城，沟渠为险，设险以守其国。这是险之"用大"的积极作用。

⑪水洊（jiàn）至：坎与坎相连，即水接连流注之象。洊，一再，接连。

⑫君子以常德行，习教事：坎水接连不断地流动，经

常如此。君子仿效这种情况，以长久的美德做事、熟习政教之事。君子，指九五。常，长久地保持一种美德。习，熟习。

【译文】

《坎》卦象征着重重陷阱和险阻：若以诚信之德维系心灵，也能亨通。勇敢前行会受到人们的赞赏和崇尚。

《彖传》说："坎水相重"，意味着有重重的险阻。川流不息的水却不能使坎坑满盈。走在险陷之中，却能以诚信之德维系心灵。心气亨通，这是因为九五以阳刚之德居于中正之位。"行为能得到人们的崇尚"，因为前往就可以建立功业。天险有高不可升之势，地险有山川丘陵的坎坷不平。王公从观察天险与地险中，悟出设立险要之关以守卫国家，这说明坎险的意义和作用是多么的宏大。

《象传》说：水流接连不断地来到，险而又险。君子要像不断的水流一样保持持久的德行，常常地熟习教育事务。

初六，习坎①，入于坎窞②，凶。

《象》曰："习坎入坎"，失道凶也。

九二，坎有险③，求小得④。

《象》曰："求小得"，未出中也。

六三，来之坎坎⑤，险且枕⑥，入于坎窞，勿用⑦。

《象》曰："来之坎坎"，终无功也。

六四，樽酒，簋贰⑧，用缶，纳约自牖，终无咎⑨。

《象》曰："樽酒簋贰"，刚柔际也。

九五，坎不盈，祗既平⑩，无咎。

《象》曰："坎不盈"，中未大也。

上六，系用徽纆，寘于丛棘⑪，三岁不得，凶。

《象》曰：上六失道，凶三岁也。

【注释】

①习坎：习，指坎坎相重。

②窞（dàn）：指小而深的坑。初六在坎底，处在坎之
　深处，如坎中还有其小坑。

③坎有险：九二以阳居阴，失位无应，且九五也陷于
　坎中，无力为援，只能乘初比三，然初、三均失
　位，故"有险"。

④求小得：九二以刚处中而与初、三相比，此二爻皆
　力小，故只能"求小得"。

⑤来之坎坎：六三以阴居阳，失位无应，身处两坎之
　间，出则有坎，居则亦坎。来之，犹言"来往"。

⑥险且枕：六三处于两坎之间，为下坎之极，临上坎
　之初，其险情、险象迫近于身。枕，临近。

⑦入于坎窞，勿用：进退入于坎，皆遇"坎"险，纵
　然是有力也是徒劳，故曰"勿用"。

⑧樽酒，簋（guǐ）贰：《坎》互为《颐》，有坤象、食
　象。坎为酒，坤为器，艮为食物。樽，古代盛酒的
　器皿。簋，古代盛放食物的器皿。

⑨用缶，纳约自牖（yǒu），终无咎：六四于重险之
　时，居多惧之地，比五而承阳，有近于九五之君，

亲五之象。因九五陷于坎险之中，六四"用缶"，将"樽酒簋贰"从窗户纳入。这种情形就是内结其诚，外尽臣道，故"终无咎"。缶，陶土制成的罐子。纳，入。约，少，俭约。牖，窗户。

⑩祗（zhī）：通"坻"，小丘，指九五。坎互为《颐》，颐上为艮，艮为山，九五为半山之象，故曰"丘"。

⑪系用徽纆（mò），置于丛棘：上六居险峭之处，就如犯峻峭之法，所以被"徽纆"之绳系缚后，置于丛棘。系用徽纆，系，系缚。徽纆，绳索。上六动则变，变则上卦成巽，巽为绳。徽，三股线扭成的绳索。纆，绳索。丛棘，坎为棘，喻指监狱。

【译文】

初六，在重重险陷中，又陷入坎中的坑中，这真是凶险啊！

《象传》说："在重重险陷中，又陷入坎中的坑中"，这是因为初六违背了战胜险陷之难的道德和方法，所以必有凶险。

九二，坎水之中有凶险，只能于险情中谋求小得。

《象传》说："于险情中谋求小得"，这是因为九二没有足够的力量出于险难之中。

六三，来去都会陷入坎险之中，凶险难安，因为他陷入坎水的陷坑之中，处于这种境地，即使是有才能，也不能使用。

《象传》说："来去都会陷入坎险之中"，最终也不会有所功效。

六四，一樽薄酒，两簋淡食，用朴拙的瓦缶盛物，从窗口递给受难的人，最终不会有过错。

《象传》说："一樽薄酒，两簋淡食"，这说明六四接近刚阳中正的九五之君。

九五，陷坑尚未填满，小丘已经整平，没有灾祸。

《象传》说："陷坑尚未填满"，这样说明"小丘"的中正之道尚不能光大。

上六，被绳索捆缚后，又被投置于监狱中囚禁，三年而不能释放，这真是一件凶险的事。

《象传》说：上六因为失去正道，凶险之事将延续至三年后。

䷝ 离卦

离^①：利贞，亨^②。畜牝牛吉^③。

《彖》曰：离，丽也。日月丽乎天，百谷草木丽乎土^④。重明以丽乎正^⑤，乃化成天下。柔丽乎中正，故"亨"，是以"畜牝牛吉"也。

《象》曰：明两作^⑥，离。大人以继明照于四方^⑦。

【注释】

①离：卦名，离下☲离上☲。离，丽也；丽，附着，八纯卦，象日，象火。"万物生长靠太阳"，太阳给大地带来了光明，也带来了温暖，使"百谷草木丽乎土"。因为她有内柔外刚的品性，并能以柔顺正。这样，就有了《离》卦的"化成天下"之功，也有

了《离》卦的"重明"、"两作"之德。圣人效法此德，就以"继明"之志，照耀四方之邦。

②利贞，亨：《离》卦的二与五俱是阴爻，处于上下两卦之中，以柔处正，行正则得亨通。

③畜：畜养。牝牛：母牛。《离》旁通于《坎》，《坎》之二、五变则为《坤》，《坤》为牛，牛外强而内顺，《离》之本义在柔顺于正。又《离》之二、五皆为阴柔，如牝牛之象。

④日月丽乎天，百谷草木丽乎土：离为日，旁通为《坎》，坎为月。《离》互为《大过》，《大过》下为巽，巽为草木，故日月之光照明于天，百谷草木附着于地。

⑤重明：离上有离，就是重明之象。

⑥明两作：二离相重，喻指光明不断。太阳今日落山，明日又升起。作，升起。

⑦大人：指二、五两爻以柔居正，处离之中。四方：即震东兑西，离南坎北。

【译文】

《离》卦象征着附着于光明：有利于做大事，亨通。畜养母牛可获得吉祥。

《彖传》说：离，象征着附着。日月附着于天空，百谷和草木附着于土地。离有双重之明附着于正道，于是就化育成天下万物。因为她以柔美之性附着于中正之道，因此就"亨通"，（母牛具有这样的品格）所以这个卦象也象征着"畜养母牛可获得吉祥"。

《象传》说：光明接连不断地升起，象征着"附着"。大人仿效光明所具有的品德，以连续不断的光辉照耀天下四方。

初九，履错然，敬之，无咎①。

《象》曰："履错之敬"，以辟咎也。

六二，黄离②，元吉。

《象》曰："黄离元吉"，得中道也。

九三，日昃之离③，不鼓缶而歌④，则大耋之嗟⑤，凶。

《象》曰："日昃之离"，何可久也？

九四，突如其来如⑥，焚如⑦，死如⑧，弃如⑨。

《象》曰："突如其来如"，无所容也。

六五，出涕沱若，戚嗟若，吉⑩。

《象》曰：六五之吉，离王公也。

上九，王用出征⑪，有嘉折首⑫，获匪其丑⑬，无咎。

《象》曰："王用出征"，以正邦也。

【注释】

①履错然，敬之，无咎：因初九在下，为离之始，上无所应，故惧而敬之则"无咎"。错然，恭敬的样子。

②黄离：黄，中和之色。这里是以黄色喻六二居中不偏的美德。

③日昃（zè）：九三处下离之终，其明将没。昃，偏斜，太阳偏西。

④不鼓缶而歌：承上句以日昃喻暮年，劝勉老人要珍惜时光，乐观地对待人生。鼓，敲打。缶，古人敲打作乐的陶制瓦器。

⑤则大耋（dié）之嗟：承前二句，说明若老而不知乐观，就会空有哀嗟。耋，六十岁至八十岁的老人，这里泛指老人。嗟，忧叹之辞。

⑥突如其来如：这里喻指太阳的起落仿佛突然之间的事。如，语气词，表陈述。

⑦焚如：至九四则太阳高照，就像点燃焚烧东西一样的炎热。

⑧死如：九四逼近至尊的九五之位，但因失位，想要再往上进则炎热更甚，故其命不能长久。

⑨弃如：九四上无所应，下无所承，故曰"弃如"。

⑩出涕沱若，戚嗟若，吉：六五失位，九四迅速地逼近，欲伤害六五，故六五有"涕沱"、"戚嗟"之哀。六五上居《离》中，下应六二，六二不得其应，形成大坎之象，坎为水，有"涕沱"之象。又三至五互为兑，兑为口，有"戚嗟"之象。但是，六五有柔顺之德，故能得众人之助，嗟而不失其"吉"。涕，眼泪。沱，流泪的样子。戚，忧伤。嗟，哀叹。

⑪王用出征：上九处《离》之极，众皆亲附，若有不亲附者，上则出征用师以伐之。日为君，则《离》也为君王。"离为甲胄，为戈兵"，有"出征"之象。在"修我戈矛"的时代，古代中国的先贤就已经将战争的武器定义为"火"。在六十四卦中，占测战

争的卦大都包含有《离》卦的元素。又《离》主南方，所以，谈到战争时，我们往往习惯于说"南征北战"。

⑫嘉：嘉美之功。折首：折断敌人的首级。《离》互为《大过》，兑为毁折，故"折首"。

⑬获：俘获。匪其丑：因上九失位不能应于三，故非其类。匪，通"非"。丑，类。

【译文】

初九，走路、做事都谨慎，慎重地对待自己的言行，就不会有过错。

《象传》说："走路、做事恭敬谨慎"，就是为了避免灾害。

六二，黄色附着于天空时，就会有大的吉利。

《象传》说："黄色附着于天空时就会有大的吉利"，这说明六二秉持着中正之道。

九三，西落的太阳附着于天空，此时若不敲打缶器、唱歌自乐，那么，垂暮之年时就只能徒自哀叹，这本身就是一件凶险的事。

《象传》说："西落的太阳附着于天空"，夕阳在天的时间怎么能够长久！

九四，太阳的起落仿佛突然之间来到，然后上升到高处，炎热得似燃烧一样，再如死一样的静寂，最终因背离了柔顺中正的《离道》而为众人所抛弃。

《象传》说："太阳的起落仿佛突然之间来到"，最终为大家所不容。

六五，泪水涟涟，忧伤地哀叹着，但是结果是吉祥的。

《象传》说：六五之所以能得到吉祥，就是因为他附着于王公的尊位之上。

上九，君王出师征伐，折断敌人的首级，建立了丰功伟绩，又俘获与我方敌对的人，没有过错。

《象传》说："君王出师征伐"，是为了安定邦国。

下经

䷞ 咸卦

咸①：亨。利贞。取女吉②。

《彖》曰：咸，感也。柔上而刚下，二气感应以相与③。止而说，男下女④，是以"亨利贞，取女吉"也。天地感而万物化生，圣人感人心而天下和平⑤。观其所感，而天地万物之情可见矣⑥。

《象》曰：山上有泽，咸⑦。君子以虚受人⑧。

【注释】

①咸：卦名，艮下☶兑上☱。咸，感应。六十四卦中只有两个爻爻相应的卦，《咸》卦即为其一。《咸》上卦为兑，兑为少女；下卦为艮，艮为少男，是一个解释阴阳相感、男女相亲的卦象。《序卦》曰："有天地，然后有万物；有万物，然后有男女；有男女，然后有夫妇；有夫妇，然后有父子；有父子，然后有君臣。"男女之事在父子、君臣之前，所以它也就被先儒看做是"国之纲纪"、"人之大伦"。故卦辞以"娶女吉"来鼓励男女感情。窈窕淑女，君子好逑。《咸》卦的卦爻辞和卦象描述了"娶女"的方法，从下至上地依次介绍了两情感应的六个步骤。《咸》卦卦象为一少男在下而一少女在上，有男求亲于女之象。韩康伯曰："夫妇之象，莫美乎斯。"这种令人感动的"美"不仅在于少男少女之间固有的阴阳感应之亲，更在于男子谦卑在下的求女之情。故《仪礼·士昏礼》规定男子必须经过

"纳采、问名、纳吉、纳征、请期、亲迎"的过程才能成亲，都是以男子在下相求为礼。

②取女吉：取，同"娶"。阴阳相感，男女相亲，六二与九五相应，当位居正，有"亨、利、贞"之美德，更有六爻皆应，故曰"娶女吉"。

③柔上而刚下，二气感应以相与：兑为阴柔在上，艮为阳刚居下，阴阳二气相互感应。与，亲和。

④止而说，男下女：艮为止，兑为说（悦）。《咸》象，艮男在下，兑女在上，象征着男子谦恭在下求亲于女。

⑤圣人感人心而天下和平：圣人因《咸》之卦象而感应到众人之心，因而以夫妇之道，立天之纲纪，成人之大伦，使天下安定和睦。

⑥而天地万物之情可见矣：天地之间无不从阴阳相感中生出万物，从阴阳之道中可以见到天地生育万物的苦心。

⑦山上有泽，咸：艮为山，高而在下，兑为泽，卑而在上。上下阴阳相通感应。

⑧君子以虚受人：山在地下为谦，在泽下为虚。君子效法这种卦象所含的道理，以若谷之虚怀来容纳亲近他人。

【译文】

《咸》卦象征着感应：亨通。有利于做事。若娶女子为妻就吉祥如意。

《彖传》说："咸"，就是指感应。兑为少女，以阴柔之美居于有少男阳刚之强的艮之上，阴阳两种气相互感应，相互亲和。上卦有静止之性，下卦有喜悦之情，男子谦虚地处于女子之下求爱、求亲，所以卦辞曰："亨通之时，有利于做事，娶女为妻就会吉利。"天地相互感应就会生出万物，圣人与众人的心相互感应就会使天下和睦安定。观察那些所感应的事物，天地万物之性情也就能看得见了！

《象传》说：山上有聚水之泽，山气和泽水相互感应，君子以虚心谦虚的美德容纳和感化众人。

初六，咸其拇①。

《象》曰："咸其拇"，志在外也。

六二，咸其腓，凶②。居吉③。

《象》曰：虽"凶居吉"，顺不害也。

九三，咸其股，执其随④，往吝。

《象》曰："咸其股"，亦不处也。志在随人，所执下也。

九四，贞吉，悔亡⑤。憧憧往来⑥，朋从尔思。

《象》曰："贞吉悔亡"，未感害也。"憧憧往来"，未光大也。

九五，咸其脢⑦，无悔。

《象》曰："咸其脢"，志末也。

上六，咸其辅颊舌⑧。

《象》曰："咸其辅颊舌"，滕口说也⑨。

【注释】

①咸其拇：卦下为艮，"艮为手"，初六在《咸》之初，

有拇指之象，故云。拇，大脚趾。

②咸其腓（féi），凶：腓，小腿肚。因六二在初之上，与人体相对应的位置相当于"腓"。又二居艮中，当以静守正，若急进而动，则有失位之险，且为九三、九四所忌，故"凶"。

③居吉：六二居艮之中，艮为止，男求女当有所止，居有止象，故"吉"。

④执其随：九三本与上六相应，因二相随，且近于己，故舍上而专心执二。执，艮为手，以手执物，即掌握。其随，九三乘二，二承三，三与二相比而亲，故二随三。

⑤贞吉，悔亡：凡喜事正则吉，不正则悔。九四虽不当位，然下应于初，艮之初与兑之初相应，虽其位不当，而其应则顺，故"贞吉"。

⑥憧憧（chōng）往来：心神不定地往来不绝的样子。

⑦咸其脢（méi）：九四既曰"朋从尔思"，则"思"在九四，九五在九四之上，"心之上"为"脢"。脢，背脊肉。

⑧咸其辅颊舌：《咸》上为兑，兑为口。上六处《咸》之末，于体为上，所在位置在"辅颊"。辅颊，即面颊，口舌在其中。

⑨滕口说：上六居《咸》之末，其所动者只在口舌之中。说，借为"悦"。口感滋润，其情相悦，故曰"滕口说"。滕，水向上腾涌。

【译文】

初六，使拇指有所感应。

《象传》说："使拇指有所感应"，这说明初六的志向是向外发展。

六二，当小腿肚有所感应时，就会有凶险。若居住在家，将获得吉利。

《象传》说："虽然有凶险，居住在家则会吉利"，这说明顺从"感应"之道就不会有害。

九三，使大腿有所感应，牢牢地掌握住跟随自己的人，若急于前往会遇到困难。

《象传》说："使大腿有所感应"，也不愿安然不动地处在自己的位置，心里想着在于己下的六二，这说明他所愿抓住的是低于自己的人。

九四，做事吉利，悔恨的事也将会消失。心神憧憧不定地不断往来之时，朋友们会顺从你的意愿。

《象传》说："做事吉利时悔恨的事也消失了"，因为九四并没有感到自己会有伤害。"心神憧憧不定地不断往来"，这说明九四的"感应"之道并没有发扬光大。

九五，使脊背有所感应，就没有什么悔恨。

《象传》说："使脊背有所感应"，对九五而言，其感应的志向过于浅小。

上六，使面颊口舌有所感应。

《象传》说："使面颊口舌有所感应"，滋润口舌而感到快乐。

䷟ 恒卦

恒①：亨，无咎，利贞，利有攸往②。

《彖》曰：恒，久也。刚上而柔下③。雷风相与④，巽而动⑤，刚柔皆应⑥，恒。"恒，亨无咎利贞"，久于其道也⑦。天地之道恒久而不已也。"利有攸往"，终则有始也。日月得天而能久照，四时变化而能久成。圣人久于其道而天下化成。观其所恒，而天地万物之情可见矣⑧。

《象》曰：雷风，恒。君子以立不易方⑨。

【注释】

①恒：卦名，巽下☴震上☳，中实外虚，上下俱有所应，男女皆有所亲，因具守恒之志，故以"恒"名。从《恒》卦中，我们可知天地之道在"恒久"，四时变化在"恒久"，圣人之"化成"也在"恒久"。守持"恒"德的前提应该在于保持正确适当的位置，失去这种位置不仅不能"恒其德"，也失去了自身。故《系辞》曰"圣人之宝曰位"。

②亨，无咎，利贞，利有攸往：上有震动，下有恭顺，顺而动，故能"亨通"、"无咎"。

③刚上而柔下：上卦震为阳卦，为长男，为刚。下卦巽为阴卦，为长女，为柔。

④雷风相与：震为雷，巽为风，故曰"雷风相与"。

⑤巽而动：巽为恭顺，雷为震动，故曰"巽而动"。

⑥刚柔皆应：震为长男，性阳刚；巽为长女，性阴柔。同性相应相亲，又六爻两两相应，故曰"皆应"。

⑦久于其道：长男在上，长女在下，此为夫妇之正道，

　　须恒久坚持。

⑧天地万物之情可见：天长而地久，可见天地养育万物
　　之深切情怀，故天地万物之情皆可从《恒》道中发现。

⑨易：改变。立身以正，正则不"易"。方：道，道
　　德，品行，这里指正道。

【译文】

　　《恒》卦象征着永恒持久：亨通，没有过错，有利于做事，有利于有所前往。

　　《彖传》说："恒"，就是持久的意思。震为阳刚处在卦上，巽为阴柔处在卦下。雷与风相互亲和，恭顺之后再震动，阳刚与阴柔皆有相应，这是"恒"之道。"永恒持久，亨通，没有过错，有利于做事"，这说明"恒"道在于永久地保持正道。天地的规律在于持久永恒地周流不已。"有利于有所前往"，这说明事物的发展是周而复始的。日月在天空的运行能够长久地照亮人间大地，四季的变化也有着永恒的规律。圣人长久地保持正道与美德，就会使教化大有成就。观看"永恒持久"的正道，就会发现天地万物的发展规律。

　　《象传》说：雷在上，风在下，雷风相伴，这是大自然中的长久不变的现象，所以就以此来命名卦名"恒"。君子应立身守节不改变正道。

　　初六，浚恒，贞凶①，无攸利②。

　　《象》曰："浚恒"之"凶"，始求深也。

　　九二，悔亡③。

《象》曰：九二"悔亡"，能久中也。

九三，不恒其德④，或承之羞⑤，贞吝。

《象》曰："不恒其德"，无所容也。

九四，田无禽⑥。

《象》曰：久非其位，安得禽也？

六五，恒其德⑦，贞，妇人吉⑧，夫子凶⑨。

《象》曰：妇人贞吉，从一而终也。夫子制义，从妇凶也⑩。

上六，振恒，凶⑪。

《象》曰：振恒在上，大无功也。

【注释】

①浚（jùn）恒，贞凶：初六以阴柔之性位居于下，软弱无力，欲有深求，则何以能久，故一开始就"深"求"恒"道，本身就违反了"恒"久之道，故"贞凶"。浚，深。

②无攸利：初六与九四相应，然为九二、九三所阻隔，且四也不"正"，故曰"无攸利"。

③悔亡：九二失位，故有"悔"。然动而得正，处中守正，则"悔亡"。

④不恒其德：九三处巽之末，临震之初，或上或下，心无所定，不定则动，动则变，故曰"不恒其德"。

⑤或承之羞：九三变则上下皆成坎象，坎为险，失身而入险。

⑥田无禽：九四下应初六，初六为巽，巽为雉。九二

至九四互为乾，乾为野。上卦为震，震为动，动在田野之中，田野之中又有雉。据此象而言，应该是"田有禽"，而爻辞却说"田无禽"。这是因为九四失位不正，则虽"田"有"禽"，却不能得。田，打猎。禽，同"擒"，即擒获。

⑦恒其德：六五虽不当位，然居中而与九二之阳刚相应，阴阳相亲，中中相应，故能恒其德。此妇道之"正"。

⑧妇人吉：六五在震，九二在巽，巽为妇人，六五能与九二"恒其德"，则对妇人吉利。

⑨夫子凶：六五失位于震中，震为长男，故曰"夫"。失位而应，则有利于彼，无利于己，故曰"夫子凶"。

⑩夫子制义，从妇凶：六五所谓的"妇人吉"，有两个前提条件：一是"贞"，即贞洁守身；二是"从一而终"。而对男人则许之以因事"制义"之权。实际上，这是以牺牲妇女的利益为前提的。制义，即因事而裁制事宜，从妇则凶。

⑪振恒，凶：静为持久之道，上六处《恒》之极。震在上为动，本来就很难持久坚守正道，又振而动之，则无"恒"有"凶"。

【译文】

初六，深入地求取长久之道，占问结果却是"凶险"，无有所利。

《象传》说："深入地求取长久之道"，却出现了"凶险"，这是因为初六一开始就深求"恒"道。

九二，悔恨之事将要消失。

《象传》说：九二的"悔恨之事将消失"，这是因为他能持久地坚持中和之道。

九三，不能持久地保持自己的美德，时或受到别人的羞辱，做事"会遇到困难"。

《象传》说："不能持久地保持自己的美德"，则为众人所不容。

九四，打猎没有获得猎物。

《象传》说：久居不正之位，怎么能有所收获呢？

六五，恒久地保持自己的美德，占问吉凶，对于妇人有吉祥，对于男人则有凶险。

《象传》说：妇人吉祥，这说明一个女人应该终身只顺从一个丈夫。而男人则要因事制义，若顺从女人则会有凶险。

上六，振动不安于恒久之道，有凶险。

《象传》说：上六振动不安于恒久之道，结果很不成功。

䷠　遁卦

遁①：亨。小利贞②。

《彖》曰："遁亨"，遁而亨也。刚当位而应，与时行也③。"小利贞"，浸而长也④。遁之时义大矣哉⑤！

《象》曰：天下有山⑥，遁。君子以远小人，不恶而严⑦。

【注释】

①遁：卦名，艮下☶乾上☰。艮为止，乾为君，为健
　行。君子之健行为艮所止，故有逃避、退隐之意。

乾为君子，艮为山林，《遁》有君子遁入山林之象。《遁》卦的卦辞即紧紧围绕着"天下有山"的卦象而展开，《王注》在注解《遁》之卦辞时，只一句"遁乃通"，一点即透，一语了然，更能真切、深刻地概括《遁》卦的真正意义。又内阴而外阳，阳为君子，阴为小人，则小人入于内，而得势，于君子必不利，君子避之于外，故《彖传》曰"遁亨"。进则亡身，不如退而守正。就整个卦象而言，内卦因艮而止，外卦以"健行"速遁而多吉。

②小利贞：小，指六二，阴为小。居中曰"利贞"。

③刚当位而应，与时行也：意谓小人得势时，君子就应遁隐避难。刚当位，指九五居阳刚之位。下与六二相应，故曰"应"。时，阴消阳之时势。行，指遁隐。

④浸而长：指初六、六二两阴爻有逐渐漫延生长的趋势。浸，漫延，扩张。

⑤时义大：在小人得势时归隐山林，既可远身免祸，又能防止"否"之到来，故云。

⑥天下有山：乾为天，为朝廷；艮为山，为贤人。以天下有山比喻贤人不在朝廷而在山中，这说明有小人在朝，有昏君主朝，故此时就应遁隐。

⑦不恶而严：君子不应与小人斗，但对他们应以严厉的态度，不与他们同朝为政。恶，凶狠。严，严厉。

【译文】

《遁》卦象征着退隐和逃避：亨通。做事小有利益。

《彖传》说：所谓"遯亨"，是讲初六在"退隐和逃避后将会得到亨通"。阳刚居中正而应于下，顺应时势而遯隐。"做事小有利益"，这是因为阴气将渐趋浸长。这说明遯隐的时间具有很大的意义！

《象传》说：高高的天空之下耸立着一座座大山，这种景象象征着遯隐。君子因此归隐山林，远避小人，没有凶恶的心，却以严厉的态度对待小人。

初六，遯尾，厉，勿用有攸往①。

《象》曰："遯尾"之"厉"，不往何灾也？

六二，执之用黄牛之革，莫之胜说②。

《象》曰："执用黄牛"，固志也。

九三，系遯，有疾厉③；畜臣妾吉④。

《象》曰："系遯"之"厉"，有疾惫也。"畜臣妾吉"，不可大事也。

九四，好遯⑤，君子吉，小人否⑥。

《象》曰："君子好遯，小人否"也。

九五，嘉遯，贞吉⑦。

《象》曰："嘉遯贞吉"，以正志也。

上九，肥遯，无不利⑧。

《象》曰："肥遯无不利"，无所疑也。

【注释】

①遯尾，厉，勿用有攸往：艮为狗，也可指类如犬的野兽。初六在艮初，又远于遯形之后，故曰"遯

尾"。又此时阴已消阳至二，初在二后，故曰"尾"。遁之时，应速避其小人，初六落后在"尾"，故"厉"。艮为止，应以清静为主，不宜有动，且初六上应九四，九四失位不正，不宜有应。九四若动而变正，则成坎，坎为险，故曰"勿用有攸往"。

②执之用黄牛之革，莫之胜说：《遁》下为艮，艮为手，六二至九四互有巽，巽为绳，艮为狗，类如牛状，三象联系，即出"执之用黄牛之革"之象。六二所处的位置说明阴气已进至《遁》去的状态，同时，因为他处中守正，上应于九五，其势又不能遁去，如牛革束缚在身，故不能脱。胜，能。说，通"脱"。

③系遁，有疾厉：九三虽得位于《遁》，然处艮之上，有静止不动之象，故心必有所"系"，故曰"系遁"。

④畜臣妾吉：九三心系六二，六二在互巽之下，巽为长女，有臣仆、侍妾之象，故云。

⑤好遁：九四下应于初，初即九四所爱。九四居于乾体，乾有刚健之德，能坚决果断地遁去。好，喜爱。

⑥君子吉，小人否：君子指九四。九四能舍其所恋，断然地避开小人，故对君子"吉"。小人系其所恋，不能舍，故曰"小人否"。

⑦嘉遁，贞吉：九五居乾中，得中正之位，与二有应，当位中正而应。

⑧肥遁，无不利：上九有高飞远引、超然远遁之象。因其与内无应，无牵无挂，故遁隐而去"无不利"。肥，通"蜚"，即"飞"。

【译文】

初六，退避之时，落在末尾，这是有危险的，不宜有所前往。

《象传》说："退避之时落在末尾"就会有"危险"，若不前往，又有什么灾祸呢？

六二，用黄牛皮制成的绳索捆绑，没有人能够解脱。

《象传》说："用黄牛皮制成的绳索捆绑"，这说明六二有固守不退的意志。

九三，心有所系，不能遁去，有疾患、危险；若用于畜养臣仆侍妾，可获吉祥。

《象传》说："心有所系，不能遁去"，有"疾患、危险"，这说明九三深受疾患和困惫之苦。"畜养臣仆侍妾可获吉祥"，这说明九三不可胜任国政大事。

九四，喜欢遁隐，对于君子则吉，对于小人则不吉。

《象传》说："君子喜欢遁隐，小人则做不到。"

九五，嘉美的遁隐，是很吉利的。

《象传》说："嘉美的遁隐是吉利的"，这说明九五能端正自己退隐的心志。

上九，高飞远举般地退隐而去，没有不利。

《象传》说："高飞远举般地退隐而没有不利"，这是因为上九心中无所疑虑。

䷡ 大壮卦

大壮①：利贞。

《彖》曰：大壮，大者壮也②。刚以动，故壮。"大壮利贞",大者正也③。正大而天地之情可见矣④！

《象》曰：雷在天上，大壮。君子以非礼弗履⑤。

【注释】

①大壮：卦名，乾下☰震上☳，乾阳主内而壮，阳气上升致使阴气消退殆尽，阳盛而阴衰，故曰"大壮"。"大而正"和"刚以动"是《大壮》特有的威力，堂堂正正，威严强大，这是雷在天上发出的力量。这种力量实际也蕴涵着君子的道德力量和非礼勿行的严整人格。故君子唯有"大"而"正"，方可实践其天地仁爱之心。若用《老子》的话来说，《大壮》的真正意义就是"知雄守雌"；若用《象传》的话来说，就是"非礼勿履"；若用孔子的话来说，就是要"泰而不骄"，"富而好礼"。

②大者壮：阳爻谓大，乾卦在内为大，四阳比二阴为壮，阳气刚健上行而动。

③大者正：乾为大，秉强健刚正之德。

④正大而天地之情可见：《大壮》内有正直而强大的秉性。宇宙万物中，阳刚为正。乾为天，天正则地正，君正则臣正，上正则下正。故观"正大"之事物，可以发现天地之情。

⑤君子以非礼弗履：按《象传》以震比刑法，以乾比法庭。刑法之威严如雷声震动上天。君子观此象，而知天怒不可触，刑法不可犯，因此劝诫百姓勿为"非礼"之事。

【译文】

《大壮》卦象征着大为强盛，有利于做事。

《彖传》说：所谓"大壮"，事物发展到宏大就会强壮。刚健有力，震动强劲，所以被称作强壮。"大为强盛时有利做事"，这说明刚健强大者，必然要守正不阿。保持正直强大，那么，天地之性情就可以发现了！

《象传》说：震雷在天空上发威，象征着伟大而强壮。对于非礼之事，君子是不会实行的。

初九，壮于趾，征凶①，有孚。

《象》曰："壮于趾"，其孚穷也。

九二，贞吉。

《象》曰：九二"贞吉"，以中也。

九三，小人用壮，君子用罔②，贞厉。羝羊触藩，羸其角③。

《象》曰："小人用壮"，君子罔也。

九四，贞吉，悔亡④。藩决不羸⑤，壮于大舆之輹⑥。

《象》曰："藩决不羸"，尚往也。

六五，丧羊于易，无悔⑦。

《象》曰："丧羊于易"，位不当也。

上六，羝羊触藩，不能退，不能遂，无攸利⑧，艰则吉⑨。

《象》曰："不能退，不能遂"，不详也⑩。"艰则吉"，咎不长也⑪。

【注释】

①壮于趾，征凶：初九在乾，故"壮"。九四在震，震为足，故为"足趾"。初九上应九四，九四失位不应，故"征凶"。

②小人用壮，君子用罔：九三处《乾》之上，居健之极。又以阳居阳，健而不谦。若小人当此之时，不知恐惧，故"用壮"；而君子当此之时，就会考虑危难，不用其壮。用罔，不用壮。罔，无，

③羝羊触藩，羸（léi）其角：《大壮》互《夬》，其象为下乾上兑。兑为羊，震为竹木，其象"藩篱"，故辞有羊触藩篱之象。羝羊，三岁以上的大牡羊。藩，藩篱。羸，缠绕，纠结。

④贞吉，悔亡：九四失位无应，本有其"悔"，但因其居于阳气升至《大壮》之极位，身处本卦强壮之极，能以阳处阴，表现出他有谦虚守正的品德，故能"贞吉"。动而变正则"悔亡"。

⑤藩决不羸：藩篱决开则羊角不能被纠缠。决，开裂。

⑥壮于大舆之輹：九四动而变正为坤，坤为大舆。輹，通"辐"。辐壮则能行。

⑦丧羊于易，无悔：《大壮》互《夬》，上为兑，兑为羊。六五不正，下应九二，九二在乾，兑应乾中，乾为马，则有丧羊而得马之象，"丧羊"而得马，故曰"无悔"。又六五失位，动而变正，则五位之下无兑象，失兑羊而得乾马，也是"无悔"。

⑧羝羊触藩，不能退，不能遂，无攸利：上六居《大

壮》之终，震卦之极，穷于进；应三则有四阻隔，故
不能退。退则失位，上则乘刚，故无利。遂，前进。

⑨艰则吉：虽处进退两难之境，然当位有应，如处困
境之中，守正待援，故终吉。艰，艰难。

⑩详：借为"祥"，即吉祥。

⑪咎不长：上六当位，若守正待应，则"咎不长"。

【译文】

初九，把刚猛强大的劲头用在足趾上，前行则会遇到
凶险，走路的人应当心中怀有诚信之德。

《象传》说："把刚猛强大的劲头用在足趾上"，这说明
初九虽然满怀诚信地走路，却没有路可走了！

九二，做事吉利。

《象传》说：九二之所以"做事吉利"，就是因其居于
乾刚之正中。

九三，小人妄用强壮之体，君子则不用其壮，因为
占问的结果是有危险。就像羝羊顶触藩篱，结果角被纠结
缠绕。

《象传》说："小人妄用强壮"，君子虽强不用。

九四，做事吉利，悔恨也会随之消亡。藩篱被冲裂开
后，羊角也就不会被纠缠住了，于是大舆的辐条也变得强
壮起来。

《象传》说："藩篱被冲裂开后，羊角也就不会被纠缠"，
这说明九四要前行向上。

六五，在变化与交易中失去了羊，这没有什么悔恨的。

《象传》说："在变化与交易中失去了羊"，这是因为他

所处的位置不当。

上六，羝羊冲触藩篱时羊角被缠绕住，不能退出，也不能前进，无有所利，虽陷入艰难的困境中，却有一个吉利的结果。

《象传》说："不能退出，也不能前进"，情况很不吉祥。"陷入困境却得到吉利的结果"，这说明灾害是不能长久的。

䷢　晋卦

晋①：康侯用锡马蕃庶②，昼日三接③。

《彖》曰：晋，进也，明出地上④。顺而丽乎大明⑤，柔进而上行⑥，是以"康侯用锡马蕃庶，昼日三接"也。

《象》曰：明出地上，晋。君子以自昭明德。

【注释】

①晋：卦名，坤下☷离上☲。《晋》，进也。有日出地上之象。太阳的升起，总是冉冉上升，柔顺地上行。"柔进而上行"的光明就如同一个谦谦君子，他有"自昭明德"的勤谨、进取精神，于是《晋》卦中凡合乎"柔进"则能吉利。《晋》中的君子，在地为柔，于上为进。在天，有光辉灿烂之美，在地，则有亲民之象，故《象传》有"丽乎"之言、"三接"之颂。

②康侯：犹言"尊贵的公侯"。锡：通"赐"。蕃庶：众多。

③昼日三接：一日之内多次接见。昼日，谓一日之间。
　　三接，下坤为三阴，数为"三"，故曰"三接"。
　　三，泛指多次。

④明出地上：坤为地，离为日、为火，皆有光明之象，
　　如日出地上。

⑤顺：坤为顺。丽：附丽，附着。大明：指上卦离，
　　离为日，日光在天，实为"大明"。

⑥柔进而上行：下三阴为柔，六五也为柔，柔由初上
　　行至五。

【译文】

《晋》卦象征着长进：尊贵的公侯接受天子赏赐的众多
车马，一天之内荣获多次接见。

《彖传》说："晋"的意思是长进，就如同光明的太阳
从地平线上升起一样。大地上的万物都顺从地承受美丽宏
大的太阳光辉，光明柔和地冉冉升起，一直向上行进，所
以，就能使得"尊贵的公侯接受天子赏赐的众多车马，一
天之内荣获多次接见"。

《象传》说：光明出现在大地之上，象征着"长进"。
君子因此知道自己必须彰显光辉的美德。

初六，晋如摧如，贞吉①。罔孚②，裕，无咎③。
《象》曰："晋如摧如"，独行正也；"裕无咎"，
未受命也。

六二，晋如愁如，贞吉④。受兹介福⑤，于其王
母⑥。

《象》曰："受兹介福"，以中正也。

六三，众允，悔亡⑦。

《象》曰："众允"之志，上行也。

九四，晋如鼫鼠⑧，贞厉⑨。

《象》曰："鼫鼠贞厉"，位不当也。

六五，悔亡⑩，失得勿恤⑪；往吉，无不利⑫。

《象》曰："失得勿恤"，往有庆也。

上九，晋其角⑬，维用伐邑，厉吉⑭，无咎，贞吝⑮。

《象》曰："维用伐邑"，道未光也。

【注释】

①晋如摧如，贞吉：初六为"晋"之始，上与九四应，九四为离，离为光明，故进。进而遇二、三之阻，又三至五互为坎，坎为陷、为险，故退。然进而动，动而变正，故曰"贞吉"。摧，退却。

②罔孚：初六失位，创业于始，进明在初，故未被他人信服。罔，无。孚，诚信。

③裕，无咎：初既遇二、三、坎险之阻，当宽裕缓进，终则必进于"明"，故于其《晋》道则无咎。裕，宽裕。

④晋如愁如，贞吉：六二上进，然六五失位，六二失其所应，其"进"德未得昭明，虽有"晋如"之行，行而未果，失之无应，故"愁如"。但是，因其处中于坤，"坤为顺"，顺而居于中正，且不因上无所

应而改其进修之德，终能得"正"而"吉"，故曰
"贞吉"。

⑤介：大。

⑥王母：指六五。六五为王位，然以阴居阳，故为
"王母"。

⑦众允，悔亡：六三失位，本有其"悔"，但是，因
其与众人同志为"进"，受到众人的信任，故"悔
亡"。众，六三居坤卦之上，坤为众。允，信任。

⑧鼫（shí）鼠：亦称"硕鼠"。六二至九四互为艮，
艮为鼠。

⑨贞厉：九四失位，象如鼫鼠，虽有五能，实无一长，
以此为"进"，故"贞厉"。

⑩悔亡：六五居不当位，故有"悔"。然以柔居尊，
以阴居阳，又在离中，不"进"自明，变而得正，
则"悔亡"。

⑪勿：无。恤：忧虑。

⑫无不利：六五因能自明于"离"，下有坤顺从上，则
"无不利"。

⑬晋其角：上九处《晋》之极，如在角端。阳亢于上，
仍然进而不已，故云。角，角端。

⑭维用伐邑，厉吉：上九失位于《晋》，过亢不已，不
能为人信服，故"用征伐"以服之。用，犹"宜"。

⑮无咎，贞吝：兵者凶器，因其先"厉"而后"吉"，
故"无咎"。用征伐才能服人，服而有"吝"，故曰
"贞吝"。

【译文】

初六，无论是上进还是退却，都是吉利的。即使是尚未得到众人的信服，宽裕时日，也没有灾害。

《象传》说："无论是上进还是退却"，初六都能独自实行正道；"宽裕待时则没有过错"，这说明初六尚未授受君王之命。

六二，无论是上进还是忧愁，都能获得吉利。将从尊贵的王母那里接受宏大的福气。

《象传》说："接受宏大的福气"，这是因为六二身处中正之道。

六三，获得众人的信任，悔恨就会消逝。

《象传》说："众人的信任"六三的志向，这是因为他与大家同有上进之心。

九四，长进之时却犹如身无一技之长的鼫鼠，这种情况很危险。

《象传》说："身无一技之长的鼫鼠遇到危险"，这是因其所处的位置不当。

六五，悔恨消逝，不要为得到与失去忧虑；前往必有吉祥，无有不利。

《象传》说："勿须为得到与失去忧虑"，前往则必有福庆。

上九，长进至极，就像高居尖端一样，宜于征伐邑国建立功绩，虽有危险，但最终还是吉祥的，没有什么灾害，只是有一些困难而已。

《象传》说："唯有用征伐才能使人信服"，这说明上九的道德并没有光大。

䷣ 明夷卦

明夷①：利艰贞②。

《彖》曰：明入地中，"明夷"。内文明而外柔顺，以蒙大难，文王以之③。"利艰贞"，晦其明也④，内难而能正其志，箕子以之⑤。

《象》曰：明入地中，"明夷"。君子以莅众，用晦而明⑥。

【注释】

①明夷：卦名，下离☲上坤☷。夷，殒灭。以卦象而言，离为明，坤为地，有明隐陷入地中之象。《明夷》卦说明人处在难中应该坚持的品德和方法。当光明殒灭时，作为君子，就应该如《明夷》一样，隐晦自己的美德以使其未来有一种更大的光明。

②利艰贞：当光明受到殒灭之伤时，君子就应该像地中有明一样，在心中保持自己的光辉品德，不宜干预朝政大事，以避免小人的暗算、陷害。

③内文明而外柔顺，以蒙大难，文王以之：离为火，为文明，在内；坤为地，为柔顺，在外。以此为喻，讲述文王被殷纣王囚禁而蒙受大难时，用"明夷"之法全身而退的故事。以，用。

④晦其明：君子当效法天地自然之道，主动地隐晦自己的光辉品德。

⑤内难而能正其志，箕子以之：箕子是殷纣王的诸父，在纣王昏庸无道时，他佯装癫狂，内守正道，终免

其祸。

⑥用：以。晦：指下卦坤，坤为众。而：如。明：指
上卦离。

【译文】

《明夷》卦象征着光明殒灭：利于在艰难中守正之人。

《彖传》说：光明隐入地中，象征着"光明殒灭"。内
具文明之美，外呈柔顺之德，就可以像周文王蒙受大难那
样，躲过劫难。"在艰难的时候有利于坚守正直的品格"，把
自己光明磊落的品德隐蔽起来，即使是朝廷内部蒙受艰难
的折磨，也要使自己的思想正直无私，就像正直的箕子那
样渡过难关。

《象传》说：光明隐陷入地下，这种情况就是"明夷"。
君子用这一卦象蕴涵的道理来对待众人，就是以隐晦光明
的方法，使自己的美德更加光明正大。

初九，明夷于飞，垂其翼①。君子于行②，三日
不食。有攸往，主人有言③。

《象》曰："君子于行"，义不食也。

六二，明夷，夷于左股④，用拯马壮⑤，吉。

《象》曰：六二之吉，顺以则也。

九三，明夷于南狩⑥，得其大首⑦，不可疾贞⑧。

《象》曰："南狩"之志，乃得大也。

六四，入于左腹，获明夷之心⑨，于出门庭⑩。

《象》曰："入于左腹"，获心意也。

六五，箕子之明夷，利贞⑪。

《象》曰：箕子之贞，明不可息也。

上六，不明晦⑫，初登于天，后入于地⑬。

《象》曰："初登于天"，照四国也；"后入于地"，失则也。

【注释】

①明夷于飞，垂其翼：《说卦》曰"离为火"，"离为雉"，火性炎上，于雉则有上飞之象，因初在地下，故其飞必"垂其翼"。

②君子于行：《说卦》曰"离为日"，日有光明之德，故以喻君子。行，九三至六五互为震，震为行。

③主人：指六四，六四互震，震为主人。言：责难，谴责。

④夷于左股：夷，受伤。左股，中国古代文化以左为阳，以右为阴。初在足，故曰"行"。二在初之上，故曰"股"。

⑤用拯马壮：因左股受伤，必以马代步，以使伤者能伤愈复壮。拯，拯救。

⑥明夷于南狩：离为南，坤为西南，概言之"南"。南方为火，为"文明"之所。

⑦大首：元凶首恶。

⑧不可疾：九三虽秉阳刚之正，然"明夷"之时，诛凶顽之"大首"宜缓不宜急。

⑨入于左腹，获明夷之心：明夷为明入地下，坤为地，故欲得其明夷之心，须从腹中得之。腹，因六四已在坤体，坤为腹。

⑩出门庭：指六四出庭至门。

⑪箕子之明夷，利贞：六五举例说明，世道处于黑暗时，君子就应当像箕子那样"利贞"于"明夷"。

⑫不明晦：上六处坤之极，为地下最暗处。

⑬初登于天，后入于地：上六之晦，来自于明夷之初，而"明"在初时，还有"于飞"之象，故曰"初登于天"，至上六则"夷"极而入于地，故曰"后入于地"。

【译文】

初九，光明殒灭时，向外飞翔要低垂着翅膀。君子行走在路上，已多日没有吃饭了。要有所前往，因为主人有责难之言。

《象传》说："君子行走在路上"，这是因为君子以仁义为本，在光明殒灭时不食俸禄。

六二，光明殒灭，使左边大腿遭受创伤，此时，若能借助良马来拯救伤者，就会使其恢复强壮，可得吉祥。

《象传》说：六二的吉利，就在于他能柔顺地顺应事物发展的规律。

九三，于光明殒灭之时在南方巡狩并实行征伐，俘获元凶首恶，但不可以过急行事，应当守正持固。

《象传》说："南狩"的志向，是为了大有所得。

六四，退处于左腹，深刻领会光明殒灭的内涵，然后才跨出门远走高飞。

《象传》说："退处于左腹"，这是为了获得"明夷"的真正意义。

六五，殷纣时的箕子处于光明殒灭时，其终得吉利就是因为他内蕴光明，坚守正道。

《象传》说：箕子在"明夷"时还守持着正直的品德，这说明六五内心的光明是不可熄灭的。

上六，不发出光明却带来昏暗，起初登临于天上，最终却坠落于地下。

《象传》说："起初登临于天上"，其光可照耀四方之国；"最终却坠落于地下"，这说明上六丧失了正确的法则。

䷤ 家人卦

家人①：利女贞②。

《彖》曰：家人，女正位乎内③，男正位乎外④；男女正，天地之大义也⑤。家人有严君焉，父母之谓也。父父，子子，兄兄，弟弟，夫夫，妇妇⑥，而家道正；正家而天下定矣。

《象》曰：风自火出，家人⑦。君子以言有物而行有恒⑧。

【注释】

①家人：卦名，离下☲巽上☴。六二象征女子居正于内，九五象征男子居正于外，男女正则一家正。又据卦象来看，下卦离为妇人，上卦巽为入，女子来入则有家。此卦形象地说明了女正于内、男正于外的中国古代的"家人观"——"男女正"，男子要像《家人》中的上九一样"威严治家"，女子要像

六二一样在家中主管饮食之事。又，此卦就爻象而言，六二、六四居女正于内，上九、九五、九三皆居男正于外。

②利女贞：《家人》内卦离为中女，外卦巽为长女，且二女皆得正位，故曰"利女贞"。

③女正位乎内：六二居内卦之中，以阴居阴，当位而正，以象其女正一家之位。

④男正位乎外：九五居外卦之中，以阳居阳，当位而正，以象其男正于外。

⑤男女正，天地之大义：男女之事被看做"国之纲纪，人之大伦"。男主外女主内，在封建社会被看做"男女之正"，男女正则全家正，故为"大义"。

⑥父父，子子，兄兄，弟弟，夫夫，妇妇：父子、兄弟、夫妇均为一家之人，他们之间的相互关系和相处方法，实为一家之大事。

⑦风自火出，家人：巽为风，为木，在外；离为火，在内。风从火出这是自然之理。木生火，火以木为家。

⑧君子以言有物而行有恒：人正、家正必始于言、行之正。木大则火大，木小则火也小，君子位大则言大，位小则言小，言合于事、合于物，则为"言之有物"，行事有"恒"则能正己、正家。

【译文】

《家人》卦象征着一家人：利于女子守持正道。

《彖传》说：一家人，女子在家应处于正当之位置，男子在外应处于正当之位置；男女得其正当之位，这是天经地义的大道理。一家人应当有严正的君长，即父母。父亲要尽父亲的责任，儿子要尽儿子的责任，长兄要尽长兄的责任，弟弟要尽弟弟的责任，丈夫要尽丈夫的责任，妻子要尽妻子的责任，这样家道才能正当适宜；家道正了，天下也就会随之安定。

《象传》说：风从火的燃烧中生出，这种情景就如同一家人一样。君子应当言之有物，行事有恒心。

初九，闲有家①，悔亡。

《象》曰："闲有家"，志未变也。

六二，无攸遂，在中馈，贞吉②。

《象》曰：六二之吉，顺以巽也。

九三，家人嗃嗃，悔厉吉；妇子嘻嘻，终吝③。

《象》曰："家人嗃嗃"，未失也；"妇子嘻嘻"，失家节也。

六四，富家，大吉④。

《象》曰："富家大吉"，顺在位也。

九五，王假有家，勿恤⑤，吉。

《象》曰："王假有家"，交相爱也。

上九，有孚威如，终吉⑥。

《象》曰：威如之吉，反身之谓也。

【注释】

①闲有家：闲，防止。初九以阳刚居正于《家人》之始，家始于防止邪恶，如筑墙槿户以防盗贼，男女

有别以防淫乱等。

②无攸遂，在中馈，贞吉：六二居中得正，上应九五，有应有实，相夫而在家中主持饮食之事，为女正之事。遂，成功。馈，饮食。

③家人嗃嗃（hè），悔厉吉；妇子嘻嘻，终吝：九三居下卦离之上，以阳处阳，为一家之主，行刚严之家政，故虽有"悔"、有"厉"，犹能保其吉祥，若笑闹无礼，则终有灾难发生。嗃嗃，严酷的样子。嘻嘻，喜笑的样子。

④富家，大吉：六四为阴，阴为虚，本无富实。然上承于尊贵之九五，有食君禄之象；下比于九三之阳刚，且得位应初，故有富家之象。

⑤王假有家，勿恤：九五以阳刚之德居正而应于六二，故有家；居于尊位而明于家道，君王以天下为家，家正则天下正。假，通"格"，正。有，于。

⑥有孚威如，终吉：上九处《家人》之极，下临互卦坎，坎为信，以阳居阴，故有威。有威、有信则家道必正。孚，诚信。威，威严。

【译文】

初九，防止邪恶才能保全家人，悔恨也会因此消逝。

《象传》说："防止邪恶才能保全家人"，这说明初九的心志在未变时就采取防范措施。

六二，无所成事，就在家中主管饮食之事，守持正道可获得吉祥。

《象传》说：六二的吉祥，就在于她有柔顺而谦逊的品德。

九三，一家人相处，家主表现出严酷的样子以治其家，虽有悔恨、危险之事，而最终仍然会得到吉祥。妇人、子女在一起嘻嘻闹闹，最终则有灾难。

《象传》说："家人相处表现出严酷的样子"，这样家人才不会有过失；"妇人、子女在一起嘻嘻闹闹"，这说明九三失去了家人的礼节。

六四，使家庭富裕，大为吉祥。

《象传》说："使家庭富裕就大为吉祥"，这是因为六四能顺从在于尊贵之位的九五。

九五，君王以美德正于其家，故无须忧虑，吉祥。

《象传》说："君王以美德正于其家"，这说明家人相互亲爱和睦。

上九，心存诚信，威严治家，终得吉祥。

《象传》说：威严之所以能得吉利，这说明上九有反躬自省，严以律己的品格。

䷥ 睽卦

睽①：小事吉。

《彖》曰：睽，火动而上②，泽动而下③。二女同居④，其志不同行。说而丽乎明⑤，柔进而上行⑥，得中而应乎刚⑦，是以小事吉。天地睽而其事同也。男女睽而其志通也。万物睽而其事类也。睽之时用大矣哉⑧！

《象》曰：上火下泽，睽。君子以同而异⑨。

【注释】

①睽（kuí）：卦名，兑下☱离上☲，上下皆为阴卦，为二女同居一室之象。睽，乖异，背离。《睽》卦除初爻外，相错而不当位，此其一"睽"。二女同室，其志不同，此其二"睽"。泽性润下，火性炎上，其质不同，此其三"睽"。睽则不和，故"不可大事"，而"小事吉"，也因此，卦中多无凶、无咎。然《睽》虽有异质、异志，却不失求合之心，故六爻中以遇合之爻为吉，这就蕴涵着"求同存异"的世界观和方法论。二女同居一室，此为"同"象，然同性相斥，动则乖离，"志不同行"，此为"异"理；故"异"中有"同"，"同"中有"异"。古之君子观此象而悟"同异"之道，即"同而异"本来就是事物存在与发展的客观情况和必然联系，二者是相辅相成的。君子既要秉持求同存异的处世方针，更要具备善于存异的"和同"胸襟和雅量，因为，只有"和"其不同，才能"大同"。

②火动而上：上卦离为火，跳动燃烧于上。

③泽动而下：下卦兑为泽，泽水有向下流动的特性。

④二女同居：离为中女，兑为少女。

⑤说而丽乎明：上卦为离，离为日、为光明，下卦为兑，兑为悦。按卦例，《彖传》是从下往上说，故云。丽，附丽，附着。

⑥柔进而上行：柔，本指二位之爻，在《睽》中则上进于三，再进于五。

⑦得中而应乎刚：指六五。六五以阴居阳，下应九二
　　之阳刚。

⑧睽之时用大：凡天下事同中有异，异中有同，这种
　　对立与统一的关系才促使事物发展进步。

⑨君子以同而异：君子观《睽》而知"睽合"之道，
　　以存"异"之法来谋求事物之大"同"。

【译文】

《睽》卦象征着乖异背离：做小事还是可以吉利的。

《彖传》说：睽卦，火焰跳动向上燃烧，泽水流动向下
润泽。譬如两个女人虽同居一室，但她们的心志不同，行
事方法也不同。因为下卦兑能和悦地附丽上卦光明，轻柔
地前进上行，上卦离以阴居中而下应九二之阳刚，所以轻
柔小心地处事会吉利的。天地万物皆乖异不同，但是，却
有相同的生长过程。男女虽有不同的生理特征，但是他们
也有志气相投的时候。天下万物的形态和特性千差万别，
但它们的生长过程却有着类似的地方。由此来看，乖异背
离之时，其作用对于事物演变的作用还是很大的。

《象传》说：上卦为火，下卦为泽，这种现象象征着
"乖异背离"。君子则善于求大同存小异。

初九，悔亡①。丧马，勿逐自复②。见恶人③，
无咎④。

《象》曰："见恶人"，以辟咎也。

九二，遇主于巷⑤，无咎⑥。

《象》曰："遇主于巷"，未失道也。

六三，见舆曳，其牛掣⑦，其人天且劓⑧，无初有终⑧。

《象》曰："见舆曳"，位不当也；"无初有终"，遇刚也。

九四，睽孤⑨，遇元夫，交孚，厉无咎⑩。

《象》曰："交孚无咎"，志行也。

六五，悔亡⑪。厥宗噬肤⑫，往何咎？

《象》曰："厥宗噬肤"，往有庆也。

上九，睽孤，见豕负涂⑬，载鬼一车⑭，先张之弧，后说之弧⑮；匪寇，婚媾⑯；往遇雨则吉⑰。

《象》曰："遇雨之吉"，群疑亡也。

【注释】

①悔亡：初本与四应，四失位而无应，故有"悔"；四动而得正，下应于初，故"悔亡"。

②丧马，勿逐自复：《睽》三至五成坎，坎为马，四在坎中，故曰"马"。四变而成坤，坤为丧，坤成而坎亡，故曰"丧马"。占则初爻动，动则下卦成坎，失之彼而得之于此，故曰"勿逐自复"。复，返回。

③恶人：指九四。四多凶，而《睽》四又以阳居阴而失位，且在互坎之中，坎为寇。

④无咎：因初九当位无应于九四，则九四也无奈何于初九。

⑤遇：不期而遇。主：指六五。

⑥无咎：一是失位而遇主，二是动而变正，各得其位

而相应。

⑦见舆曳，其牛掣：四动则坤成，坤为舆、为牛。三在坤下，故有拖舆、牛掣之象。曳，拖曳。掣，牵拉。

⑧其人天且劓（yì），无初有终：三在兑上，为西方之卦，主秋杀之气。六三本与上九应，因不当位而困处二四之间，动则变乾，乾成而上行，应于上九。应于上九必经坎象，坎为刑，故遭天刑。或六三不动，上应上九，上九在离，离象之成皆因九四不得位，若九四得位，则上卦成艮，艮为鼻，离成则艮毁，故有劓刑之象。六三受困于初，故曰"无初"。然终能得"刚助"，故能"有终"。天，墨刑，即古代在人额上刺字涂墨的刑罚。劓，古代割鼻的刑罚。

⑨睽孤：九四以阳居阴，三与五皆与己"睽"，无应独处。

⑩遇元夫，交孚，厉无咎：元夫，指初九。六爻中，唯初九得位，阳大称"元"，于人则称"夫"。九四因失位而无应于初，然初九得位，且与己同为阳爻，因此，九四能无应而有同，同志则"交孚"，虽处乖异背离之时，也能"厉无咎"。

⑪悔亡：以阴居阳，失位有"悔"，居中得应，其悔则亡。

⑫厥宗：指九二，因与六五相应如同宗亲戚一样，以喻亲之甚深。噬肤：此以喻亲和之情。兑为口，九二居中；离为附着，如肤之于身，六五居中。口之于肤，则有"噬肤"之象。

⑬见豕负涂：坎为豕，为雨，四变则三至五成坤，坤

为土，土遇雨则成泥，豕背沾泥，即"豕负涂"。豕，猪。涂，泥浆。

⑭载鬼一车：三至五为坎，坎舆为车。四变则三至五成坤，坤死魄，故为鬼。因三与上应，四在坎，故三与上之间有"载鬼一车"之象。

⑮先张之弧，后说之弧：坎为弧，离为矢，有张弓之象。四变则坎象不见，离象也随之不见，故"后说之弧"。说，通"脱"。

⑯婚媾（gòu）：三与上应，阴阳相和，为结亲之象。媾，结亲，结婚。

⑰往遇雨则吉：坎为雨，三在坎下，上往三"婚媾"则"遇雨"。"雨"为阴阳相和之物，与婚媾同，且雨水会使"涂"、"鬼"等疑洗净，故"遇雨则吉"。

【译文】

初九，悔恨消逝。马匹走失，不用追逐，它自己会回来。遇见恶人，也没有灾祸。

《象传》说："遇见恶人"，要善于避免其所带来的灾祸。

九二，在巷道中不期而遇地碰到主人，必无灾害。

《象传》说："在巷道中不期而遇地碰到主人"，这说明九二并未迷失道路。

六三，看见大车被吃力地拖曳着，拉车的牛被牵来拉去，难以前进，就如同一个人从上面受了"刺额涂墨"之刑后，又受到割鼻的酷刑，这是因为六三刚开始失位受困，而最终却有一个好的结果。

《象传》说："看见大车被吃力地拖曳着"，这是因为六三所处的位置不当所致；"没有好的开始，却有一个好的结果"，这说明六三因坚守心志，最终能得到上九阳刚的帮助。

九四，乖异背离的时运使自己孑然孤立，这时遇到了刚强的大丈夫，二人秉持诚信，相互交流，虽然有危险也不会产生灾祸。

《象传》说："相互之间以诚信交流就没有过错"，那么，异中求合的志向就能得以实行。

六五，悔恨消逝。与之相应的宗亲犹如噬柔咬脆一样容易亲和，就此前往有什么祸害呢？

《象传》说："与之相应的宗亲犹如噬柔咬脆一样容易亲合"，这样前往则必有吉庆。

上九，乖异背离至极，孤独狐疑，恍惚看见猪背上沾着一身污泥，又仿佛看见一辆大车满载着鬼怪奔驰，先张开弓箭欲射，后来又放下了弓矢；原来那不是强寇，而是来与己婚配的人；若前往遇到雨天就会吉祥。

《象传》说："前往遇到雨天就会吉祥"，这是因为上九的疑团会因此消逝。

䷦ 蹇卦

蹇①：利西南，不利东北②；利见大人③，贞吉。

《彖》曰：蹇，难也，险在前也④。见险而能止，知矣哉⑤！蹇，"利西南"，往得中也⑥；"不利东北"，其道穷也；"利见大人"，往有功也⑦；当位"贞吉"，以正邦也⑧；蹇之时用大矣哉！

《象》曰：山上有水，蹇⑨。君子以反身修德⑩。

【注释】

①蹇（jiǎn）：卦名，艮下☶坎上☵。下艮为山，上坎为险。艮阻坎险，成险阻之象，象征着行旅中的艰难困苦。《蹇》之难，表面上看是行道之难，实际上，更多的意义则是治国理政之难，故《象传》以"利见大人"、"以正邦"、"往有功"传解卦象。历史上往往是"或多难以固其国，启其疆土；或无难以丧其国，失其守宇"（《左传·昭公四年》）。尽管有"险在前"、"其道穷"之难时，也有"往得中"、"往有功"、"贞吉"、"正邦"之"大用"。这些道理不仅演绎着中华民族的历史，而且也反映着这个民族"多难兴邦"的坚韧精神。

②利西南，不利东北:《易纬·乾凿度》曰:"坤位在西南。"坤为地，行路之人取道平地则顺利。艮在东北，艮为山，跋涉于高山则险。

③大人：指九五,九五当位居正。

④险在前：上卦为坎，坎为险，在艮之前。

⑤见险而能止，知矣哉：艮为止，在坎下，遇险则止即为有智。知，同"智"。

⑥得中：指九五为乾，来居坤中而得位。

⑦往有功：指六二若前往就会遇上九五,九五为大人。

⑧以正邦：指九五当位居正，君临天下，故能"正邦"。

⑨山上有水，蹇：艮为山，坎为水。山上有水，水不

能下流，人不能上行，故曰"蹇"。

⑩君子以反身修德：水本应在山下，而《蹇》之水则
在山上，君子观此，知水终必返于山下，而人在遇
难时，也应反躬自省，修德以济险难。

【译文】

《蹇》卦象征着征途艰难：有利于西南，不利于东北；
有利于出现大人，做事吉利。

《彖传》说："蹇"，就是指行路艰难，因为坎险就在前
面。遇见险难而能停下来，真可谓明智之举！"蹇"，有利
于往西南方向的平地走，这是因为西南会得中适宜；"不利
于往东北方向走"，这是因为山前有险，道路至于穷途不
通；"有利于出现大人"，因为在危难之时出现"大人"就
会建立功业；九五当位守正、吉祥，能够以正道治理邦国；
这说明世道艰难时，"大人"的作用是多么的重大啊！

《象传》说：在险峻的高山有积水，这象征着行走艰
难。君子因此而知要反躬自省，修养德行。

初六，往蹇①，来誉②。

《象》曰："往蹇来誉"，宜待也。

六二，王臣蹇蹇③，匪躬之故④。

《象》曰："王臣蹇蹇"，终无尤也。

九三，往蹇⑤，来反⑥。

《象》曰："往蹇来反"，内喜之也。

六四，往蹇，来连⑦。

《象》曰："往蹇来连"，当位实也。

九五，大蹇⑧，朋来⑨。

《象》曰："大蹇朋来"，以中节也。

上六，往蹇，来硕⑩，吉，利见大人⑪。

《象》曰："往蹇来硕"，志在内也⑫；"利见大人"，以从贵也⑬。

【注释】

①往蹇：初失位无应，往而历坎之险，故曰"往蹇"。

②来誉：初变而得位，再以初阳去比二阴，应六四，众爻皆正，故一变而得众爻之誉。

③王臣蹇蹇：六二上应九五，九五为王，六二在下为臣。六二至六四成坎，六四至上六成坎，故二要上应九五，就须经历二坎之险，故曰"蹇蹇"。

④匪躬之故：六二上应九五，非为己应，实为公应。躬，自己。

⑤往蹇：九三与上六应，然前有坎卦，坎为险，故曰"往蹇"。

⑥来反：三处在艮上，艮为止。进而历险，不如退而止于艮。

⑦往蹇，来连：六四往则无应，处于两坎之间，故往来皆难。连，艰难。

⑧大蹇：《蹇》卦中，唯九五独居坎中，比较它爻而言难更大。

⑨朋来：九五居正君位，又与六二相应，有朋来相助。

⑩往蹇，来硕：上六处难终之地，不宜更有所往，往

则难长而无所止。归来则应于三，有大功。硕，大。三阳为大。

⑪利见大人：上六处穷险之地，往则"蹇"，来则"硕"，当下附于九五之君。

⑫志在内：上与三应，三在内卦。

⑬以从贵：上六归来则顺从于九五，九五为阳，为贵。

【译文】

初六，往前行走会遇到艰难，返身归来则会得到赞誉。

《象传》说："往前行走会遇到艰难，返身归来则会得到赞誉"，这说明初六应当等待时机。

六二，君王的臣子往来艰难，但是，他不是为了自己，而是为了社稷。

《象传》说："君王的臣子往来艰难"，最终是不会有什么过错。

九三，往前行进有艰难，就回到原处。

《象传》说："往前行进有艰难，就回到原处"，这是内卦的二阴爻欢喜的事。

六四，往前走会遇到艰难，归来又遭遇艰难。

《象传》说："往前走会遇到艰难，归来又遭遇艰难"，（若不往来）六四当位有实。

九五，在遇到很大的艰难时，朋友们纷纷前来相助。

《象传》说："在遇到很大的艰难时，朋友们纷纷前来相助"，这说明九五仍然保持着中正的气节。

上六，往前行会遇到艰难，归来则能建立大功，吉祥，有利于出现大人。

《象传》说："往前行会遇到艰难，归来则能建立大功"，这说明上六的志向在于居于内卦的九三；"有利于出现大人"，因为归来就可以顺从尊贵的九五之君。

䷧ 解卦

解①：利西南②。无所往，其来复吉③；有攸往，夙吉④。

《彖》曰：解，险以动，动而免乎险⑤，解。"解，利西南"，往得众也⑥。"其来复吉"，乃得中也⑦。"有攸往夙吉。"往有功也⑧。天地解而雷雨作，雷雨作而百果草木皆甲坼⑨。解之时大矣哉⑩！

《象》曰：雷雨作，解。君子以赦过宥罪⑪。

【注释】

①解：卦名，坎下☵震上☳。如果说《蹇》以静止而免难，那么，《解》则以震动而免于难。从整个卦象看，雷动于上，雨施于下，因而六爻之关键皆系于一个"动"字。

②利西南：初六本与四应，然失位无应，若与四相易位，则上成坤，坤为西南，各得其正以相应，故有利。

③无所往，其来复吉：九二在坎险之中，失位不正，本应有所往，然往则入于坎险之中（六三至六五成坎象），故与其往而入险，不如守中。

④有攸往，夙吉：指六五尊居震中而为震主，早震动则可纾解各方之难。

⑤险以动，动而免乎险：内卦为坎，坎为险，外卦为
　　震，震为动；动在险外，故曰"动而免乎险"。
⑥往得众：初与四易位则上变成坤，坤为众。
⑦得中：指九二爻，前往与六五易位，易则二者各居
　　中而正。
⑧往有功：六五失位，九二前往易位则能使其正，则
　　君得位。
⑨甲：指草木出生于地上。坼（chè）：破裂。
⑩解之时大矣哉：上卦为震，为雷，下卦为坎，为
　　雨。雷以动之，雨以润之。万物生长都依靠"动"、
　　"润"的舒解功效。
⑪君子以赦过宥（yòu）罪：按《象传》以雷比刑，以
　　雨比德泽。雷动于上，雨降于下，比喻刑罚之下有
　　德泽。君子观此则知"赦过宥罪"为"解"之大义。
　　宥，宽宥，宽恕。

【译文】

　　《解》卦象征着解脱：有利于西南众庶之地。没有危难
就不必前往，回复到原来的住地就吉利；若有危难必须前
往，早行会得到吉利。

　　《彖传》说：舒解危难，需要在危险中的英勇行动，因
为英勇的行动而免除了危险，这就是"解"。"舒解危难，
有利于前往西南众庶之地"，因为前往就会解放众人并得到
众人的支持。"回复到原来的住地就吉利"，这是因为回复至
原位就会处中得正。"若必须前往，则早行会得到吉利"，这
是因为前往会建立功业。天地舒解就有雷雨兴起，雷雨兴

起时百果草木的种子就会萌芽生长，破土而出。舒解时的功效是多么的伟大啊！

《象传》说：雷雨兴起，（百果草木）就会从土地中"舒解"出来。君子因此赦免别人的过失，宽宥他人的罪恶。

初六，无咎①。

《象》曰：刚柔之际，义无咎也。

九二，田获三狐，得黄矢，贞吉②。

《象》曰：九二贞吉，得中道也。

六三，负且乘③，致寇至，贞吝。

《象》曰："负且乘"，亦可丑也；自我致戎，又谁咎也？

九四，解而拇，朋至斯孚④。

《象》曰："解而拇"，未当位也。

六五，君子维有解，吉⑤，有孚于小人。

《象》曰：君子有解，小人退也。

上六，公用射隼于高墉之上⑥，获之，无不利。

《象》曰："公用射隼"，以解悖也。

【注释】

①无咎：初六柔弱在下，虽失位，然能与九四相交，交而易位，则变正得位。

②田获三狐，得黄矢，贞吉：二动而变则互艮，艮为狐。下卦为坎，坎为弓矢。故有田猎得狐之象。田，打猎。三，三为成数，举三而言，泛指"多"。

黄，为中和之色，在古代象征着中正合和之德。

③负且乘：二变则二至四成艮，初至三则为坤，艮为背，坤为舆，故有"负且乘"之象。负，背负。

④解而拇，朋至斯孚：九四失位不正，与三相比，三从下来附，就如拇指附之于足。然四本有应在初，若三为之"拇"，则失初之应，所以必须先"解其拇"，然后朋至而信。而，你，你的，这里指六四。拇，足之大指。

⑤君子维有解，吉：六五居中处尊，下应九二，因而能舒解危难。

⑥公用射隼（sǔn）于高墉（yōng）之上：二至四为离，离为朱雀，以象恶鸟，六三在离中，故为隼。下卦为坎，坎为弓矢。上六临之，有射隼之象。隼，一种猛禽。墉，城墙。

【译文】

初六，没有什么罪过。

《象传》说：阳刚与阴柔相交之际，其中的道理是没有什么过错的。

九二，打猎时捕获了好几只狐狸，并获得金黄色的箭矢，做事很吉利。

《象传》说：九二之所以做事吉祥，就在于他能居中而上应于五，因而能得其中正之道。

六三，身负财物而乘坐大车，这样就会招致强寇来劫掠，做事会遇到困难。

《象传》说："身负财物而乘坐大车"，这种行为本身也很丑恶；由于自己的错误而招致兵戎之难，这又能归咎于谁呢？

九四，解除依附在你足上的拇指，你的朋友就会来到你身边，并相信你。

《象传》说："解除依附在你足上的拇指"，这是因为你所处的位置不当。

六五，君子能够舒解危难，就是吉利的，以君子之道舒解危难，小人也会信服。

《象传》说：君子舒解危难，小人则退缩不前。

上六，王公用箭射下了栖落在高城墙上的恶隼，猎获它，没有什么不利。

《象传》说："王公用箭射下了栖落在高城墙上的恶隼"，这说明上六是在舒解悖逆者造成的危难。

䷨　损卦

损①：有孚，元吉，无咎②，可贞③，利有攸往④。曷之用？二簋可用享⑤。

《彖》曰：损，损下益上，其道上行⑥。损而有孚⑦，元吉，无咎，可贞，利有攸往。曷之用？二簋可用享。二簋应有时，损刚益柔有时⑧：损益盈虚，与时偕行。

《象》曰：山下有泽，损⑨。君子以惩忿窒欲⑩。

【注释】

①损：卦名，兑下☱艮上☶，象征着"减损"。初九

应六四,九二应六五,下为阳实,上有阴虚,以实应虚,故卦以损下益上、损刚益柔之象,实现了《损》物之实以"修德"的理想。《易·系辞》曰:"《损》,德之修也。"损必有所失,然君子"损"不乱志而"修其德",故《损》卦虽名之"损",卦中六爻不仅无"凶",而且六五得以"元吉"。又,臣事君要损身,下事上要损食,子事父母须损力,上之所益,即下之所损。《损》卦通过"损下益上"的方式,一方面培养坚贞利人的品德,另一方面实现一种上下有别的秩序。

②有孚,元吉,无咎:让人们去接受"损"是一件很难的事,但是有所损必有所益。损下益上时,只有心存诚信,才能"元吉,无咎"。

③可贞:艮为少男,兑为少女,艮在上,而兑在下,上下皆正。

④利有攸往:二失位,所应在五,五也失位,若往而易之,则成《益》卦,且皆得位中正。

⑤二簋:上为宗庙,上据二阴,阴虚能受,则二阴象二簋。簋,陶土制成的古代食器。享:祭祀。

⑥损下益上,其道上行:按《损》之卦象,坤之上六下处乾三,乾之九三上升坤六,损下之乾阳以益于上,阳气上行。

⑦损而有孚:损为益上,心须有诚。孚,诚信。

⑧损刚益柔有时:损之道不可以常,须以时,损非其时则不得其"益"。

⑨山下有泽，损：上艮为山，下兑为泽，泽愈深而山愈高，这正符合损下益上的道理。

⑩君子以惩忿窒欲：艮不止，三至五互为坤，坤虚而受，受之以兑，兑为口。君子知"忿"止忿。知欲而"窒欲"。惩，止住。忿，同"愤"。窒，堵塞，窒息。

【译文】

《损》卦象征着减损：心存诚信，大为吉祥，没有灾难，有利于有所前往。减损之道用什么来体现呢？（只要内心真诚）二簋淡食就可以用来祭祀。

《彖传》说：所谓"损"，就是要损减于下，增益其上，其道理就是处于下者要奉献于上。在有所减损时能够心怀诚信，就会大为吉祥，没有过错，可守持正道，有利于有所前往。减损之道将何以用之呢？二簋淡薄的食物就可以用于祭祀。但是，奉献二簋淡薄之食物应有合适的时间，减损阳刚以增益阴柔也应有一个合适的时间：世上的减损、增益、盈满、亏虚要符合事物发展的规律，必须在相应适宜时间共同前进。

《象传》说：高山之下有水泽，象征着减损。君子因此而抑止愤怒，堵塞邪恶的欲望。

初九，已事遄往①，无咎。酌损之。

《象》曰："已事遄往"，尚合志也。

九二，利贞，征凶，弗损益之②。

《象》曰：九二利贞，中以为志也。

六三，三人行，则损一人③，一人行，则得其友④。

《象》曰：一人行，三则疑也。

六四，损其疾，使遄有喜⑤，无咎。

《象》曰："损其疾"，亦可喜也。

六五，或益之十朋之龟，弗克违⑥，元吉。

《象》曰：六五元吉，自上佑也。

上九，弗损益之⑦，无咎，贞吉，利有攸往，得臣无家⑧。

《象》曰："弗损益之"，大得志也。

【注释】

①已事遄（chuán）往：与其他各爻比较，唯初与四当位有应，具备着损下益上的条件，故曰"已事"。既然"已事"，就当迅速前往，故曰"遄往"。已，完毕。遄，疾速。

②利贞，征凶，弗损益之：二与五俱失位有应，二上至五易位则当位居正，未损而有益。

③三人行，则损一人：因损道上行，在六三上行与上九相应时，就有其他二阴同行，但是，上只与三应，故只有一人能损而益上，其余二阴则无损。三人，指自三以上的三个阴爻。

④一人行，则得其友：六三一人上行，则与上九相应为友。

⑤损其疾，使遄有喜：六三至六五互成坤象，坤为阴，"四多惧"又在阴中，故有"疾"象。初九自损而

二三二

"遄往"，六四当位，以柔纳刚，以"损其疾"。疾不能久，故速愈有喜。

⑥或益之十朋之龟，弗克违：艮内虚而外实，其形象龟，古人以龟为宝，十朋之龟，实为大宝，故不可拒绝。十朋，西周以贝为货币，十贝为一朋。克，能够。违，拒绝。

⑦弗损益之：上九处"损"之极，艮之终，使损之道在此终止，损终反益，故云。

⑧得臣无家：上九秉持阳刚之德，为众阴所归，故"得臣"。得臣则天下为一，故曰"无家"。

【译文】

初九，已经具备损下益上的条件，就应当迅速前往，那样才不会有过失。（损下益上时）应当酌情所损之多少并考虑到时间因素。

《象传》说："已经具备损下益上的条件，就应当迅速前往"，这是因为初阳上合于"益四"之志。

九二，利于守持正道，出征则会有凶险，不用减损自己就能达到益上之目的。

《象传》说：九二之所以利于守持正道，就在于他以居中处正作为自己的志向。

六三，三人出行，损失了一人，一人出行，得到了朋友。

《象传》说：一人独自出行能专心致志，而三人同行会因意见不一致而疑惑。

六四，减损其疾病，迅速地接纳上行的阳刚之气以使其病愈是一件可喜的事，没有什么灾祸。

《象传》说："减损其疾病"，说明六四接纳初九的阳刚之气有了十分可喜的结果。

六五，有人献上价值"十朋"的大宝龟，不能拒绝他，大为吉祥。

《象传》说：六五之所以能大为吉祥，是因为他承受了上天的佑助。

上九，不用自我减损就能使他人受益，没有灾祸，做事会获得吉祥，有利于有所前往，因为得到广大臣民的拥护就不再是一己之家了。

《象传》说："不用自我减损就能使他人受益"，这说明上九使自己的心志大获成功。

䷩ 益卦

益①：利有攸往②。利涉大川③。

《彖》曰："益"，损上益下，民说无疆④；自上下下，其道大光；"利有攸往"，中正有庆；"利涉大川"，木道乃行⑤；益动而巽⑥，日进无疆⑦；天施地生，其益无方⑧。凡益之道，与时偕行。

《象》曰：风雷，益。君子以见善则迁，有过则改⑨。

【注释】

①益：卦名，震下☳巽上☴。卦下多阴，卦上多阳，阴虚阳实，阳以实授之，阴以虚承之，象征着"增益"。《损》以"损下益上"，而《益》则"损上益

下"。范仲淹认为："损上则益下，益下则固其本。"
（《范文正集·易义》）所以卦中上三爻以损而得益，
下三爻以守正而受益。由此来看，人处益道时，须
持有善念。故《象传》要求君子能"见善则迁，有
过则改"。

②利有攸往：震为出，巽为令。令出则必有行，又动
而入，故曰"利有攸往"。

③利涉大川：坤为川，初九得位，动而上行以应四，
故曰"利涉大川"。

④损上益下，民说无疆：九五居上，下应六二，"损上
益下"，所益广大。

⑤木道乃行：上卦为巽，巽为木，木在坤上，故曰
"木道乃行"。

⑥动而巽：下卦为震为动，上卦为巽，故曰"动而
巽"。

⑦日进无疆：下卦为震为雷，上卦为巽为风。以雷动
之威，风行之速，则"进无疆"。

⑧天施地生，其益无方：天道无私，无所不益，不分
地域、物类。施，予也。方，类。

⑨君子以见善则迁，有过则改：六二、九五皆当中正
之位，故为君子。六三失位于君子之位，然远能亲
九五，近能比合六二、六四。迁，迁移。

【译文】

《益》卦象征着增益：有利于有所前往，有利于涉越过
大的河流。

《彖传》说："增益"，就是要减损于上，增益于下，这样民众就会有无边无际的欢悦。从上面将恩惠降到下面的臣民，这样，为君之道也就发扬光大了；"有利于有所前往"，这说明位居中正的九五必有大的喜庆；"有利于涉越过大的河流"，这说明乘舟之木已在水面行驶；增益是以雷震动而巽风来入的方式进行的，所以每日都会增进无限的疆域；上天广施恩惠，大地才能生出万物，而来自上天的恩惠是遍布万方的。凡是增益的道理和方法，是顺应于合适的时间而共同进行的！

《象传》说：风吹雷动，象征着"增益"。君子看见美好的行为就心向往之，有过错就迅速改正。

初九，利用为大作①，元吉，无咎。

《象》曰："元吉无咎"，下不厚事也。

六二，或益之十朋之龟，弗克违，永贞吉②。王用享于帝③，吉。

《象》曰："或益之"，自外来也。

六三，益之用凶事，无咎④。有孚中行，告公用圭⑤。

《象》曰："益用凶事"，固有之也。

六四，中行⑥，告公从⑦，利用为依迁国⑧。

《象》曰："告公从"，以益志也。

九五，有孚惠心，勿问元吉⑨。有孚惠我德⑩。

《象》曰："有孚惠心"，勿问之矣；"惠我德"，大得志也。

上九，莫益之，或击之⑪。立心勿恒，凶⑫。

《象》曰："莫益之"，偏辞也；"或击之"，自外来也。

【注释】

①利用为大作：初九处《益》之始，居震之初，当位有应，故利于"大作"。

②或益之十朋之龟，弗克违，永贞吉：六二至六四成坤，坤为地，地为十。六三至九五互艮，艮为龟。因六二以阴处下，处中当位，为臣位，故受益。

③王用享于帝："帝出乎震"，二在震中，上与五应，五为王，故有此象。帝，天帝。

④益之用凶事，无咎：六三失位不正，不应受益，若受益而救凶则"无咎"。凶事，指救灾平凶之事。

⑤有孚中行，告公用圭：都是强调六三要以诚信中正之心受益而救"凶"。中行，中正平和的行为。圭，古代祭祀天地、神灵的玉器。

⑥中行：四在震，居于卦中，震为行，故曰"中行"。

⑦告公从：公，指六四。从，即应而从之。初与四应，故曰"告公从"。

⑧利用为依迁国：四居坤位，坤为地为众。有地有众则有邦，故坤为邦国。四动而坤从，故曰"利用为依迁国"。迁，迁徙。

⑨有孚惠心，勿问元吉：九五在《益》卦中处于王位，本有施恩惠于下的美德，施惠有诚，则何须问"元

吉"。惠，施恩惠。

⑩有孚惠我德：我既以诚信惠物、惠人，则人也将以诚信、好惠反归于我。

⑪莫益之，或击之：上九处《益》之穷极之位，故有求益不已之贪，为众人所厌。莫，没有谁。之，这里代指上九。或，有的人。

⑫立心勿恒，凶：居心于贪则不能有平常心，故"凶"。立心，居心。恒，平常。

【译文】

初九，有利于做出大事业，大为吉祥，没有灾祸。

《象传》说："大为吉祥，没有灾祸"，这说明处在下位的初九没有承担过分沉重的劳役（所以能够"为大作"）。

六二，有人赠予价值"十朋"的大宝龟，不能拒绝，可以得到长久的吉祥。君王祭祀天帝，祈求降福，吉祥。

《象传》说："有人以十朋之龟增益六二"，这说明六二所得的增益是从外而来的。

六三，所得之增益应用于拯凶救难，就没有灾祸。心怀诚信，保持中正平和的行为，然后手持玉圭致意王公以求得信任。

《象传》说："所得之增益应用于拯凶救难"，这样才能牢固地保持住已得到的益处。

六四，以中正平和的心致意王公自己的顺从之心，就会有利于依附君王做出迁都这样的大事。

《象传》说："致意王公自己的顺从之心"，以增益其定国安邦之志。

九五，真诚地怀有施惠于民的心愿，就无需疑问是否会大为吉祥，天下人将会真诚地感念我的恩德。

《象传》说："真诚地怀有施惠于民的心愿"，就无需疑问是否"元吉"；"臣民感激我的恩德"，我的志愿就会大为成功。

上九，没有人增益他，有人攻击他。居心无常，有凶险。

《象传》说："没有人增益他"，这是因为上九独自发出求益之辞；于是"有人攻击他"，这是从外而来的攻击。

䷪ 夬卦

夬①：扬于王庭②，孚号有厉③，告自邑，不利即戎④，利有攸往⑤。

《彖》曰："夬"，决也，刚决柔也。健而说，决而和⑥；"扬于王庭"，柔乘五刚也⑦；"孚号有厉"，其危乃光也⑧；"告自邑，不利即戎"，所尚乃穷也⑨；"利有攸往"，刚长乃终也。

《象》曰：泽上于天，夬⑩。君子以施禄及下，居德则忌。

【注释】

① 夬（guài）：卦名，乾下☰兑上☱。《夬》之卦象本义在于"果决"，但是，五阳的"果决"并没有为他们赢得吉利，因此卦中的五阳爻中无一吉，这实在是说明了"小人难养"的困苦与无奈。当然，将要被铲除的"小人"也定然是在劫难逃。在五阳与

一阴的决斗中，双方均不得安宁，故《夬》卦实在是一个杀气腾腾的卦。一个小人使五个君子如此受难，可悲的是，这种情况并非仅存于《夬》卦中，现实生活中更是不乏其例。

②扬于王庭：王道荡荡，磊落无隐，以五君子决一小人，无须隐。扬，传扬。

③孚号有厉：与小人"决"本来就是件危险的事，而二辅五以决小人，二也失位，故自警其事。孚，诚信。号，号令。厉，危险。

④告自邑，不利即戎：九五为王，有众阳辅之，故治邑当以号令告之即可，若用刚动武，必有不利。即戎，从戎。

⑤利有攸往：众阳消一阴，故云。

⑥健而说，决而和：《夬》下卦为乾，乾为健，上卦为兑，兑为悦。刚健能决，兑悦能和。

⑦柔乘五刚：指上六之阴柔在五位阳爻之上。

⑧其危乃光：五阳决一阴，君子除危，小人为危，则其道德能光大。

⑨尚：崇尚。指君子所崇尚的"健而说，决而和"的"夬"道。

⑩泽上于天，夬：上卦兑为泽为水，下卦乾为天。泽水在天，乾阳决之使之为雨，故谓之"决断"。

【译文】

《夬》卦象征着决断：在王庭上发挥阳刚之德与小人决断，怀着诚信号令众人戒备危险，从城邑号令告知即可，不利于发兵作战，有利于有所前往。

《彖传》说："夬"，就是决断，以五阳刚与一阴爻决断。刚健而又和悦，刚健能断，兑说（悦）能和；"在王庭上发挥阳刚之德与小人决断"，这是因为有一阴柔小人凌驾于五位阳刚之爻上；"怀着诚信号令众人戒备危险"，那么，君子消除危险的道德就会光大；"从城邑号令告知即可，不利于发兵作战"，这是因为动武用兵就会使君子决断小人的道德穷尽；"有利于有所前往"，这说明以阳刚决断小人的"夬"道终有所成。

《象传》说：泽水化气上达于天，象征着决断。君子观此卦象，知道要像泽水下降于天一样，广施恩禄于下，如果使有德者居家而不食君禄，这是君子所忌讳的事。

初九，壮于前趾，往不胜为咎①。

《象》曰：不胜而往，咎也。

九二，惕号，莫夜有戎，勿恤②。

《象》曰："有戎勿恤"，得中道也。

九三，壮于頄，有凶③。君子夬夬独行④，遇雨若濡⑤，有愠无咎⑥。

《象》曰："君子夬夬"，终无咎也。

九四，臀无肤，其行次且⑦；牵羊悔亡⑧，闻言不信。

《象》曰："其行次且"，位不当也；"闻言不信"，聪不明也。

九五，苋陆夬夬⑨，中行，无咎⑩。

《象》曰："中行无咎"，中未光也。

上六，无号，终有凶⑪。

《象》曰："无号之凶"，终不可长也。

【注释】

①壮于前趾，往不胜为咎：初九在乾阳之下，其应在四，四失位在兑卦，兑为毁折，故有伤于足趾之象，则不宜前往。壮，通"戕"，受伤。

②惕号，莫夜有戎，勿恤：九二失位，变正则与四成巽，与初、与三则成离。巽为号令，离为戈兵、甲胄，故有兵戎之象。号，号令。莫，通"暮"。恤，担心，忧虑。

③壮于頄（kuí），有凶：九三独与上六应，上在兑极，兑为毁折，有伤且与小人应，故凶。頄，颧骨。

④君子夬夬独行：上六为阴，为小人，《夬》中众阳唯九三与之有应，故为独行。

⑤遇雨：上为兑，兑泽降水为雨。濡：淋湿。

⑥有愠：因独行且遇雨湿衣。无咎：自招之，故曰"无咎"。咎，归咎。

⑦臀无肤，其行次且（zī jū）：九四居位不正，处在兑下，兑为毁伤，有受笞杖之象，故曰"臀无肤"。伤则"其行趑趄"。次且，趑趄。

⑧牵羊悔亡：兑为羊，既有受刑之事，牵羊以献则可"悔亡"。

⑨苋（xiàn）陆：又名马齿苋，其草柔脆。夬夬：《正

义》曰"决之至易"。

⑩中行，无咎：指九五居中处正，有众阳为助而清除小人。

⑪无号，终有凶：上六居《夬》之极，以小人而居群阳之上，其凶非号咷所能免。

【译文】

初九，足趾的前端受伤，贸然前往则不能得胜，反而会导致灾祸。

《象传》说：不能胜利而有所前往，这样做是错误的。

九二，发出警惕的号令，尽管暮夜时分将有战事发生，也不必忧虑。

《象传》说："不要担心有兵戎之事"，因为九二得中正之道。

九三，颧骨受了伤，有凶险。君子坚决果断地独自出行，遇到雨天润湿了衣服，心中有气，但不可归罪于别人。

《象传》说："君子坚决果断地独自出行"，但最终没有什么灾祸。

九四，因失位不正，臀部被杖笞去了皮肤，趑趄难行；若牵着一只羊献给当权者，则悔恨就会消逝，但是，他没有听从此言。

《象传》说："趑趄难行"，这是因为九四居位不当；"没有听从智者的话"，这说明他的耳朵失聪。

九五，如斩断柔脆的苋陆草一样，刚毅果断地清除小人，居中行正，则没有过错。

《象传》说："居中行正仅为没有灾祸"，这说明九五的中正之道尚未光大。

上六，不必号啕痛哭，因为小人最终也是难逃凶险。

《象传》说："不必号啕痛哭，小人最终也是难逃凶险"，这说明居于上六的小人势力是不可能再延长的。

䷪ 姤卦

姤①：女壮，勿用取女。

《彖》曰：姤，遇也，柔遇刚也②。"勿用取女"，不可与长也③。天地相遇，品物咸章也④。刚遇中正，天下大行也⑤。姤之时义大矣哉！

《象》曰：天下有风，姤⑥。后以施命诰四方⑦。

【注释】

①姤：卦名，巽下☴乾上☰。姤，遇也。阳动而阴静，阴不动而求阳，故曰"遇"。《姤》卦的卦辞、《彖传》、《象传》对"姤"的解释有所不同。卦辞曰"勿用取女"。初六以阴居阳，失位不正，上则消剥众阳，此其所以为"壮"。阳为男，阴为女，以一女遇合五阳，此其所以为淫，故戒之。《彖》则以"不可与长也"言其女壮之失，同时又能从天地相遇中，看出"品物咸章"、"天下大行"的好处。而《象传》"天下有风"的卦象则给圣人治国安邦以"天下大行"的启示，圣人从风行天下、无物不遇的作用中看到大行教化和诰命四方的政治力量。故此卦用之于大则吉，用之于小则不吉。

②柔遇刚:《姤》下卦为巽，巽为阴卦，又为一阴处下，阴柔上而遇五刚。

③不可与长:指初六失位不正，如一女壮而不正，故不能与之长久。

④天地相遇，品物咸章:《姤》自《乾》来，初六为阴，阴为坤。乾为天，坤为地，故《姤》处天地相遇之时、之地，此时为夏季，天下万物极兴旺繁荣。品，众多。咸，皆，都。章，通"彰"，显著。

⑤刚遇中正，天下大行:九五在上为君，九二处下为臣，二爻俱为阳爻居中正之位，君臣皆正，则天下政令"大行"。

⑥天下有风，姤:乾为天，在上，巽为风，在下。风能遍吹万物，也就能与万物相遇。

⑦后:天子，君王，这里指九五。命:号令，巽为号令。诰:帝王的文告，这里作动词，通告。

【译文】

《姤》卦象征着邂逅相遇:女子过分强壮，则不宜娶之为妻。

《彖传》说:"姤"，就是指相遇，譬如一个阴柔女子对付五位阳刚大男子。"不宜娶此女为妻"，这是因为不能与失位不正的女子长久相处。天地阴阳之气相遇在一起，万物都会昭彰显明地表现出来。阳刚遇合中正之位，天下的人伦教化就会大为畅行。如此来看，相遇之时的意义是多么的伟大啊!

《象传》说:天下刮着大风，风吹遍大地，无所不遇，这种情况就象征着"相遇"。君王因此而知发号施令，通告四方邦国。

初六，系于金柅，贞吉①。有攸往，见凶②，羸豕孚蹢躅③。

《象》曰："系于金柅"，柔道牵也。

九二，包有鱼④，无咎，不利宾⑤。

《象》曰："包有鱼"，义不及宾也。

九三，臀无肤，其行次且，厉，无大咎⑥。

《象》曰："其行次且"，行未牵也。

九四，包无鱼⑦，起凶。

《象》曰："无鱼之凶"，远民也。

九五，以杞包瓜⑧，含章⑨，有陨自天⑩。

《象》曰：九五含章，中正也；有陨自天，志不舍命也。

上九，姤其角⑪，吝，无咎⑫。

《象》曰："姤其角"，上穷吝也。

【注释】

① 系于金柅（nǐ），贞吉：因初六与九四应，初六失位，应而缚之，则系缚于九四，才能走正道。柅，塞在车轮下阻止启动的木块，即制动器，这里指九四。

② 有攸往，见凶：初六为阴，往至二则为《剥》，往则与众阳遇，有失身之嫌。

③ 羸（léi）豕孚蹢躅（zhízhú）:《姤》下为巽，巽

为绳，初六上应九四，必绳之以大索。羸，借为"累"，即绳索。孚，通"浮"，浮躁。蹢躅，同"蹰躇"，不安躁动、徘徊的样子。

④包有鱼：包，通"庖"，即厨房。巽为鱼。

⑤不利宾：二阳近初六，据之于己，故云。

⑥臀无肤，其行次且，厉，无大咎：《说卦》曰："巽为股。"三在巽上，故为臀。九三上无所应，下无所据，犹如臀之"无肤"。然九三得位居正，故虽有"厉"而终"无大咎"。

⑦包无鱼：初六为鱼，然已为九二所据，不及于己，故无鱼。

⑧以杞包瓜：杞，杞柳。包，包裹。瓜，巽为木，柔下为瓜。九五与九二应，九二在田，田中之果为瓜。

⑨含章：指九五居尊处中，内蕴中正之德。含，含藏。章，通"彰"，美质。

⑩有陨自天：乾为天，下应初六，至阳刚剥尽时，则果木陨落。

⑪姤其角：乾为首，上九位居首上，故称角。

⑫吝，无咎：相遇一角则有"吝"，动而得正则"无咎"。

【译文】

初六，系缚于刚强灵敏的制动器上，守持正道则吉。有所前往，则会有凶，像捆绑的牝猪一样躁动不安。

《象传》说："系缚于刚强灵敏的制动器上"，这是因为阴柔之道应有所牵系。

九二，厨房里只有一条鱼，没有什么过错，只不过不利于宴请宾客。

《象传》说："厨房里只有一条鱼"，按其礼义不能食及宾客。

九三，臀部被杖笞去了皮肤，趑趄难行，有危险，但是并没有大的灾祸。

《象传》说："趑趄难行"，这是因为九三的行为未受到牵制。

九四，厨房里没有鱼，就会因兴起争端而有凶险。

《象传》说："没有鱼而引起了凶险"，这是因为九四远离民众造成的后果。

九五，用高大的杞树叶庇护树下的甜瓜，这就像内心含藏有华彩彰美的品德，必然有可喜的遇合从天而降。

《象传》说：九五内含藏有彰美之质，这是因为他具有中正之德；有可喜的遇合从天而降，所以他矢志不违背天命。

上九，遇到的只是空荡荡的一角，心有悔吝，但终究是没有灾祸。

《象传》说："遇到的只是空荡荡的一角"，这是因为上九居于遇合极偏远处，故有悔吝。

䷬ 萃卦

萃①：亨，王假有庙②，利见大人③，亨利贞。用大牲吉④，利有攸往。

《彖》曰："萃"，聚也。顺以说⑤，刚中而应⑥，故聚也；"王假有庙"，致孝享也；"利见大人亨"，聚以正也⑦；"用大牲吉，利有攸往"，顺天命也⑧；

观其所聚，而天地万物之情可见矣。

《象》曰：泽上于地，萃。君子以除戎器，戒不虞⑨。

【注释】

①萃：卦名，坤下☷兑上☱。坤为地，质本在下，兑为泽，其性润下，同有趋下之德，萃聚一起，故卦名"萃"。《萃》有泽水润地之德，又有"顺以悦"情怀和"聚以正"态度。

②亨，王假有庙：亨，祭祀。王，指九五。假，到，至。

③利见大人：九五当位与六二有应，二阳处众阴之上，故云。

④大牲：下卦为坤，坤为牛，在古代牛为祭祀之"大牲"。

⑤顺以说：下卦为坤，坤为顺，上卦为兑，兑为悦。

⑥刚中而应：刚中，指九五，下应六二，故曰"刚中有应"。

⑦聚以正：九五为《萃》卦之主，居中处正，故而能使物聚之以正。

⑧顺天命：下坤为顺，九五为王、为天子，故曰"顺天命"。

⑨君子以除戎器，戒不虞：君子知凡物聚久则生变，故"除戎器"以戒备"不虞"。除，修理。戎器，兵器。虞，料想，预料。

【译文】

《萃》卦象征着会聚：祭祀时人物大聚集，此时君王至于太庙祭祀祖宗、天地，所以有利于见大人，亨通而有利于做事。用牛来作大的祭祀品，有利于有所前往。

《彖传》说："萃"，就是指聚集。下坤顺于上悦，九五以阳刚居中处正下应于六二之阴柔，故能使人物有聚集之象；"君王至于太庙"，向天地之神灵和祖宗致上孝敬的祭祀牲品；"有利于见大人进行祭祀"，人们会聚在一起是因为九五主持正道；"用大牲来作祭祀品会有吉祥，有利于有所前往"，这是因为处在下面的民众能顺应天道；君子观看万物聚集的道理，看到天地万物的本质。

《象传》说：泽水聚于地上，象征着"聚集"。君子观此象而修理兵器，以武力戒备不测之事。

初六，有孚不终①，乃乱乃萃②，若号③，一握为笑，勿恤，往无咎④。

《象》曰："乃乱乃萃"，其志乱也。

六二，引吉⑤，无咎，孚乃利用禴⑥。

《象》曰："引吉无咎"，中未变也。

六三，萃如嗟如⑦，无攸利。往无咎⑧，小吝⑨。

《象》曰："往无咎"，上巽也。

九四，大吉⑩，无咎⑪。

《象》曰："大吉无咎"，位不当也。

九五，萃有位⑫，无咎，匪孚⑬。元永贞，悔亡。

《象》曰："萃有位"，志未光也。

上六，赍咨涕洟⑭，无咎。

《象》曰："赍咨涕洟"，未安上也。

【注释】

①有孚不终：初本与九四应，因四以阳居阴，不当位，故疑四应三，故云。

②乃乱乃萃：因"乱"而"萃"。初六疑四应三，初六、九四皆失位，故有"乱"象。

③若号：初六既失位，动则有变，变则下卦为震，上卦为兑。震为动，兑为口，动口则为呼号。

④一握为笑，勿恤，往无咎：二至四互有艮，艮为手，故有"一握"之象。初变而正则与四各得其所，故有"笑"。变正而行，则往而"无咎"。

⑤引吉：六二得位居中，上与九五相应，中有六三、九四不得位，阻隔其中，故需牵引至九五。

⑥禴（yuè）：殷商时的春祭之名。

⑦萃如：指三、四皆失位不正而相聚。嗟如：以不正相聚，则有所忧患。

⑧往无咎：三与上应，上六失位无应，处《萃》极而忧，求友心切，故可往而"无咎"。

⑨小吝：因上六为阴，三也属阴，二阴相聚，不若一阴一阳之应，故有"小吝"也。

⑩大吉：指九四下有三阴爻顺承。

⑪无咎：指九四虽失位不正，然上承九五，下应于初六。

⑫萃有位：指九五处会聚之时，处尊得位。

⑬匪孚：九五所乘之爻四失位，以阳居阴，专权跋扈，使政令德化不能取信于民。

⑭赍(jī)咨涕洟：指上六处聚集之时，居于兑极，处于《萃》终，内无所应，远近无助，故哀叹流泪。赍，带着，怀着。咨，叹息。涕洟，痛哭流涕的样子。

【译文】

初六，心有诚信之德却不能持之以终，于是就心生疑乱；于是就与他人妄聚；若向自己的所应之爻六四呼号，则能与之握手欢笑，所以不必忧虑，前往没有灾祸。

《象传》说："心生疑乱而与他人妄聚"；这说明初六的心志已乱。

六二，被牵引到聚集之道中，这是吉祥的，没有什么过错，心怀诚信则有利于祭祀。

《象传》说："被牵引到吉祥聚集中是一件没有过错的事"，这是因为六二处中守正的意志没有改变。

六三，相聚而朋无应，故嗟叹连连，没有利益。但是，有所前往则不会有过错，唯有小的困难而已。

《象传》说："有所前往则不会有过错"，这是因为上巽有谦逊恭顺之德。

九四，大为吉祥，无有咎害。

《象传》说："大为吉祥而却只是无所咎害"，这是因为九四失位"不当"所致。

九五，聚集之时处尊得位，没有过错，但是尚未能取信于民。作为德之元首，应当永远守持正道，那么，悔恨就会消逝。

《象传》说："聚集之时处尊得位"，（这说明九五仅得其位）而聚集天下民众的意志并没有光大。

上六，带着咨嗟哀叹的声音痛哭流涕，可以免于灾祸。

《象传》说："带着咨嗟哀叹的声音痛哭流涕"，这因为上六不能安于《萃》上穷极之位。

䷭ 升卦

升①：元亨②，用见大人，勿恤③，南征吉④。

《彖》曰：柔以时升⑤，巽而顺，刚中而应⑥，是以大亨。"用见大人勿恤"，有庆也。"南征吉"，志行也⑦。

《象》曰：地中生木，升。君子以顺德，积小以高大⑧。

【注释】

①升：卦名，巽下☴坤上☷。巽为木，木在地中必有生长上升之势，故曰"升"。巽为入，坤为顺，入为《升》卦的基本前提，顺是《升》卦的有利条件，入与顺共同形成《升》卦的本质特征。《升》蕴涵着地中生木的情境，卦辞以"南征吉"来喻指生命需要阳光的温暖。《象传》以"柔以时升"来说明"升"因时来，不能强求。从卦象上看，生长是一个持续不断的过程，也是一个积小成大的过程，所以卦中六爻皆有向上演进的情境。总体而言，"升"因符合天道自然，基本没有不好的爻象。

②元亨：巽为入，坤为顺，入而顺，故元亨。

③用见大人，勿恤：因五失位在坤，四、上皆阴柔晦

暗，出现大德之人才"勿恤"。

④南征吉：南方为火。坤道阴暗，上卦过于阴柔，故宜征南方光明之地。

⑤柔以时升：草木的生长是以季节的变化而变化的。下卦巽为阴卦，故曰"柔"。

⑥刚中而应：九二虽失位，然有六五相应。刚中，指九二。

⑦志行：指九二不得位，动变而上行，则上应五，五在坤，坤为顺，征而入顺。

⑧君子以顺德，积小以高大：据卦象而言，升有"顺"德而后升。木生由小到大，人做事也要从小事做起，然后才能成就大业。

【译文】

《升》卦象征着上升：大为亨通，宜出现大人，无须担忧，向光明的南方行进就能获得吉祥。

《彖传》说：柔顺的草木按照时节生长、上升，这是因为《升》卦的卦象是以谦和的巽卦在下而柔顺的坤卦在上组成的，而且，上升时会刚中而有应，所以大为亨通。"此时会出现大人无须担忧"，因为出现"大人"是一件值得庆贺的事。"向光明的南方行进就能获得吉祥"，这是因为只有如此，巽木生长、上升的目的才能成功。

《象传》说：地中生长出草木，这种情境象征着"上升"。君子以"顺"为美德，积累小善以成就崇高伟大的事业。

初六，允升，大吉①。

《象》曰："允升大吉"，上合志也。

九二，孚乃利用禴②，无咎。

《象》曰：九二之孚，有喜也。

九三，升虚邑③。

《象》曰："升虚邑"，无所疑也。

六四，王用亨于岐山④，吉，无咎⑤。

《象》曰："王用亨于岐山"，顺事也。

六五，贞吉⑥，升阶⑦。

《象》曰："贞吉升阶"，大得志也。

上六，冥升，利于不息之贞⑧。

《象》曰：冥升在上，消不富也。

【注释】

①允升，大吉：初六为巽主，然居下柔弱，上无所应，不能单独上升，须与二、三之阳同为一体才能上升。同志上升，故曰"大吉"。

②孚乃利用禴：九二升于五，至上卦有坎象，"坎为豕"，较之大牲牛，其祭则微薄，然九二以阳居中，刚中而诚信，故"利用禴"。

③升虚邑：阳实阴虚，三上为坤，坤有城邑之象，九三以阳刚亢进阴虚，如入空城。

④王用亨于岐山：六四当位居正，位有侯象，祭祀于岐山以明事王之心志。王，指周王。亨，通"享"，祭祀。岐山，在今陕西岐山县东北。

⑤吉，无咎：顺而事上，虽无应于下，然能率众阴以

升，故云。

⑥贞吉：六五本为阳刚中正之位，有应于九二，待其
　上升则互为中正。

⑦升阶：坤为土，古之阶梯土筑而成，故坤有土阶之
　象。九三至六五互有震象，震为足、为动，动而
　行，故曰"升阶"。

⑧冥升，利于不息之贞：上六处《升》之终，坤之极，
　坤阴为"冥"。有九三上应，故曰"冥升"。九三
　如一阳光明来入黑夜，故曰"利于不息之贞"。冥，
　昏暗。

【译文】

初六，宜于上升，大为吉祥。

《象传》说："宜于上升，大为吉祥"，这说明初六的上
升符合二、三的心志。

九二，若心存诚信，即使是祭品微薄也能达到祭祀的
目的，没有灾祸。

《象传》说：九二的诚信，会给他带来喜庆。

九三，上升顺利如处空虚之城邑。

《象传》说："上升顺利如处空虚之城邑"，没有什么可
疑惑的。

六四，君王来到岐山祭祀神灵、祖宗，吉祥，没有
过错。

《象传》说："君王来到岐山祭祀神灵、祖宗"，这说明
六四要顺从天道，建功立业。

六五，做事吉祥，如沿着阶梯步步上升一样。

《象传》说："做事吉祥，如沿着阶梯步步上升一样"，这说明六四大得其上升的心愿。

上六，在昏暗中上升，有利于永不停息地生长。

《象传》说：在昏暗中仍继续上升，就会消除虚而不富的情况。

䷮ 困卦

困①：亨②。贞大人吉，无咎③。有言不信④。

《彖》曰："困"，刚掩也⑤。险以说，困而不失其所亨⑥，其唯君子乎！"贞大人吉"，以刚中也⑦；"有言不信"，尚口乃穷也⑧。

《象》曰：泽无水，困⑨。君子以致命遂志⑩。

【注释】

①困：卦名，坎下☵兑上☱。就卦象来看，九二困于两阴之中，陷而入险，此为一困；六三至上六成大坎之象，困九五于其中，此为二困；九四不当位，动则变，变则上卦成坎，仍然陷九五于险中，此其三困；水困于泽下而不能出，此为四困。"刚掩"而困，"尚口乃穷"。这是《困》象的主要内容，也是它的主要特征及君子所以遭困受穷的根本原因。人皆有受困之时，圣人以《困》卦来警戒世人，越是困穷就越能考验人的意志与品格。

②亨：卦虽为困，然卦中阴阳相感而通，故亨通。

③贞大人吉，无咎：大人，指九五，以阳刚居中处正，

虽九二失位无应，然待其历险而至，则变而有应。

④有言不信：兑为口，有言语之象。乾为天，天道有信。兑成则乾道毁。

⑤刚掩：二、五皆承柔，为阴柔所遮掩。

⑥险以说，困而不失其所亨：《困》下为坎，坎为险，上为兑，兑为悦。历险而上至于愉悦之境，唯君子能如此而不失其所亨。

⑦以刚中：指九二、九五，以阳刚居卦中。

⑧尚口：多言。

⑨泽无水，困：水本应在泽上，而《困》则水在下，故有水困于泽下之象。

⑩致命：牺牲生命。遂志：实现志向。

【译文】

《困》卦象征着困穷：亨通。对于有德的大人而言，将是吉祥的，没有灾祸。在困难的时候有所言，未必能受到人的信任。

《彖传》说：所谓"困穷"，就是指阳刚为阴暗所遮掩。面临着险境而心中愉悦，因而不会失去亨通的前景，这样的胸襟和气度大概只有君子才能做到！"对于有德的大人将是吉祥的"，因为作为大人的九五以阳刚之德居于中正之位；"有所言未必能受到人的信任"，这说明崇尚言辞会导致困穷之难。

《象传》说：泽上无水，象征着困穷。君子在此时应当以不惜牺牲生命的坚强意志去实现自己崇高的志向。

初六，臀困于株木①，入于幽谷②，三岁不觌③。

《象》曰："入于幽谷"，幽不明也。

九二，困于酒食④，朱绂方来，利用享祀⑤。征凶，无咎⑥。

《象》曰："困于酒食"，中有庆也。

六三，困于石⑦，据于蒺藜⑧，入于其宫⑨，不见其妻⑩，凶。

《象》曰："据于蒺藜"，乘刚也。"入于其宫，不见其妻"，不祥也。

九四，来徐徐⑪，困于金车⑫，吝，有终。

《象》曰："来徐徐"，志在下也。虽不当位，有与也。

九五，劓刖⑬，困于赤绂，乃徐有说⑭，利用祭祀⑮。

《象》曰："劓刖"，志未得也；"乃徐有说"，以中直也；"利用祭祀"，受福也。

上六，困于葛藟⑯；于臲卼⑰。曰动悔有悔⑱，征吉⑲。

《象》曰："困于葛藟"，未当也；"动悔有悔"，吉行也。

【注释】

①臀困于株木：初应于四，四为三所困，故云。九四互巽，巽为股，四在股上，故为"臀"。株木，枯木，泽上无水则树枯。

②入于幽谷：初六在坎初，犹在水下，故有"幽谷"
之象。

③三岁不觌：阳数为三，阳为阴所掩，又坎初至末有
三爻，故曰"三岁"。觌，显示，出现。

④困于酒食：九二在中，有主内之职，位居坎中，坎
有酒食之象。

⑤朱绂（fú）方来，利用享祀：九二本应上应九五，因
失位不正，不能上应，动而变则上应九五，九五为君
王，应则受命于王而主持祭祀。朱，大红色。九二
至九四互有离象，离为火，为赤红色。绂，主持祭
祀时穿着的祭服。六三至九五互有巽，巽为绳，类
如绂带之物。

⑥征凶，无咎：九二在坎险中，征而不利，然以阳居
中，且有朱绂之庆，故无咎。征，互卦为离，离有
甲胄之象，有兵象。

⑦困于石：六三失位，又被失位之四所据，二变正时
四在艮，艮为石，故曰"困于石"。

⑧据于蒺藜（jílí）：六三欲下附于二，二也居位不正，
互为巽，巽为木，木刚为"刺"，故云。据，抓，
执。蒺藜，一种多刺植物。

⑨入于其宫：六三至九五互有巽象，巽为入。艮伏于
巽，艮为宫室。宫，居室。

⑩不见其妻：兑为女，为妻，兑在上，六三失位，上
无所应，故曰"不见其妻"。

⑪来徐徐：九四有应于初，然为九二所阻，又要历坎

险而至，故缓缓而来。

⑫金车：指九二。九二以阳居阴，刚德过盛，位居坎中，坎为车。九二至九四互有离象，离为日，呈金黄色。

⑬劓刖（yìyuè）：《困》上为兑，兑主刑罚。兑象伏艮，艮为鼻，伏而不现，故有劓刑。又九五在互巽之上，震伏巽中，震为足，伏于巽则不见足，故有刖刑。劓，削鼻之刑。刖，断足之刑。

⑭乃徐有说：九五本应于二，然二失位不正，难与有应，待二变而为正则有应得脱。兑为说，说，通"脱"。

⑮利用祭祀：九五暂不得九二之应，如《象传》所言"志未得"，然尊居君王之位，可主祭祀之事。

⑯葛藟（lěi）：引蔓缠绕之草。与上六应者在三，三在巽，巽为草木，阳刚者为木，阴柔者为草。

⑰臲卼（nièwù）：动摇不安的样子。六无应于己，且在兑毁中，故有不安之象。

⑱曰动悔有悔：兑为口，为毁折，上六处兑上，动而有悔，又以阴乘刚，遂致"刚掩"之祸，故曰"有悔"。有，通"又"。

⑲征吉：上失三应，下卦坎为寇，若上六动而变阳，上卦成乾以应三，则乾刚之君征伐六三之寇，故吉。

【译文】

初六，臀部困于株木之中，陷入幽谷后，三年不见其露出面目。

《象传》说："陷入幽谷之中"，这说明初六困于幽暗不明的深谷之中。

九二，困于酒食之中，此时因受命于君王主持祭祀，祭祀时穿的大红祭服已来到，有利于主持宗庙的祭祀大典。若用兵出征则有凶险，但是没有大的灾祸。

《象传》说："困于酒食之中"，这是因为九二以阳刚居中而得到福庆。

六三，困在巨石下，手攀附在刺多的蒺藜上，回到自己的家后，妻子不见了，有凶险。

《象传》说："手攀附在刺多的蒺藜上"，这是因为六三以柔乘刚的缘故；"回到自己的家后，妻子不见了"，这说明六三有不吉祥的事发生了。

九四，缓缓前来，受困于一辆金车之中，有困难，但是，最终还是会有一个好的结果。

《象传》说："缓缓前来"，这说明九四的志向在于下应于初；虽然九四以阳居阴，其位不当，却能够得到与自己亲和友好的人。

九五，虽贵为君王遭受削鼻断足的刑罚，以至于受困于赤绂之中，于是渐渐地摆脱困境，有利于举行祭祀。

《象传》说："深受削鼻断足之罚"，这说明九五的志向没有得到响应；"渐渐地摆脱困境"，这说明九五还是可以守持中和正直之德；"有利于举行祭祀"，这是因为祭祀可以承受上天赐予的福庆。

上六，受困于藤葛蔓藟之间；受困于摇动不安之中。动则悔而又悔，若出征敌寇则获吉利。

《象传》说："受困于藤葛蔓藟之间"，这是因为与自己相应的六三爻失位不当的所致；在这种情况下，"若乱动则悔而又悔"，但是，如果前行征伐之事还是吉利的。

䷯ 井卦

井①：改邑不改井②，无丧无得③。往来井井④。汔至，亦未繘井⑤，羸其瓶⑥，凶。

《彖》曰：巽乎水而上水，井。井养而不穷也⑦。"改邑不改井"，乃以刚中也⑧；"汔至，亦未繘井"，未有功也；"羸其瓶"，是以凶也。

《象》曰：木上有水，井。君子以劳民劝相⑨。

【注释】

①井：卦名，巽下☴坎上☵。木处水中，下巽为木质水桶，桶在水中，故有井中汲水之象。古人穿地得水，以水养人，且井终始无改，养物不穷，故"井"象成为古人比喻修德而德不可改的卦象。

②邑：城邑，古代邑多为村镇。

③无丧无得：日日取水，水不见少，时时流注其中，水不见多。

④往来井井：即往来无穷的样子。初至五谓"往"，五至初谓"来"。

⑤汔（qì）至，亦未繘（yù）井：即汲而将出之状。巽为木，为入，木尚在水中，故云。汔，几乎，即将。繘，汲井水用的绳索。

⑥羸：倾覆。

⑦井养而不穷：井水不竭，养人无数。

⑧乃以刚中：二五以刚居中，以喻井体有常不变，定
　　而不移。

⑨君子以劳民劝相：君子观井水之象，而知劝勉助民
　　之德，以成济养众生之功。劳，劳赉，慰劳赏赐。
　　劝，劝勉。相，帮助。

【译文】

　　《井》卦象征着水井：城邑可以改移，但是水井则不
能改移到其他地方，每日汲取也不见其枯竭，时时流注其
中也未见其盈满。来来往往的人不断地从井中汲水。汲水
时水桶升到井口尚未引出井时，若使水桶倾覆毁坏，必有
凶险。

　　《彖传》说：用木桶深入水中汲水而上，这种情境就
是"井"。井水不竭其用，故其养人滋生的功德也是无穷
的。"城邑可以改移而水井则不能改移到其他地方"，这就好
比君子有刚中不移的美德；"汲水时水桶升到井口尚未引出
井"，这说明此时未实现井水养人之功；"水桶倾覆毁坏"，
所以会有凶险。

　　《象传》说：木桶汲水而上则有水之用，这种情境可谓
之井。君子效法井水养人之德，使人民劳有所得，劝勉并
帮助他们。

　　初六，井泥不食①，旧井无禽。

　　《象》曰："井泥不食"，下也；"旧井无禽"，时

舍也。

九二，井谷射鲋，瓮敝漏②。

《象》曰："井谷射鲋"，无与也。

九三，井渫不食③，为我心恻④。可用汲，王明并受其福⑤。

《象》曰："井渫不食"，行恻也；求"王明"，受福也。

六四，井甃，无咎⑥。

《象》曰："井甃无咎"，修井也。

九五，井冽，寒泉食⑦。

《象》曰："寒泉之食"，中正也。

上六，井收勿幕⑧，有孚元吉。

《象》曰："元吉"在上，大成也。

【注释】

①井泥不食：初六最处井底，故泥污滓秽，不堪食用。

②井谷射鲋(fù)，瓮敝漏：水本以上为用，九二上无所应而下比于初，有失于用井之道，犹如错将谷当做小鱼而射之，以至于将瓮射穿。谷，井中容水处。鲋，鲫鱼，《子夏传》曰"呼为小鱼"。

③井渫（xiè）不食：九三得位而正，故除尽井秽。然下不能据阴，上被四所掩，有"不食"之象。渫，除净污秽。

④为我心恻：井水清净而不被食用，犹人德才兼备不被任用，故令人悲伤。

⑤王明：王，指九五。九五与九三同功，俱得位而正，互为离，离为光明。并受其福：王明，则众人得用，故云。

⑥井甃（zhòu），无咎：六四本与初应，初失位"井泥"，六四当位而正，故能修井。甃，砖，此指以砖砌井。

⑦井冽，寒泉食：九五居中得正，位在兑口，况且井水已被九三淘清，六四修整，所以可食。冽，水清。

⑧井收勿幕：上六当位，居《井》之极，兑之终，下应九三，犹如井水已从井中汲出。井收，整洁井水的工作已完成。收，成功。勿幕，井水可食，不要盖上井口，而应让大家享用。幕，覆盖。

【译文】

初六，井下淤泥沉滞，不堪食用。水井破旧不堪，就连禽鸟也不愿光顾。

《象传》说："井下淤泥沉滞，不堪食用"，这是因为初六处在井水之下；"水井破旧不堪，就连禽鸟也不愿光顾"，这是因为井中有泥，暂时为人舍弃不用。

九二，错将谷当做小鱼而射之，结果射穿了汲水用的瓮。

《象传》说："错将谷当做小鱼而射之"，这是因为九二没有可以亲附之人。

九三，水井中的淤泥被掏干净，但还是没有人食用，这使我心中深感凄恻。可汲取饮用，只有遇到圣明君王，才能使贤能之士同受其福禄。

《象传》说："水井中的淤泥被掏干净，但还是没有人食用"，行道之人也为之生恻隐之心；想寻求君王的圣明之德，期望受到福庆。

六四，用砖砌好井壁，就没有过错和灾祸。

《象传》说："用砖砌好井壁，就没有过错和灾害"，因为井修好了。

九五，井水清澈，寒冷的泉水可以食用。

《象传》说："寒冷的泉水可以食用"，这是因为九五居中处正，有正直之德。

上六，水井之功完成后，不要将水井口覆盖上，此时心怀诚信，就会大为吉祥。

《象传》说："大吉"处于上位，这说明井水的养人之功已经大为成功。

䷰ 革卦

革①：己日乃孚②，元亨，利贞，悔亡。

《彖》曰：革，水火相息③，二女同居，其志不相得曰革。"己日乃孚"，革而信之④。文明以说，大亨以正⑤。革而当，其悔乃亡⑥。天地革而四时成，汤武革命，顺乎天而应乎人。革之时大矣哉⑦！

《象》曰：泽中有火，革。君子以治历明时⑧。

【注释】

①革：卦名，离下☲兑上☱。离为火，兑为泽，为水，水火相激，激而变革。又离为中女，兑为少女，二女同居，同性相斥而有变。因象中具有变革之道，

故曰"革"。《周易》的根本哲学观在于"变通",而《革》无疑是"变通"的典型,所以《象传》以"文明以说,大亨以正"来形容《革》卦的气象。《革》卦在"水火相射"的变革因素冲击中,唯有九四不当位,革之理由是一个不当位的爻处在五个当位的爻象之中,革之形势和力量的对比是五比一,变革的力量便以"物理"的结构产生。而人们的认识却将其对应于相同性质的社会关系,并以"二女同室,志不相得"为喻,形象而生动地揭示了变革的必然性和可能性。所有这些蕴涵在《革》中的意义,最终都集中在"变则通,通则久"的革之大义上。《革》之六爻基本是无"咎"有"吉",以此可见,圣人赞成变革的意志是明确而坚定的。

②己日:古代以十天干记日。

③革,水火相息:水火相灭则有变,故谓之"革"。息,灭。

④革而信之:于天命之日,发动变革则天下信服。

⑤文明以说,大亨以正:离为火,有文明之象。兑为说(悦),有和悦之容。二、五当位居正,故能"大亨"。

⑥革而当,其悔乃亡:四不正,革而变正,卦成《既济》,则六爻皆当位,四变正悔亡。

⑦革之时大矣哉:天地的变革形成了四时的变化,顺应了万物的生长;社会的革命上合天道,下顺人心,成就了安民定邦的伟业。

⑧君子以治历明时：君子观四季更替，制定历法以明其变。治，制定。时，四季。

【译文】

《革》卦象征着变革：至"己日"变革取得民众的信服，大为亨通，有利于做事，悔恨也会消逝。

《彖传》说：变革，譬如水火相灭，又如两个女子同居一室，因为其志趣不投合，所以终将发生变化，这就叫做"变革"。"'己日'变革取得民众的信服"，这说明这种变革是令人信服的；内含文明之德，外示和悦之色，因守持正直之道而大为亨通。变革合乎正当之理，其悔恨将消逝。天地变革导致四季形成，商汤、周武王变革了夏桀、殷纣的王命，这是顺乎天道又合乎民心的大变革，所以说变革之时的意义是多么巨大啊！

《象传》说：泽水中有烈火，这其中蕴含着"变革"。君子因此而制定历法以辨明四季的更改。

初九，巩用黄牛之革①。

《象》曰："巩用黄牛"，不可以有为也。

六二，己日乃革之②，征吉③，无咎。

《象》曰："己日革之"，行有嘉也。

九三，征凶，贞厉④。革言三就，有孚⑤。

《象》曰："革言三就"，又何之矣。

九四，悔亡⑥，有孚改命，吉⑦。

《象》曰："改命之吉"，信志也。

九五，大人虎变，未占有孚⑧。

《象》曰："大人虎变"，其文炳也。

上六，君子豹变⑨，小人革面，征凶，居贞吉⑩。

《象》曰："君子豹变"，其文蔚也；"小人革面"，顺以从君也。

【注释】

①巩用黄牛之革：卦下为离，离为牛。二至四互为巽，巽为绳索。初在互巽和离下，有束缚于牛皮绳索之象。巩，束缚物体。

②己日乃革之：己日在十天干中序数在中，古人以数的变革而象征变革的时间。社会变革如四时之更替，要以时为序，因时而变。

③征吉：因六二当位居中，趋尊远卑，离三而应五，故曰"征吉"。

④征凶，贞厉：九三阳爻刚壮，居火极而有炎上之性，急欲出征。欲往应上六，遇阻于重阳，又乘于四，四不正，故征而有凶。四变则成坎，坎为险，又有凶。

⑤革言三就，有孚：九三因遇众敌为阻，须多次革命，方可有所成功。四变为坎，坎为孚，革之以孚，为革之正道。言，而，乃。就，成功。

⑥悔亡：九四不正，变而正，则悔亡。

⑦有孚改命，吉：四变成坎，坎为孚，以诚信之德去更改旧的体制和命运则吉。

⑧大人虎变，未占有孚：九五居中处正，为一卦之主，下应于二，有孚于众人。大人，指九五。虎，指上

卦兑，兑为虎。占，占问。

⑨君子豹变：兑为虎，豹，其象类虎。阳为虎，阴则
　为豹。上六为阴，次于君王，故曰"君子"。君子
　之变，心怀诚信，故能如豹之花斑一样顺应变革。

⑩征凶，居贞吉：上六当位居正，居而守之则有吉。

【译文】

初九，用黄牛革牢牢地束缚其身。

《象传》说："用黄牛革牢牢地束缚其身"，这说明初六
还不可以有所作为。

六二，已日发动变革，出征则有吉祥，没有什么过错
和灾害。

《象传》说："己日发动变革"，这说明六二努力前行必
有嘉美之功。

九三，出征远行则有凶，有危险。变革多次，已初见
成效，就应当心怀诚信。

《象传》说："变革多次已初见成效"，（又往而征之）到
哪里去呢？

九四，悔恨消逝，心存诚信革除旧命，吉祥。

《象传》说："变革更改旧的命运有吉祥"，这说明九四
的变革之志得以伸展。

九五，大人像猛虎一样推行变革，不用占问吉凶而要
保持诚信之德。

《象传》说："大人像猛虎一样推行变革"，其文采彪炳
焕然。

上六，君子的变革像豹子的斑纹一样，而小人的变革

则只是改变其颜面；此时若继续前行则有凶险，居以正位不动则吉祥。

《象传》说："君子的变革像豹子的斑纹一样"，这是因为其文采华美；"小人的变革则只是改变其颜面"，这说明小人的变革只是从表面上顺从君王而已。

䷱ 鼎卦

鼎①：元吉，亨②。

《彖》曰：鼎，象也。以木巽火，亨饪也③。圣人亨以享上帝，而大亨以养圣贤。巽而耳目聪明④，柔进而上行⑤，得中而应乎刚⑥，是以元亨。

《象》曰：木上有火，鼎。君子以正位凝命⑦。

【注释】

①鼎：卦名，巽下☴离上☲，象征着"鼎象"。《鼎》之为器，不是像诸卦那样从卦象和《系辞》中直接表现出来的，而是从"木上有火"这一卦象中推理出来的。这种特点说明《鼎》下之物是卦象，而鼎中之物为卦理。《序卦》曰："革物者莫若鼎，故受之以《鼎》。"革旧而必要纳新，这是"鼎"器的作用和功能。然而《鼎》卦之"鼎"，非只是调味之器，而实以象喻事，故《九家易》曰："鼎者，三足一体，犹三公承天子也。"

②元吉，亨：卦象下巽上离，巽为木，木有上升之性，升至五，则当位而正。

③亨：同“烹”。

④巽而耳目聪明：巽德谦逊，离为目，互卦有坎，坎为耳，故《鼎》有耳聪目明之象。

⑤柔进而上行：《鼎》初、五皆为柔爻，柔由初上升至五，谓之“柔进而上行”。

⑥得中而应乎刚：指六五居中，下应阳刚之九二。

⑦君子：指九三。《鼎》中唯九三位正。凝：成也。

【译文】

《鼎》卦象征着“鼎器取新”：大为吉祥，亨通。

《彖传》说：鼎器，是烹饪养人的物象。鼎器之下有木柴燃烧，就是烹饪之象。圣人烹饪食物以祭祀上帝，又以大量的烹饪食物以养活圣贤。谦逊恭顺耳聪目明，柔道前进而向上行，于是得居六五之中位而应于九二阳刚之爻，所以大为亨通。

《象传》说：木上燃烧着火焰，象征着“鼎器”在烹煮食物。君子因为居正位而成就“大烹以养贤”的使命。

初六，鼎颠趾，利出否①。得妾以其子②，无咎。

《象》曰：“鼎颠趾”，未悖也③。“利出否”，以从贵也④。

九二，鼎有实⑤，我仇有疾⑥，不我能即，吉。

《象》曰：“鼎有实”，慎所之也。“我仇有疾”，终无尤也。

九三，鼎耳革⑦，其行塞⑧，雉膏不食⑨。方雨，亏悔，终吉⑩。

《象》曰："鼎耳革"，失其义也。

九四，鼎折足，覆公悚，其形渥，凶⑪。

《象》曰："覆公悚"，信如何也。

六五，鼎黄耳金铉，利贞⑫。

《象》曰："鼎黄耳"，中以为实也。

上九，鼎玉铉，大吉，无不利⑬。

《象》曰：玉铉在上，刚柔节也。

【注释】

①鼎颠趾，利出否（pǐ）：初六在下，如鼎之足趾。上应于四，四不正，故颠倒。颠倒后所出之物为废物，故利。颠，颠倒。趾，足趾。否，恶，鄙劣。

②得妾以其子：初六为阴，上之所应九四不正，故为妾。四变正则互震，震为长子。

③未悖：颠趾以出废物未悖于《鼎》理，且初虽失位，以阴应阳，未悖人情。

④以从贵：鼎之倒趾，在于泻出废物，出旧纳新，弃卑从贵，故云。

⑤鼎有实：阴虚阳实，九二为阳。

⑥我仇：九二与六五应，五以阴居阳位不正，则非其友而为仇。有疾：阳刚健而阴卑弱，《鼎》旁通为《屯》，上为坎，坎为心疾，五在坎中，故有疾。

⑦鼎耳革：九三动而变，成两坎之象，坎为耳，变则不当位，故曰"耳革"。

⑧其行塞：鼎耳为举鼎的结构，"耳革"则不能行。

⑨雉膏：九三变而上应上九，《鼎》上为离，离为雉，雉在鼎中，故为雉膏。不食："鼎耳革"致使"行塞"，"雉膏"毁坏，不能食用。

⑩方雨，亏悔，终吉：坎为耳，为水，为雨。鼎中美食因雨亏毁，然九三当位居正，其美食还可以再烹，故终吉。

⑪鼎折足，覆公𫗧（sù），其形渥（wò），凶：四为王公之位，九四上互兑，兑为毁折，鼎入兑则有折足之失，足折则鼎倾覆，致鼎中食覆于地。地与鼎俱沾湿污乱。这些均由九四不当位所致，故有"凶"。𫗧，鼎中食物。渥，沾湿。

⑫鼎黄耳金铉（xuàn），利贞：六五居中处尊，故以"黄耳"喻其贵，下应九二之阳，故以"金铉"喻其刚。因为鼎至五已成王者之器，故言"金"而不言"食"。黄，金黄色。铉，横贯鼎耳以便扛举的器具。

⑬大吉，无不利：上九以刚居柔，近据五阴，君臣相临，刚柔相济，故云。

【译文】

初六，鼎器从脚跟颠倒，有利于倒出废物。为了生个儿子而娶得小妾，没有过错。

《象传》说："鼎器从脚跟颠倒"，未悖于常理。"有利于倒出废物"，顺从尊贵。

九二，鼎中装满食物，我的仇敌身患疾病，暂时不来找我，吉利。

《象传》说："鼎中装满食物"，要谨慎地选择所去的方向；"我的仇敌身患疾病"，这说明九二最终并没有过错。

九三，鼎耳变异，鼎器不能移动，吃不上美味可口的雉膏。天正下着雨，鼎中之美味亏毁，此可谓悔恨之事，然最终是吉利的。

《象传》说："鼎耳变异"，这说明九三的行动有失不当。

九四，鼎器折断了鼎足，王公的美食被倾覆于地，地上和鼎器也被濡湿，有凶险。

《象传》说："王公的美食被倾覆于地"，这说明九四如何让人信任呢！

六五，鼎器配上金黄色的鼎耳和坚固的鼎杠，这是有利的。

《象传》说："鼎器配上金黄色的鼎耳"，这说明六五因居离中而获得中实之美。

上九，鼎器配有玉质的鼎杠，大为吉祥，无有不利。

《象传》说：玉质的鼎杠在上，这说明上九能调和刚柔之节。

䷲ 震卦

震①：亨。震来虩虩，笑言哑哑②，震惊百里，不丧匕鬯③。

《彖》曰：震，亨。"震来虩虩"，恐致福也；"笑言哑哑"，后有则也；"震惊百里"，惊远而惧迩也；"不丧匕鬯"。以为祭主也。

《象》曰：洊雷，震④。君子以恐惧修省。

【注释】

①震：卦名，震下 ☳ 震上 ☳，震而又震，象征着雷声的震动。《说卦》曰"震为雷"，又曰"震为长子"。《震》具有"震惊百里"的威力，所以六爻皆有恐惧之象。但是，恐惧的结果并不是坏事，所以圣人从《震》卦中归纳出"恐惧修省"的道理来。整个卦象多以象声的连绵叠音词"虩虩"、"苏苏"、"索索"来形容震惊恐惧的样子。

②震来虩虩（xì），笑言哑哑（è）：初九为下震之始，当位居正，使九四来应，九四为上震之始，居位不当，且"四多惧"，故对九四而言，则恐惧不已，对于初九而言，则是又说又笑。虩虩，恐惧的样子。哑哑，又说又笑的样子。

③震惊百里，不丧匕鬯（chàng）：震为长子，长子主祭，即使是雷声震惊百里，也不能使长子丧失祭祀之礼，此喻社稷之固，皆来自于雷声之威，长子之德。百里，古代诸侯封地以百里，此喻地之广大。鬯，本指香酒。古人宗庙之祭，灌鬯以求神，故此处借指祭祀。

④洊（jiàn）雷，震：上下皆震，如雷之相连。洊，一再，接连。

【译文】

《震》卦象征着震动：雷声的震动可以使得万物亨通。震雷会使有些人恐惧发抖，同时，也能使人因恐惧而强化修身后，无畏无惧地又说又笑，雷声的威力能震惊方圆百里之地，不断的宗庙祭祀使社稷安稳。

《彖传》说：雷声震动，使万物亨通。"震雷会使有些人恐惧发抖"，这说明因为恐惧而产生的谨慎会给人们以带来福祉；"雷声使有些人又说又笑"，这说明震惊之后就会使人们遵守法则；"雷声的威力能震惊方圆百里之地"，雷声之威能震惊百里之远的地方，也能使近处的人惧怕它。作为像震雷一样的长子对外可以守卫宗庙社稷，对内可以主持祭祀。

《象传》说：雷声接着雷声，这就是雷声震动的样子。君子因此而恐惧天威，修身以德，反省过失。

初九，震来虩虩，后笑言哑哑①，吉。

《象》曰："震来虩虩"，恐致福也；"笑言哑哑"，后有则也。

六二，震来厉②，亿丧贝③，跻于九陵④，勿逐，七日得⑤。

《象》曰："震来厉"，乘刚也。

六三，震苏苏，震行无眚⑥。

《象》曰："震苏苏"，位不当也。

九四，震遂泥⑦。

《象》曰："震遂泥"，未光也。

六五，震往来，厉⑧，亿无丧⑨，有事⑩。

《象》曰："震往来厉"，危行也；其事在中，大无丧也。

上六，震索索⑪，视矍矍⑫，征凶⑬。震不于其躬，于其邻，无咎⑭。婚媾有言⑮。

《象》曰："震索索"，中未得也；虽凶无咎，畏邻戒也。

【注释】

①后笑言哑哑：初当位居正，处在震初，本上应四，然四失位不能相应，待其变正，方可来应，故曰"后"。

②震来厉：六二居于震中，雷来、震来之时感觉危险。厉，危险。

③億：通"噫"，感叹词。贝：古代以贝为货币，这里借指宝物。

④跻于九陵：六二互卦为艮，艮为山。跻，登高。九陵，形容山势高峻。陵，大土山。

⑤七日得：六二居中得位，能使"贝"七日来复。七日，震纳甲为"庚"，庚在天干中为第七位数。

⑥震苏苏，震行无眚：六三不当位，故震来而惧。但是，虽不当位，却无乘刚之逆，惧而慎行，可无灾祸。苏，畏惧不安的样子。眚，灾异。

⑦震遂泥：九四失位，故闻雷声震动则惧怕之甚，以至于陷坠泥中。遂，通"坠"。

⑧震往来，厉：往则乘阳，来则应阴，失位乘刚，故厉。

⑨无丧：四变正则有坤，五在坤，坤为丧，五变正则坤道毁，则"无丧"。

⑩事：此指祭祀之事。六五处尊居中，为一卦之主，位应主祭之事。又震为长子，为祭主。

⑪震索索：上六居正，欲下应三，三失位，且互有坎象，坎为险，故心不安，犹畏缩不前的样子。索索，畏缩的样子。

⑫视矍矍（jué）：犹回头惊顾。三失正，变正则成离，离为目，故曰"视"。矍矍，惊惧四顾的样子。

⑬征凶：因下无所应，且历坎有险，故曰"征凶"。

⑭震不于其躬，于其邻，无咎：因上六自己居位得正，故震之忧惧不会至于自己，而会降到自己的邻居六五身上。

⑮婚媾有言：上六下应于三，三动成兑，兑为言，为少女。震为出，为长男。故云。

【译文】

初九，震雷会使有些人恐惧发抖，因为恐惧而使人强化修身，然后无畏无惧地又说又笑，吉祥。

《象传》说："震雷会使有些人恐惧发抖"，这说明因为恐惧而产生的谨慎会给人们带来福祉；"雷声使有些人又说又笑"，这说明震惊之后就会使人们遵守法则。

六二，雷声骤然响起，有危险，啊呀！财宝丢失了，这时正在登于险峻的九陵之上，无须追逐，过不了七日必失而复得。

《象传》说："雷声骤然响起，有危险"，这是因为六二以阴柔卑贱乘于阳刚之上的缘故。

六三，雷声震动时，令六三恐慌不安，在这样的震动声中警惧而行，就不会有什么灾祸。

《象传》说："雷声震动时令六三恐慌不安"，这是因为他所处的位置不当。

九四，在雷声的震动中陷坠泥中。

《象传》说："在雷声的震动中陷坠泥中"，这说明九四因失位而道德未有光大。

六五，在雷声震动时上下往来皆有危险，唉！虽然不会有所失，但是还应该保存祭祀之事。

《象传》说："雷声震动时上下往来皆有危险"，这说明六五在危险中行进；因为他居尊处中，所以主祭祀之事。位尊且主持大事，所以无所丧失。

上六，雷声的震动使人恐慌得脚下哆嗦畏缩，眼睛惶恐四顾，此时出征远行，则必有凶险。但是，只要守正不"征"，那么，其震动将不会降落到自己身上，而是会降至邻居六五的身上，所以对自己而言，只要守正则无灾祸。而若有婚媾之约则会导致言语之争。

《象传》说："雷声的震动使人恐慌得脚下哆嗦畏缩"，这是因为六五虽居中而没有得居正位；虽然有凶险，自己却没有过错，这是因为雷声之威使其邻居六五恐惧而产生戒备心理。

☶ 艮卦

艮①：艮其背②，不获其身③；行其庭，不见其人，无咎④。

《彖》曰：艮，止也。时止则止⑤，时行则行⑥，动静不失其时，其道光明[7]。艮其止，止其所也。上下敌应[8]，不相与也。是以"不获其身，行其庭，不见其人，无咎"也。

《象》曰：兼山，艮。君子以思不出其位[9]。

【注释】

① 艮：卦名，艮下☶艮上☶。《艮》卦显现出两个特征：一是无一爻相应，二是当位之六二、九三、六四爻皆不吉。艮为山，两山对峙，则各不相应，故六爻皆无应。《说卦》曰："艮为止。"山静止而不动，各安其所，故其卦象象征着"抑止"。止有其道，一则为止于背；二则为止于时。止得其时，则"其道光明"，止得其所，则"思不出其位"。《艮》卦的意义全在于抑止其乱。

② 艮其背：指艮相连而背。

③ 不获其身：指卦无一爻相应。

④ 行其庭，不见其人，无咎：《说卦》曰："艮，止也。"施之人，则是防其动。既"不获其身"，则相背离，虽近而不相见。

⑤ 时止则止：艮为山，山有险阻，又一阳挟制二阴，故能"时止则止"。

⑥ 时行则行：互卦有震，震阳动于下，故曰"时行则行"。

⑦ 其道光明：五失正，动而得正，则互有离象，离为日，故曰"其道光明"。

⑧敌应：六爻皆不应，不应之应为"敌应"。

⑨君子：指九三。阳为君子，二阳中唯三得位。以思
　　不出其位：艮一阳止于外，则不出其位。

【译文】

《艮》卦象征着抑止：止于其背，则不能使其全身面向
应当抑止的欲望；行走在庭院中，（背对着背）未见其人，
没有灾害。

《彖传》说："艮"，就是指静止。时机应当静止就静止，
时机应当行动则行动，静止与行动都不要丧失合适的时机，
如此则抑止的道理就会光明灿烂。《艮》卦的大义是静止，
止于其所应当的地方。《艮》卦爻上下皆为敌对关系，互相
之间不亲和相附。既然如此，"不能相互之间看见身体，行
走在庭院中也不能见到其人的真面目，没有灾害"。

《象传》说：山上有山，这种卦象就象征着"艮"。君
子观此象而知自己所思想的事情应当不超出自己所处的社
会地位。

初六，艮其趾，无咎①，利永贞。

《象》曰："艮其趾"，未失正也。

六二，艮其腓②，不拯其随③，其心不快。

《象》曰："不拯其随"，未退听也。

九三，艮其限④，列其夤⑤，厉薰心⑥。

《象》曰："艮其限"，危薰心也。

六四，艮其身⑦，无咎。

《象》曰："艮其身"，止诸躬也。

六五，艮其辅⑧，言有序⑨，悔亡。

《象》曰："艮其辅"，以中正也。

上九，敦艮⑩，吉。

《象》曰："敦艮之吉"，以厚终也。

【注释】

①艮其趾，无咎：初六在《艮》下，为趾。本宜应四，然失位不能上应，故止；二至四互有坎险之象，止则不入于险，故可无咎。

②腓：小腿肚。二在初上，腓在趾上。

③不拯其随：六二本应于五阳，实随于阳。然《艮》之五不当位，故不能应，也就不能"随"。拯，兴起，向上提。

④限：腰带处。《艮》下互坎为水，有肾之象。《黄帝内经》曰："腰者，肾之府。"

⑤列：通"裂"。夤（yín）：背脊肉。

⑥厉：危险。熏：焦灼。心：三在坎中，坎为心。

⑦艮其身：上身下体，四在《艮》上，犹在人之上身。

⑧辅：上牙床，这里借指口。六五居"身"于上，其位象"辅"。

⑨言：《艮》旁通为《兑》，兑能言。序：条理。

⑩敦艮：上九居《艮》之终，处"兼山"之顶，故有敦厚之德。敦，敦厚。

【译文】

初六，抑止于脚趾迈出之前，就没有灾害，有利于长久之事。

《象传》说："抑止于脚趾迈出之前"，说明初六动而不失其正。

六二，抑止其小腿肚的运行，不举步上承本应随从的君子，所以心中感到不快。

《象传》说："不举步上承本应随从的君子"，又不甘心退止原位听从抑止之命。

九三，抑止其腰部的运动，撕裂了背部的脊肉，危险像烈火一样熏灼着人心。

《象传》说："抑止其腰部的运动"，说明九三的危险就如同烈火一样焦灼其心。

六四，抑止上身的运动，没有过错。

《象传》说："抑止上身的运动"，这说明六四能自己止其上身。

六五，抑止其口不使妄语，言则有序，悔恨就消逝了。

《象传》说："抑止其口不使妄语"，这是因为六五守中持正。

上九，以敦厚的品德自我静止，吉祥。

《象传》说："以敦厚的品德自我静止而获吉祥"，这是因为上九能以敦厚之德得"止"之所成。

䷴ 渐卦

渐①：女归吉②，利贞。

《彖》曰：渐之进也，女归吉也。进得位，往有功也③。进以正，可以正邦也④，其位刚得中也⑤。

止而巽，动不穷也⑥。

《象》曰：山上有木，渐。君子以居贤德善俗⑦。

【注释】

①渐：卦名，艮下☶巽上☴。艮为止，巽为入，先止而后有入，有舒缓渐行之象，故卦名为"渐"。且卦辞既言"女归"，则当温柔敦厚，贤淑崇礼，不可躁入，只能渐进。在六十四卦中，《渐》之六爻的爻辞与其他卦相比，有着明显不同的语言风格。其爻辞皆以"鸿渐"开头，成排比之式，如群雁比翼，整齐美观。其喻义有三：鸿无独飞之举，而有共飞之阵。二是《渐》有归女之吉。因为雁有顺阴阳往来和不再另行择偶的贞正之节，所以古人婚礼的"纳采"，就是以雁为见面礼。三是雁飞有自下升高的特点，故爻辞喻指渐进之象。《渐》以"鸿渐"为喻，又以复沓回环式的句式描绘着六种"鸿渐"的景象，渲染烘托出"大雁"渐至吉祥佳地的感人情节。因其旁通《归妹》，有嫁女之象，又互有离、坎，有女进男之象，象征着夫妇之道，就整个卦象上讲，《渐》以解婚姻为主。

②女归吉：归，女子出嫁。这是女子的本分，故得之则吉。

③进得位，往有功：指二进至五则得位以正。

④进以正，可以正邦也：二进至五,二者均尊居中正之位。已正而正人，故可以正邦。

⑤位刚得中：指九五以阳刚位居中正。

⑥止而巽，动不穷：《渐》下卦为艮，为止，上卦为巽，
　为入。以渐进之德而动、而入，则"不穷"。

⑦君子以居贤德善俗：巽比政令教化，君子观此卦象，
　当自修贤德，教化善俗。善，美化。

【译文】

《渐》卦象征着渐进：譬如女子渐进而归于夫家就会吉
祥，有利。

《彖传》说：所谓"渐"，就是指渐渐地行进，譬如女
子的出嫁要循礼渐进才能获得吉祥。渐进就会各得其位而
正，前往就会建立功绩。渐进而得其正道，就能以中正之
德端正邦国民心，这是因为渐进至刚健中正的九五之尊位。
只要有静止不躁和谦逊随顺的美德，以渐进的方式行动就
不会导致困穷。

《象传》说：山上生长着树木，象征着"渐进"。君子
因此知道只有具备贤明的道德才能使风俗美善。

初六，鸿渐于干①。小子厉②，有言，无咎。

《象》曰："小子之厉"，义无咎也。

六二，鸿渐于磐③，饮食衎衎④，吉。

《象》曰："饮食衎衎"，不素饱也。

九三，鸿渐于陆。夫征不复，妇孕不育，凶⑤。
利御寇⑥。

《象》曰："夫征不复"，离群丑也⑦；"妇孕不
育"，失其道也⑧；"利用御寇"，顺相保也⑨。

六四，鸿渐于木⑩，或得其桷⑪，无咎。

《象》曰："或得其桷"，顺以巽也。

九五，鸿渐于陵⑫，妇三岁不孕⑬，终莫之胜⑭，吉。

《象》曰："终莫之胜吉"，得所愿也。

上九，鸿渐于陆，其羽可用为仪⑮，吉。

《象》曰："其羽可用为仪，吉"，不可乱也。

【注释】

①鸿：大雁。初应四，四在互离中，离为雉，同类为
比。渐：渐进。渐进之道，自下升高，故以鸿飞比
渐进之势。干：岸边。《说卦》曰："艮为山。"以山
象岸。初始渐进，上无所应，不得安宁，故至于岸。

②小子：艮为少男。

③磐：大石，这里指水边的小丘。"艮为山，为石。"

④饮食衎衎（kàn）：二至四互有坎，"坎为水"，《渐》
上为巽，"巽为木"。有山，有水，有草木，有鸟，
有阳光，故愉悦快乐。衎，愉悦。

⑤夫征不复，妇孕不育，凶：九三得位，然上无所应，
动而应上，则成坤，坤为丧，互卦为坎，坎为中
男，故曰"夫"。夫丧坤中，故"征不复"。九三于
上无应，则近比于六四，四也无应，故所孕为二者
苟合，男女皆不正，故有"凶"。

⑥利御寇：巽为高，艮为山，互成离卦，离为戈兵甲
胄，互坎为寇，自上御下，故有利。

⑦离群丑：九三本与二、初同属于艮体，因上不能应，

则近与四合，四在巽体，非同类。丑，类。

⑧失其道："夫征不复"，其妇之孕有非道之嫌。

⑨顺相保：九三在艮，顺应静止之道，不要妄动，则能"御寇"而相互保全。

⑩鸿渐于木：六四居于巽下，巽为木。

⑪或得其桷（jué）：四既以阴承五，又下顾三。桷，方椽。这里指平直而可作椽的树枝。

⑫鸿渐于陵：九五下应六二，六二在艮，艮为山，九五在艮上，故在陵。陵，大土山。

⑬妇三岁不孕：九五位居互离之上，离为孕妇。九五本应于二，然三、四阻隔其应合，三至五数为三。

⑭终莫之胜：二与五俱得位处中，秉持中正之德，则其应必合。三、四不能长久阻隔其应。

⑮其羽可用为仪：上九位居六二至六四互离之上，离为雉，雉上则为雉羽。又居巽上，巽为白。洁白的羽毛用以装饰仪表。

【译文】

初六，大雁渐渐地飞到河水的岸边。就像一个儿童跑到水边一样，有危险，受到大人的责斥（离开了岸边），所以最终还是没有什么灾祸。

《象传》说："儿童跑到水边一样会有危险"，宜改变其错误则没有灾祸。

六二，鸿飞渐进于磐石之上，正在安逸地、愉快地享用着饮食，吉祥。

《象传》说："大雁安逸地、愉快地享用着饮食"，这说明六二尽职尽责地任臣下之事，而不是白白地吃饱肚子。

九三，大雁渐进于高平之地。就如同丈夫出征远行不回来，女人怀着孕而不能生育下来，有凶险。有利于防御强寇。

《象传》说："丈夫出征远行不回来"，这样是因为他离开了属于自己的群体；"女人怀着孕而不能生育下来"，这是因为这个女人失贞节之妇道；"有利于防御强寇"，这说明若九三顺从自己的群体静止不动则夫妇俱能相互保全。

六四，大雁渐进至树木之中，或可得其平直之木枝以栖身，没有灾祸。

《象传》说："或可得其平直之木枝以栖身"，这说明六四以巽之柔顺承五。

九五，大雁渐进于丘陵，有妇女三年还不能怀孕，但是九五最终是不为外来的侵犯所能胜过的，所以结果是吉祥的。

《象传》说："最终是不为外来的侵犯所能胜过，所以结果是吉祥的"，这说明九五与六二的相亲相应是得其所愿。

上九，大雁渐进于高平之地，其洁白美丽的羽毛可以用来美化仪表，吉祥。

《象传》说："洁白美丽的羽毛可以用来美化仪表，吉祥"，这是因为上九高洁的志向是不可以淆乱的。

䷵ 归妹卦

归妹①：征凶②，无攸利。

《彖》曰：归妹，天地之大义也。天地不交而万物不兴。归妹，人之终始也③。说以动，所归妹也。"征凶"，位不当也。"无攸利"，柔乘刚也④。

《象》曰：泽上有雷，归妹。君子以永终知敝⑤。

【注释】

①归妹：卦名，兑下☱震上☳。归，女子出嫁。妹，少女。下卦为兑，兑为少女、为悦。上卦为震，震为长男、为动，震为兄，则兑为妹，如兄嫁妹，故曰"归妹"，又可理解为长男震动而少女喜悦，这就是《归妹》所蕴涵的"天地之大义"。这个大义在百姓的日常生活中被阐释为"男大当婚，女大当嫁"的生活准则。《归妹》以象征性的情景抒发、描绘着婚姻之美。

②征凶：卦中二、五失位无应，三、四失位无应，往无所应。

③人之终始：有"归妹"，然后有阴阳和合，男女相配，才能生育子女。终始，终而复始。

④柔乘刚：指六三失位不正，以柔乘刚。

⑤永终：归妹以正，则当永终其好。知敝：指六三失位不正，柔乘阳刚，非礼而失正。敝，败坏，衰落。

【译文】

《归妹》卦象征着少女出嫁：前行有凶险，没有利益。

《彖传》说：少女出嫁，这是天地之间以阴顺阳的大道理。天地阴阳不相交合，万物就不会兴旺。少女出嫁，人类就可以终而复始地繁衍生息。内心愉悦而外表欢快跳动，这就是少女出嫁的象征。"前行就有凶险"，这说明他们所处的位置不当所致；"没有利益"，这是因为阴柔凌乘于阳刚之上。

《象传》说：泽水之上有雷声震动，这种情境象征着"少女出嫁"。君子以此知永恒地保持正当的夫妇和睦之好，也必须知道不正当的婚姻所带来的敝坏之处。

初九，归妹以娣^①。跛能履^②，征吉^③。

《象》曰："归妹以娣"，以恒也；"跛能履吉"，相承也。

九二，眇能视^④，利幽人之贞^⑤。

《象》曰："利幽人之贞"，未变常也。

六三，归妹以须，反归以娣^⑥。

《象》曰："归妹以须"，未当也。

九四，归妹愆期，迟归有时^⑦。

象曰："愆期"之志，有待而行也。

六五，帝乙归妹^⑧，其君之袂不如其娣之袂良^⑨。月几望，吉。

《象》曰："帝乙归妹，不如其娣之袂良"也。其位在中，以贵行也。

上六，女承筐，无实^⑩；士刲羊^⑪，无血^⑫。无攸利。

《象》曰：上六无实，承虚筐也。

【注释】

①归妹以娣（dì）：妹妹随姐姐共嫁一夫。按古代礼制，诸侯嫁女，同姓之国以庶出之女随嫁，谓之媵（yìng）。娣，妹妹。初九在兑下，故为"娣"。

②跛能履：初九上应九四，四不正，且陷入坎中，故有跛足之象。然以阳居阳，不失常道，如跛足之人，虽不能正行，却努力行走。

③征吉：因所应不正，故以"娣"之身份前往配之则吉。

④眇（miǎo）能视：九二在兑，兑为小，又在互离之下，离为目，目小而能视，故云。眇，《说文》："一目小也。"

⑤利幽人之贞：九二以阳居阴，因失位而无应于五，然得之于离火，光明睿智，故利。幽人，微妙深思、既明且哲之人。幽，微，深。

⑥归妹以须，反归以娣：指六三处"归妹"之时，居兑体之上，然失位不正，不能往应上六，回返则以九四归之，再以"娣"之身份前往应之。初至四，一象为兑，兑为少女，一象为互离，离为中女。根据这种位置，六三为妹，则九四为姐。娣，妹妹。

⑦归妹愆期，迟归有时：九四失位不正，下无所应，须缓期更待时机。愆，拖延，错过。迟，推迟。

⑧帝乙归妹：六五在震，震为长子，为兄，尊居君王之位，故曰"帝"。六五下应九二，九二在兑，兑为少女，故曰"妹"。二者相应，故有"帝乙归妹"

之象。

⑨其君之袂（mèi）不如其娣之袂良：比喻六五处贵位
　应于九二，以上嫁下，以阴居阳，以长从少，具有
　贵而能谦之德。君，君后，指六五。袂，衣袖。

⑩女承筐，无实：震为筐；三在兑，兑为少女，在下
　承之。然上阴为虚，故无实。

⑪士刲羊：上六在震，震为长男。上六所应本在三，三
　在下卦兑，兑为羊。

⑫无血：指三不得应上六，上六当位不宜变而下应。
　三至五互坎，坎为血，若待六三变而上应，则坎象
　灭而"无血"。

【译文】

　　初九，少女出嫁时以陪嫁者的身份共嫁一夫。这就像
跛脚还能坚持行路一样，前行会有吉利。

　　《象传》说："少女出嫁时以陪嫁者的身份共嫁一夫"，
因为这是诸侯婚嫁的常理；"跛脚还能坚持行路则前行会有
吉利"，这说明初六的吉祥就在于帮助其姊奉承夫君。

　　九二，目小却能观看事物，有利于深思明哲之人。

　　《象传》说："有利于深思明哲之人"，这是因为居内处
中的常理没有改变。

　　六三，少女出嫁应等待其时，（未当其时）以妹妹的身
份返回陪嫁夫家。

　　《象传》说："少女出嫁应等待其时"，因为其所居之位
不当。

　　九四，出嫁少女却拖延日期，稍迟出嫁会有合适的

时机。

《象传》说："拖延日期"的心志，在于待至合适的时机再前行。

六五，帝乙出嫁自己的妹妹，其君后的衣饰之美不如其妹的衣饰之美。她就像将近圆满尚未亏盈时的月亮（既美丽又谦逊），吉祥。

《象传》说："帝乙出嫁自己的妹妹，其君后的衣饰之美不如其妹的衣饰之美"，这说明以阴居中的六五有谦虚中和之德，以其尊贵的身份行事。

上六，女子手捧着竹筐，筐内却空空如也；男子用刀宰割羊，却见不到一滴血。没有所利。

《象传》说：上六阴虚无实，就如同手持着空空的筐子一样。

䷶　丰卦

丰①：亨，王假之。勿忧，宜日中②。

《彖》曰：丰，大也。明以动，故丰③；"王假之"，尚大也④；"勿忧宜日中"，宜照天下也；日中则昃⑤，月盈则食；天地盈虚，与时消息，而况于人乎？况于鬼神乎？

《象》曰：雷电皆至，丰。君子以折狱致刑⑥。

【注释】

① 丰：卦名，离下☲震上☳。从卦象上看，《丰》有"明以动"、"宜日中"、"雷电皆至"三种情境，而这

三种情境都象征着"盛大"。就其盛大的气势而言，只有王者才能当得着此种气象。但是，古代圣贤并没有陶醉在盛大的境界中，而是将其应用到"折狱致刑"的实用功能中。

②勿忧，宜日中：王者德大，如中天的太阳普照人间。日中之德，无须忧虑。

③明以动，故丰：《丰》之内卦为离，离为火，为光明。外卦为震，震为动。光明而又震动，能达到盛大的境界。

④尚大：崇尚大事、大德。尚，崇尚。

⑤昃（zè）：倾斜，这里指太阳偏西。

⑥君子以折狱致刑：离有光明，故能断狱。雷有威力，故能动用刑罚。折，判决。致刑，动用刑罚。

【译文】

《丰》卦象征着盛大：亨通，君王可以达到盛大的境界；无须忧虑，应该像太阳升到天空正中那样把光辉普照人间。

《彖传》说：所谓丰，象征着盛大。譬如道德光明的人有所行动，所以有盛大的收获；"君王可以达到盛大的境界"，这是因为君王崇尚宏大的美德；"无须忧虑，应该像太阳升到正午时那样"，因为这样才能把太阳的光辉洒遍人间；太阳升到正中时就会逐渐西斜，月亮满盈时就会亏损；天地之间存在着满盈和亏虚，它们都将随着时间而消亡、生息，又何况人呢？又何况鬼神呢？

《象传》说：雷声与闪电一齐到来，这种情境就象征着盛大。君子因此而知如何判决讼狱、动用刑罚。

初九，遇其配主，虽旬无咎，往有尚^①。

《象》曰："虽旬无咎"，过旬灾也。

六二，丰其蔀^②，日中见斗^③。往得疑疾，有孚发若，吉^④。

《象》曰："有孚发若"，信以发志也。

九三，丰其沛^⑤，日中见沫^⑥，折其右肱，无咎^⑦。

《象》曰："丰其沛"，不可大事也；"折其右肱"，终不可用也。

九四，丰其蔀，日中见斗，遇其夷主，吉^⑧。

《象》曰："丰其蔀"，位不当也。"日中见斗"，幽不明也。"遇其夷主"，吉行也。

六五，来章^⑨，有庆誉，吉。

《象》曰：六五之吉，有庆也。

上六，丰其屋，蔀其家^⑩，窥其户，阒其无人^⑪，三岁不觌^⑫，凶。

《象》曰："丰其屋"，天际翔也；"窥其户，阒其无人"，自藏也。

【注释】

①遇其配主，虽旬无咎，往有尚：初与四应，四失位无应，待变至坤，则能与初九应。坤为地，地数十。四在震，为长男。初在离，为中女，相配为偶则虽待至十日也"无咎"。且待以十日后前往，则

必有赏。配，即配偶。主，指九四，下与初应，故曰"主"。尚，通"赏"。

②蔀（bù）：覆盖。二上应六五，皆为阴爻，阴暗蔽障。

③日中见斗：以喻阴暗至极。日中，离为日，六二居离中。斗，斗星。

④往得疑疾，有孚发若，吉：六二往应六五，然以阴见阴，不见其应。如一个昏君暗主，往而不见信，反为其所疑。好在六二自己居中得位，故能有吉。发，拨开。若，语气词。

⑤沛：通"旆"，布幔。

⑥日中见沫（mèi）：指九三应在上六，上六虽得位能应，然为其阴所蔽。九三仍在离中，故曰"日中"。沫，通"昧"，微暗不明之物，这里指"小星"。

⑦折其右肱（gōng），无咎：九三动则二至四互为艮，艮为手。三至五互成兑，兑为毁折。震东兑西，则兑"折其右肱"。肱，手臂。

⑧遇其夷主，吉：指九四本应与初应，然己失位不正，不得应初，却遇到邻近自己的六五。九四动，变而当位，则下应初九，初九在离，为光明，应于光明，故吉。夷，指东方。因四在震，为东方卦。主，指六五。

⑨来章：六五以柔居尊，动而得正，来应六二。六二兼居离中与互巽之下（二至五互为巽），离为日，光明上升，"巽为入"，故曰"来章"。章，彰显。

⑩丰其屋，蔀其家：指六五、上六皆阴，阴物重重覆

于其上。上六在震上，震覆艮，艮为门阙，为家室。

⑪阒（qù）其无人：九三在互巽，巽为伏，故曰"阒其无人"。阒，寂静无声。

⑫三岁：上六所应在三，故云。觌（dí）：看。

【译文】

初九，遇见与自己相匹配的配偶，即使是等十日的时间也没有过错，前往必得嘉赏。

《象传》说："即使是等十日的时间也没有过错"，这是因为超过十日则有灾难。

六二，张大其覆盖物，犹如在阳光下看见斗星。前往则会身患多疑之疾病，若心怀诚信拨开这些覆盖物，就吉祥。

《象传》说："若心怀诚信拨开这些覆盖物"，说明六二是以诚信来发扬光大其志向。

九三，张大其布幔，犹如在太阳中看小星星，折断了右手臂，但是，最终不会有灾祸。

《象传》说："张大其布幔"，（这说明九三之光仍被覆盖着）故不能干大事；"折断了右手臂"，这说明九三终不为所用。

九四，张大其覆盖物，犹如在阳光下看见斗星，遇见了东方的君主，吉祥。

《象传》说："张大其覆盖物"，这是因为九四居位不当的缘故；"犹如在阳光下看见斗星"，这是因为张大了覆盖物后就变得幽暗不明了；"遇见了东方的君主"，这说明九四前行是吉利之行。

六五，以阴柔之质居五之尊而彰显君王光明之德，能得到福庆和赞誉，吉祥。

《象传》说：六五之所以能获得吉祥，这是因为他居尊而有福。

上六，丰大其房屋，覆盖好居室，窥探其门户，寂静得没有人影，三年都不见人来，有凶险。

《象传》说："丰大其房屋"，如巨大的鸟飞翔在天际之间（不见踪影）；"窥探其门户，寂静得没有人影"，这说明上六自己深藏不露。

䷤ 旅卦

旅①：小亨②，旅贞吉③。

《彖》曰："旅小亨"，柔得中乎外，而顺乎刚④，止而丽乎明⑤，是以"小亨旅贞吉"也。旅之时义大矣哉⑥！

《象》曰：山上有火，旅。君子以明慎用刑而不留狱⑦。

【注释】

①旅：卦名，艮下☶离上☲。《旅》有"雀鸟焚巢"之象，其"雀鸟"是指上卦离，离为雉，为朱雀，为火。下临艮象，艮为门阙，为宫室。宫室焚于火，则人须远行，故曰"旅"。然以"雀鸟焚巢"来比喻《旅》卦象征的意义，其喻小则为旅行之所失；喻大实为人生之终极。就人生而言，人在世间不过

是一种过程，其重要性并不在结局，而在于人们对这个过程的感受和那些留在过程中的记忆。

②小亨：谓二、五皆以阴柔居中。

③旅贞吉：指《旅》唯二、三爻得正，且二当位居正。

④柔得中乎外，而顺乎刚：指六五得中，又在上卦离中，以阴柔之性顺承于上九。

⑤止而丽乎明：止，下卦为艮，艮为止。丽，附丽。明，即上卦离，离为火。其卦象有止而附着于光明之象。

⑥旅之时义大矣哉：失其所居，出门行旅，使其依附于光明之处，要实现这样的目标，只有具有大智慧的人才能做到。

⑦君子：指九三。明慎：离为明，艮为慎。不留狱：互卦兑，兑为刑。六二至六五有大坎之象，坎为狱。《旅》成而坎毁，卦有明慎毁狱之象。

【译文】

《旅》象征着行旅：稍有亨通，行旅吉祥。

《彖传》说："行旅而稍得亨通"，这是因为柔爻六五居中于外卦离，顺从于阳刚，以静止之性附丽于光明，所以能"稍有亨通，行旅吉祥"。这说明行旅之时的意义有多么的宏大啊！

《象传》说：山上燃烧着火光，象征着"行旅"。君子因此知道要明察、慎重地动用刑罚而不要滞留人于狱中。

初六，旅琐琐①，斯其所取灾②。

《象》曰："旅琐琐"，志穷灾也。

六二，旅即次③，怀其资④，得童仆⑤，贞。

《象》曰："得童仆贞"，终无尤也。

九三，旅焚其次⑥，丧其童仆⑦，贞厉⑧。

《象》曰："旅焚其次"，亦以伤矣；以旅与下，其义丧也。

九四，旅于处⑨，得其资斧⑩，我心不快⑪。

《象》曰："旅于处"，未得位也；"得其资斧"，心未快也。

六五，射雉，一矢亡，终以誉命⑫。

《象》曰："终以誉命"，上逮也。

上九，鸟焚其巢⑬，旅人先笑后号咷⑭。丧牛于易，凶⑮。

《象》曰：以旅在上，其义焚也；"丧牛于易"，终莫之闻也。

【注释】

①琐琐：艮为小石，初六居艮初，故为琐细。琐，细小，卑微。引申为人品卑劣。

②斯其所取灾：指初六失位上应于四，四多凶且不正，所居不当，所应不当。斯，此，这。

③旅即次：指六二得位居艮中，艮为宫室。即，就。次，客舍。

④怀其资：六二上承三阳，阳为实，又互为巽，巽有"市利三倍"之得。资，资财。

⑤得童仆：艮为少男，初为"琐琐"，六二履初，即以初为僮仆。

⑥旅焚其次：九三所应在离，离为火，三欲应上，故动而往。艮为"次"，动则艮体毁，故曰"焚其次"。

⑦丧其童仆：艮为僮仆，九三动则成坤，坤为丧，故云。

⑧贞厉：九三正而当位，动而失其正，故曰"贞厉"。

⑨旅于处：九四因失位不正，远应于初，故为暂时之住处，非安居之"次"。处，场所，地方，这里指暂时的栖身之处。

⑩资斧：古代兵器。四居离下，离为戈兵，为甲胄。

⑪我心不快：九四以失位之身而下应失位之初，行旅之途见"资斧"，故心不快。

⑫射雉，一矢亡，终以誉命：离为雉，又有戈兵之象。六五失位不正，变而动，动则乾成而离亡。六五变而得正，下应六二。

⑬鸟焚其巢：离为雉，互有巽，巽为高，上九处巽上之离火，故有"鸟焚其巢"之象。

⑭旅人先笑后号咷：因于旅中处上位，故先笑。然居位不正，终必为人所夺，故曰"后号咷"。又上在离卦，离为牛，有牛，故而"先笑"。动而变，离象毁，离象毁则无牛，故"后号咷"。

⑮丧牛于易，凶：上本应于三，然三、上皆失位不正，故不能相应。上在离卦，离为牛，动而变，变虽有应，然离象毁，离象毁则丧牛。或以坤为牛，则上九待三变而应上，也有"丧牛于易"之象。易，变易。

【译文】

初六，行旅时行为卑琐，这等于是自取其灾祸。

《象传》说："行旅时行为卑劣"，这是因为初六志穷所以招致了灾祸。

六二，行旅中住进客舍，怀中藏着资财，随身带着童仆，就当守持正道。

《象传》说："随身带着童仆，就当守持正道"，所以最终也没有什么过错。

九三，行旅途中被火烧毁了客舍，丧失其僮仆；贞问的结果是有危险。

《象传》说："行旅途中被火烧毁了客舍"，这说明九三在旅途中受到了损失和伤害；因为与僮仆同行于旅途中，故丧失僮仆也是在情理之中。

九四，于旅途中暂时得到栖身之处，又得到斩除荆棘的利斧，但是我心中还是深感忧虑。

《象传》说："于旅途中暂时得到栖身之处"，这是因为九四未得其当位之正的缘故；"得到斩除荆棘的利斧"，我心中感到不快。

六五，用箭射击雉，一箭就射了下来，结果受到赞誉、爵命。

《象传》说："结果受到赞誉、爵命"，这是因为居上而有所获。

上九，高树枝上的鸟巢被焚烧，行旅之人先是欢笑，后来又号啕大哭；在边界上丢失了牛，有凶险。

《象传》说：在树枝的高处旅行，所以就容易被焚烧；

"因为在边界上丢失了牛"，最终也没有听到牛的消息。

䷸ 巽卦

巽①：小亨②，利有攸往③，利见大人④。

《彖》曰：重巽以申命⑤。刚巽乎中正而志行⑥，柔皆顺乎刚⑦，是以"小亨，利有攸往，利见大人"。

《象》曰：随风，巽⑧。君子以申命行事⑨。

【注释】

①巽：卦名，巽下☴巽上☴。两巽相重的《巽》卦是以阴在下而顺于上阳为特征的。《说卦》云："巽，入也。"有"顺行"的本质，也有"进入"的特点。从爻辞的情况，可以看到《巽》具有两方面的特征：一是君子"巽乎中正"而负"申命行事"之任；二是"柔皆顺乎刚"，故有利于刚健之行。

②小亨：指六四为卦主，得位而顺从于九五之刚，四阴为小，顺刚为亨。

③利有攸往：二阳失位，变正可往应九五。

④利见大人：指九五得位居正，以中正之德尊居君王之位。

⑤重巽：《巽》下、上皆为巽。申命：反复地宣布下令。申，重复，反复。命，命令。

⑥刚：指九五。巽乎中正：九五以阳刚入于巽卦之中正之位。志行：指九五居中得正，又有阴爻顺从。

⑦柔皆顺乎刚：柔，指初、四二阴爻。初顺承于二，四

顺承于五。

⑧随风，巽：《说卦》曰："巽为风。"两巽相重，象风连续而来。随，连续相随。

⑨君子：指九五，居中处正，尊而得位，故曰君子。
行事：推行政事。

【译文】

《巽》卦象征着"入"：稍有亨通，有利于有所前往，有利于出现大人。

《彖传》说：上下都象征着"入"，就意味着重申命令。阳刚者入于中正之位后他的志向就得以实行，阴柔顺承阳刚，所以卦辞说"稍有亨通，有利于有所前往，有利于出现大人"。

《象传》说：风与风相随，就象征着顺从而入。君子因此知道要像风与风相随那样，反复地宣布政令来推行政事。

初六，进退①，利武人之贞②。

《象》曰："进退"，志疑也；"利武人之贞"，志治也。

九二，巽在床下③，用史巫纷若④，吉，无咎。

《象》曰："纷若之吉"，得中也。

九三，频巽⑤，吝。

《象》曰："频巽之吝"，志穷也⑥。

六四，悔亡，田获三品⑦。

《象》曰："田获三品"，有功也。

九五，贞吉，悔亡，无不利⑧，无初有终⑨。先庚三日，后庚三日，吉⑩。

《象》曰：九五之吉，位正中也。

上九，巽在床下⑪，丧其资斧⑫，贞凶。

《象》曰："巽在床下"，上穷也；"丧其资斧"，正乎凶也。

【注释】

①进退：初六失位不正，进则无应，退则失位，有进退犹豫之象。

②利武人之贞：六若变而为乾，乾刚健勇武，得位有应。

③巽在床下：指九二上不能应五，下据初六，有"在床下"之象。巽为木，二阳居上以象床干，一阴居下以象床足，有床之象。

④用史巫纷若：九二上无所应，以阳居阴，又下据初阴，似有人患病在床。在古代，若人有病则以史、巫祝祷天地众神以缓解病情。史，古代在帝王身边掌管卜筮、记事的官员。巫，古代从事占卜、祈祷、沟通鬼神之人。纷，众多。若，句尾语气词。

⑤频：通"颦"，皱眉。九三上为四阴所乘，且居大坎之内，坎为忧，故皱眉。

⑥志穷：指三居于阳刚之位，为四阴所乘，上无所应，又不能进。

⑦悔亡，田获三品：四本与初应，然初失位不能应，

故有"悔"。九三至九五互为离,"离为戈兵"。四动而变为阳,则有乾象,乾为野。变而下应初六,初在巽,"巽为鸡"。四临互离而应下巽,有猎获之象。乾为三阳爻,故曰"田获三品"。三品,也可指位于四下的三爻,于初则成巽鸡;于二则成兑羊;于三则成离雉。田有所获,故曰"悔亡"。田,打猎。品,品种,类别。

⑧贞吉,悔亡,无不利:九五当位处中得正,二不能应五,然有六四承之,故悔亡。九五居正处中,又有六四顺承于下,无不利。

⑨无初:指初、二皆失位不正,不能应上。有终:若二变正有应,则下卦成艮象。艮为万物之终始。

⑩先庚三日,后庚三日,吉:巽为风,比喻政令传播。九五为君王,"先庚三日"即宣布政令,"后庚三日"即实行政令。庚在十"天干"中为第七位,为"过中"之数,过中则变,故庚象征着"变更"。

⑪巽在床下:上九穷尽于上则反于初,二曰"巽在床下",上反于初也是"巽在床下"。

⑫丧其资斧:资斧,利斧。互卦有离,离为戈兵,有利斧之象。三变而应上,则离毁而无戈兵,故曰"丧其资斧"。

【译文】

初六,处于进退之中时,有利于勇武刚健的人。

《象传》说:"初六处于进退徘徊之时",这说明初六心中有疑虑;"有利于勇武刚健的人",这是因为勇武刚健的人有志于治国安邦。

九二，谦恭卑顺地屈居于床下，若史、巫纷纷前来祝祷，就会得到吉祥，没有过错和灾害。

《象传》说："若史、巫纷纷前来祝祷，就会得到吉祥"，这是因为九二居正得中的缘故。

九三，皱着眉头装成驯服的样子，这说明他遇到了困难。

《象传》说："皱着眉头装成驯服的样子遇到了困难"，这是因为九三心志处于困穷难振的地步。

六四，悔恨消失，田猎时获得三种猎物。

《象传》说："田猎时获得三种猎物"，这是因为四上承五而建立了功绩。

九五，守持正道则有吉祥，悔恨消失，没有什么不利的事，没有好的开始却有好的结果。预先在象征变更的"庚"日前三天发布政令，而在"庚"日后三天实行这个政令，这样才能获得吉祥。

《象传》说：九五所得到的吉祥，这是因为他居于《巽》之中正之位。

上九，驯服地屈居于床下，因为丧失了刚坚的利斧，占问的结果是凶险。

《象传》说："驯服地屈居于床下"，这说明上九处于巽之穷尽之位；"丧失了刚坚的利斧"，这是因为三动而失正得凶。

䷹ 兑卦

兑①：亨②，利贞③。

《彖》曰：兑，说也。刚中而柔外，说以利贞④，是以顺乎天而应乎人⑤。说以先民，民忘其劳；说以犯难，民忘其死⑥。说之大，民劝矣哉！

《象》曰：丽泽⑦，兑。君子以朋友讲习⑧。

【注释】

① 兑：卦名，兑下☱兑上☱。《说卦》曰："说万物者莫说乎泽。"说，通"悦"，"兑为悦"，"兑为泽"，万物得润泽则"悦"，故以"兑"为卦名。观《兑》象，确有乐观喜悦的内容，从卦中六爻看，很明显地能看到《兑》有劝勉民众的大义。

② 亨：阴在上，阳在下，二阴润泽四阳，通融和悦，故有"亨"。

③ 利贞：九五当位居中，刚中柔外，以内征外则有利，以柔悦人也有利。

④ 刚中而柔外，说以利贞：九二、九五皆以阳刚居中，六三、上六以阴柔显于二、五之外，内正而悦于外，内刚而应于外，故曰"利贞"。

⑤ 是以顺乎天而应乎人：天，指九五，五于三才居天位。人，指六三，于三才之中居人位。二、四不正，变正则互坤，坤为顺，二变正则上应五而下承三，故曰"顺乎天而应乎人"。

⑥ 说以先民，民忘其劳；说以犯难，民忘其死：指君子当先民而劳则民忘其劳，先民而难则民忘其死。先，引导，率领。犯，抵御。

⑦丽:《尔雅·广言》:"丽,两也。"

⑧君子以朋友讲习:《兑》之二阳同类为朋。《兑》与
　　《艮》为"山泽通气",《兑》旁通为《艮》,故艮为
　　友。兑为口,两兑相对则有"讲习"之象。

【译文】

《兑》卦象征着愉悦:亨通,有利于守持正道。

《彖传》说:"兑",就是指愉悦。就像一个人内怀阳刚
之正气,待人接物则谦虚柔和,愉悦而有利于守持正道,
因此也就能上顺承于天,下顺应于民众。大人君子以愉悦
之情、不辞劳苦地率领民众,民众就会忘记自己的劳苦跟
随自己;大人君子以愉悦的态度迎接危难的挑战,民众就
会舍生忘死地跟随自己。愉悦的意义是宏大的,民众就是
以此而获得勉励啊!

《象传》说:两泽相连,象征着"愉悦"。君子因为能
够与朋友讲论道理、研习学业而感到愉悦。

初九,和兑,吉①。

《象》曰:"和兑之吉",行未疑也。

九二,孚兑,吉,悔亡②。

《象》曰:"孚兑之吉",信志也。

六三,来兑,凶③。

《象》曰:"来兑之凶",位不当也。

九四,商兑未宁④,介疾有喜⑤。

《象》曰:"九四之喜",有庆也。

九五,孚于剥,有厉⑥。

《象》曰："孚于剥"，位正当也。

上六，引兑^⑦。

《象》曰：上六"引兑"，未光也。

【注释】

①和兑，吉：初九得位居正，本应九四，然九四失位无
应，故与九二同志相和而承阴三之"润"，故"吉"。

②孚兑，吉，悔亡：二比近于三相亲，则九二于三为
"孚"。三为兑主，"孚"三而悦，故"吉"。二失位
而不能应九五之尊，本有"悔"，动而变正，上应
九五则"悔亡"。

③来兑，凶：来兑，三本为阳位，阴来居之，本为阳
刚之身，却变以柔媚之态求悦。来而不正，不能应
上，身陷离中，故有"凶"。

④商兑未宁：九四以阳居阴，下比于弱三，上承于五尊，
且位于两兑之间，故有商谈"未宁"之象。商，商谈。

⑤介疾：因四不正，变则有互艮之象，艮为小。介，
通"疥"，即疥癣之疾，亦有"小"义。有喜：指四
变则得正，上承九五，则小疾不用药治而愈。

⑥孚于剥，有厉：六三至九五互有巽象，巽为木，上
卦为兑，兑于时主秋，木遇秋则有剥落之象。"剥"
本有"厉"，若九五动则变为坎，坎为险，为陷，
则更有"厉"。

⑦引兑：指上应在三，三不正不能应上，上欲使三变正
来上应于己。

【译文】

初九，和善愉悦地对待别人，吉祥。

《象传》说："和善愉悦地对待别人就会吉祥"，这说明初九行事公正不为人所疑忌。

九二，诚信愉悦地对待别人，就会吉祥，悔恨也将消失。

《象传》说："诚信愉悦地对待别人就会吉祥"，这说明九二的心志是诚实的。

六三，前来谋取愉悦，有凶险。

《象传》说："前来谋取愉悦却遇到凶险"，这是因为六三居位不当的缘故。

九四，与人商谈喜悦的事情尚未宁定，所患小疾就不治而愈，令人喜悦。

《象传》说："九四得到了喜悦"，是一件可庆可贺的事。

九五，对消剥阳刚君子的小人讲诚信，这是一件危险的事。

《象传》说："对消剥阳刚君子的小人讲诚信"，这是因为他居于阳刚、诚实的正当之位。

上六，引导他人愉悦。

《象传》说："引导他人愉悦"，这说明上六的愉悦之道未能光大。

䷺ 涣卦

涣①：亨，王假有庙②。利涉大川③，利贞④。

《彖》曰："涣，亨"，刚来而不穷⑤，柔得位乎外而上同⑥。"王假有庙"，王乃在中也。"利涉大川"，乘木有功也。

《象》曰：风行水上，涣。先王以享于帝立庙⑦。

【注释】

①涣：卦名，坎下☵巽上☴。象征"涣散"。"涣"之为义，内险外安，故外卦好于内卦。卦中六爻最为吉祥的是六四爻，由此可见，"涣"之大义在"涣散"其不利之事物。故《涣》无一爻有凶，读来有涣然散开、明朗阔大、愉悦舒畅之感。又因为《涣》中含有木行水上之象，卦有舟楫之象，而爻无舟楫之辞，言"涣"而不言"舟"，则"舟楫"快然无阻，仿佛行于无人之境。

②王假（gé）有庙：乾为王，三至五互艮，艮为门阙，故有王至"宗庙"之象。假，通"格"，到，至。

③利涉大川：坎为水，巽为木，木行水上，有舟楫之象，故"利涉大川"。

④利贞：二失位，变正应五，故曰"利贞"。

⑤刚来而不穷：刚，指九二，九二居阴中成坎，坎水流而无阻，故曰"不穷"。

⑥柔得位乎外：指六四得位于外卦。上同：四上承九五，故云。

⑦先王：九二至六四互震，震为长子，有继统之责，九五在震上，尊居君王之位，故曰"先王"。享于帝：震主祭祀，又有虚筐之象，六四在互震之上，

承五而亨王。立庙：三至五互有艮，艮为庙。

【译文】

《涣》卦象征着涣散：亨通，君王至于宗庙祭祀神灵，有利于涉越大河川流，有利于做事。

《彖传》说："涣散，亨通"，阳刚来居阴位使水流不穷，阴柔得位于外卦而与上之九五协同。"君王来到宗庙祭祀神灵"，这是因为君王居中处正（其诚信能感动天地神灵）。"有利于涉越大河川流"，这是因为《涣》有乘木舟行于水上的功能。

《象传》说：风行于水面上，这种景象象征着"涣散"。先代的君王因此通过祭祀天帝、建立宗庙来教化人心。

初六，用拯马壮，吉①。

《象》曰：初六之吉，顺也。

九二，涣奔其机②，悔亡③。

《象》曰："涣奔其机"，得愿也。

六三，涣其躬，无悔④。

《象》曰："涣其躬"，志在外也。

六四，涣其群⑤，元吉⑥。涣有丘⑦，匪夷所思⑧。

《象》曰："涣其群元吉"，光大也。

九五，涣汗其大号⑨，涣王居，无咎。

《象》曰："王居无咎"，正位也。

上九，涣其血，去逖出⑩，无咎。

《象》曰："涣其血"，远害也。

【注释】

①用拯马壮，吉：拯，读为"承"，指初六顺承于九二。初六处于《涣》之初，坎之下，"坎为险"，初六陷在下，故需上承九二。九二在坎，坎于马为美脊，故曰"马壮"。因不当位，动而变，变而下卦成兑，九二至六四互为震，兑为悦，震为动，悦而动，且承"壮马"，故曰"吉"。

②涣奔其机：指二不能应五，比于初而受初之所承。奔，疾走。机，通"几"，为凭依之物。初承于二，故二以初为"机"。

③悔亡：二失位，本有悔，动而变正，上应于五，故"悔亡"。

④涣其躬，无悔：三失位不正，以阴居阳，既不能如九二秉持阳刚之德，又不能像初六那样顺承于上。变而得正又不能上应，故唯靠自身之力应上。失位不正，本有"悔"，然身在互震，震为动，动而上行以应上则无悔。

⑤涣其群：下为坎，坎为水，为众。六四在巽下坎上，有木舟行水之象，以喻破其朋党之险。

⑥元吉：出于坎险，得位于巽，上承九五，与上同志，建立大功，故"元吉"。

⑦涣有丘：三至五互艮，艮为山，四居半山，故曰"丘"。

⑧匪夷所思：非平常的人所能想象。夷，平常。坎为心，有心则"思"。

⑨涣汗其大号：九五处尊居正，在巽中，巽为号令，

君王行号令以散险阨。汗，出汗。九五因受惊而出汗。号，号令。

⑩涣其血，去逖出：上九处于卦上，离坎险最远，远出于险而居巽木之上。血，流血，以喻伤害。逖，远。

【译文】

初六，顺承于壮马，吉利。

《象传》说：初六之所以能获得吉祥，是因为顺承于二。

九二，涣散之时奔向像几案一样可供依赖的地方，那么，悔恨就会消亡。

《象传》说："涣散之时奔向像几案一样可供依赖的地方"，这说明九二能得偿阴阳相聚不散的愿望。

六三，涣散自身，无所悔恨。

《象传》说："涣散自身"，这说明六三的志向在外面。

六四，涣散其朋党，大为吉祥。涣散像山丘一样大的朋党，就非平常的人所能想象的。

《象传》说："涣散其朋党，大为吉祥"，这说明六四的品德得以光大。

九五，因受惊于险厄之事而散出汗水，但还是发布了大的号令，涣散其君王居处的阴邪之气，没有什么过错。

《象传》说："君王居其位而没有过错"，这是因为九五得位居正的缘故。

上九，散去流血之伤，远离危险，没有危难。

《象传》说："散去流血之伤"，这说明上九已远离伤害。

䷻ 节卦

节^①：亨^②。苦节^③，不可贞。

《彖》曰："节亨。"刚柔分而刚得中^④。"苦节不可贞"，其道穷也。说以行险^⑤，当位以节，中正以通^⑥。天地节而四时成^⑦。节以制度，不伤财，不害民。

《象》曰：泽上有水，节^⑧。君子以制数度^⑨，议德行。

【注释】

①节：卦名，兑下䷹坎上䷜。下泽上水，泽以止水，水被节制在泽中，故曰"节"。《节》之《象传》曰："当位以节"，又曰"中正以通"。时以位显，以当位之正而节之以时，其节制可达到"中正以通"的理想境界。天以四时之节则美，人以制度之节则正。故《象传》曰："节以制度，不伤财，不害民。"就卦象而言，《节》为六十四卦中唯一公开声张"不害民"的卦。

②亨：五当位以节，处中得正，中正而通"坎"，故"亨"。

③苦节：当指上六。上本应三，三失位不应，象水在上极难节制。

④刚柔分：兑为阴卦，为柔。坎为阳卦，为刚。又九五为刚，六四为阴。刚得中：二、五皆以阳刚居中。

⑤说以行险：内兑为悦，外坎为险，互震为行。

⑥当位以节，中正以通：指五当位居中以节制坎险，

又以中正之德居坎，坎为通。

⑦天地节而四时成：《节》互有震，震为春。下兑为秋。下坎为冬。三变成离，离为夏。天地之数以六十为"节"，故《周易》至六十而有《节》卦，节之以四时。

⑧泽上有水，节：兑泽在下，坎水在上，泽蓄容水，其蓄积之量当有所节制。

⑨数度：礼数，法度。

【译文】

《节》卦象征着节制：亨通。但是，一味地苦苦节制则不利。

《彖传》说："节制而得亨通。"刚柔以上下区分的制度使阳刚居于中正之位。"一味地苦苦节制则不利"，这是因为过分节制会趋向于困穷。以愉悦的心情经历险情，居于正当之位而行节制之道，处在中正之位行事必然亨通。天地因受到节制而形成四季变化。若以典章制度、度量尺度为节制，则不会损坏财产，也不会伤害民众。

《象传》说：大泽之上蓄积有水，就需要"节制"。君子通过所制定的法度、尺度来衡量人们的德行。

初九，不出户庭，无咎①。

《象》曰："不出户庭"，知通塞也。

九二，不出门庭，凶②。

《象》曰："不出门庭凶"，失时极也。

六三，不节若，则嗟若，无咎③。

《象》曰："不节之嗟"，又谁咎也？

六四，安节，亨④。

《象》曰：“安节之亨”，承上道也。

九五，甘节，吉，往有尚⑤。

《象》曰：“甘节之吉”，居位中也。

上六，苦节，贞凶，悔亡⑥。

《象》曰：“苦节贞凶”，其道穷也。

【注释】

①不出户庭，无咎：初得位居正，上应六四,四为艮，艮为止；二至四互为震，震为行，行而遇止。“不出户庭”则不历险，故无咎。

②不出门庭，凶：互有艮，艮为“门庭”。二失位，若不变而出应九五则凶。

③不节若，则嗟若，无咎：三因失位而不能“节”，故“嗟”。二、三变正则成《既济》，六爻皆应，故无咎。

④安节，亨：六四当位于上，顺承九五，节以适度，无往不通，故“亨”。

⑤甘节，吉，往有尚：九五居于尊位，居正处中，为《节》之主。九二失位不正，若变正上应九五，则必有“嘉尚”。往，指九二。尚，借为“赏”。

⑥苦节，贞凶，悔亡：上六虽得位而正，然三不能应上，自己又处在“节”之穷尽处，故凶。至二、三变正应上，则卦成《既济》，六爻皆应，则“悔亡”。

【译文】

初九，不出于门户庭院，就不会有灾祸。

《象传》说："不出于门户庭院"，这是因为初九深知畅通则行，阻塞则止的道理。

九二，不走出门户庭院，就会有凶险。

《象传》说："不走出门户庭院就会有凶险"，这是因为九二失去了适当的时机。

六三，不能自我节制，于是嗟叹哀悔，但最终还是没有灾祸。

《象传》说："因为不能自我节制而嗟叹哀伤"，这又能怪谁呢？

六四，安于自我节制，所以亨通。

《象传》说："安于自我节制而获得亨通"，这是因为六四能顺承于尊上的节制。

九五，以节制为美德，吉祥，前往必有所嘉赏。

《象传》说："以节制为美德而获得吉祥"，这是因为九五居于《节》卦的中正之位。

上六，过分节制，令人苦痛，有凶险，但是悔恨还是会消失。

《象传》说："过分节制，令人苦痛，有凶险"，这说明上六处于节制之道的穷尽之处。

䷼ 中孚卦

中孚①：豚鱼②，吉。利涉大川③，利贞。

《彖》曰："中孚"，柔在内而刚得中④，说而巽，孚乃化邦也⑤。"豚鱼吉"，信及豚鱼也；"利涉大川"，乘木舟虚也；中孚以利贞，乃应乎天也⑥。

《象》曰：泽上有风，中孚⑦。君子以议狱缓死⑧。

【注释】

①中孚：卦名，兑下☱巽上☴。《说文》："孚，信也。"
中，指九二、九五，二者皆以刚中当位，中为心，
心实则诚，故卦名《中孚》。《中孚》是一个讲诚信
的卦，其各爻的吉凶悔吝皆与"诚信"有关。诚信
不仅是判断各爻吉凶的标准，而且成为人们观此卦
象的心灵感觉。因为，当我们带着对诚信的期待之
心去理解《中孚》时，那么，我们对守信者的赞赏
与对失信者的痛恨之心也就自然而然地进入到我们
对卦象的理解之中了。

②豚（tún）鱼：二、三失位，动而变正则有坎，坎为
豚。豚，小猪。上卦为巽，巽为鱼。

③利涉大川：坎水为大川，二已变正应五，三阴失位，
动而变正则二至四成坎象，坎上为巽，巽为木，一
如《涣》之"木道乃行"。

④柔在内：三、四以阴柔居于卦内。刚得中：二、五
以阳刚居上下卦中。

⑤孚乃化邦：二、三变正则二至四有坎，坎为"孚"。
以诚信施之天下，则能感化邦国。

⑥乃应乎天：五在天位，二变而应于五，即诚信感动
上天。

⑦泽上有风，中孚：上巽为风，下兑为泽。按《象
传》，以风比德教，巽风在上，实际上也就是德教

行于上。泽润于下，犹如恩泽布施于下。"德教"与"恩泽"二者皆须心中有诚信才能做得，故其象蕴涵着"中孚"之诚。

⑧君子以议狱缓死：下卦为兑，兑为口。互卦有震，震为声，口动有声，故曰"议"。六三至九五互有艮，艮为室，室不外通，故如"狱"。坤为丧死之象，然九二失位不能应上，则互无坤象，待其九二变正，则二至四互有坤，故曰"缓死"。

【译文】

《中孚》卦象征着心怀诚信：（心怀诚信）能感化小猪和鱼，吉祥。有利于涉越河水大川，有利于做事。

《彖传》说："心中怀有诚信"，柔顺处于内心，阳刚居于中正，和悦而谦逊，那么，诚信之德就会感化邦国。"心中的诚信能感化小猪和鱼就会获得吉祥"，这说明《中孚》的诚信之德能及于豚鱼；"有利于涉越河水大川"，这是因为卦象中含有乘坐内虚外实的木舟；心怀诚信则会有利，于是诚信也就应合于天道。

《象传》说：泽水之上有风吹动，这种情境象征着"心怀诚信"。君子因此而审议讼狱，宽缓死刑。

初九，虞吉，有它不燕①。

《象》曰：初九"虞吉"，志未变也。

九二，鸣鹤在阴，其子和之②。我有好爵，吾与尔靡之③。

《象》曰："其子和之"，中心愿也。

六三，得敌④，或鼓或罢⑤，或泣或歌⑥。

《象》曰："或鼓或罢"，位不当也。

六四，月几望⑦，马匹亡，无咎⑧。

《象》曰："马匹亡"，绝类上也。

九五，有孚挛如，无咎⑨。

《象》曰："有孚挛如"，位正当也。

上九，翰音登于天⑩，贞凶⑪。

《象》曰："翰音登于天"，何可长也？

【注释】

①虞吉，有它不燕：初得位居正，上应六四，位正有
应，故安守则吉。若有它图，则失正不能安。虞，
安。有它，另有他图。燕，安宁，安闲。

②鸣鹤在阴，其子和之：鸣，《中孚》下互有震，《说
卦》曰"震为善鸣"。鹤，二变正则上应九五，九五
在巽，巽为鸡，类如"鹤"。阴，借为"荫"。巽
为木，故有"阴"。其子，巽为鸡，喻指老鹤之子。
和，下互为震，震为雷。上卦为巽，巽为风，雷与
风为同声相应。

③我有好爵，吾与尔靡之：我，指九二。爵，饮酒之
器，此处借指"酒"。尔，指九五。靡，即共同。

④得敌：三四处上下两卦之间，皆为阴爻，阴阴相斥。

⑤或鼓或罢：古代作战时，击鼓而进，鸣金则退。三
失位不正，与四相敌，击鼓而进，不能取胜，故
疲惫而退。六三在兑上，兑为口。震为声，为鼓。

罢，通"疲"。

⑥或泣或歌：四得位而正，三不能胜则忧惧四反击，故泣，四守正得胜，则歌。

⑦几望：汉帛书《周易》作"既望"，即每月十六日至二十三日之间。

⑧马匹亡，无咎：初与四应，现四承上而舍初，犹如马失其匹配，然舍下顺承九五之尊，故"无咎"。九二至六四互为震，震为马。然九二终要变正上应，变则震象失而坤象成，坤为丧。匹，匹配。

⑨有孚挛如，无咎：五应二，二失位不能应，五以诚信"挛"二，使其变化为坤，坤为城邑，为邦，此为九五以诚化邦之举，故无咎。挛，拘牵连系。

⑩翰音登于天：上应于三，三在下卦，互震为声，上九在巽，巽为高，为鸡，鸟类，故云。翰，高飞。贞凶：指上与三皆不正。

【译文】

初九，安于本分则会吉祥，如有它求则不得安宁。

《象传》说：初九之所以"安于本分则会吉祥"，这是因为他的志向未有改变。

九二，白鹤在树荫下鸣叫，小鹤应和着。我有甘甜的美酒，我与你共同享用它。

《象传》说："小鹤应和着老鹤的鸣叫"，声音中表达着内心真诚的意愿。

六三，面临敌人，有的人击鼓前进，有的人疲惫败退；有的人哭泣，有的人欢声歌唱。

《象传》说:"有的人击鼓前进,有的人疲惫败退",这是因为六三所处的位置不当所致。

六四,在月亮满圆后,马失去了自己的匹配,但没有灾祸。

《象传》说:"马失去了自己的匹配",这是因为断绝了与自己匹配的同类而上承于九五的缘故。

九五,用诚信牵系天下,没有灾祸。

《象传》说:"用诚信牵系天下",说明九五居于中正适当之位。

上九,高飞的鸟鸣声响彻天宇,此时有凶险。

《象传》说:"高飞的鸟鸣声响彻天宇",这种声音怎么能够长久呢?

䷽ 小过卦

小过①:亨,利贞②。可小事,不可大事③。飞鸟遗之音④,不宜上,宜下,大吉。

《象》曰:小过,小者过而亨也⑤。过以利贞,与时行也⑥。柔得中⑦,是以小事吉也;刚失位而不中⑧,是以不可大事也。有飞鸟之象焉,"飞鸟遗之音,不宜上,宜下,大吉",上逆而下顺也⑨。

《象》曰:山上有雷,小过⑩。君子以行过乎恭,丧过乎哀,用过乎俭⑪。

【注释】

①小过:卦名,艮下☶震上☳。按卦例,阴小而阳大,

此卦二阳在内，四阴在外，阴盛于阳，故曰"小过"。《小过》与《大过》相对，过，皆指"过越"。君子知阴盛于阳则不能为"大事"，故以"过恭、过哀、过俭"矫之。《小过》的境界，概言之就是"宜小而不宜大，宜下而不宜上"。由此可见，《小过》在强调"小于过越"时，更向往一种不期而遇的巧遇。

②亨，利贞：阴柔得中而应阳刚，正符合礼之用，且如卦辞所言"不宜上，宜下，大吉"。

③可小事，不可大事：因二、五皆柔而失位，阴柔为小，故云。

④飞鸟遗之音：上卦为震，震为声，《九家易》曰：震为鹄。鹄，即天鹅，故卦有飞鸟之象。鸟声遇山而止，只遗其音。遗，遗失，留下。

⑤小者过而亨：阳大阴小。九四应初，初阴过二而去，九三应上，过五而去，阴过于阳，五居中见过而不见应。

⑥过以利贞，与时行：五失位不正，过五则变正，变正则卦成《咸》。过，应时而行。

⑦柔得中：指六二、六五以阴爻居下、上卦之中位。

⑧刚失位：指九四为阳刚之爻，以阳居阴位。

⑨上逆：指四、五失位。下顺：指二、三得位。

⑩山上有雷，小过：下艮为山，上震为雷，因为艮一阳在上，故曰山大。震重阴在上，故曰雷小。就卦象而言，是小过于大，故曰"小过"。

⑪君子以行过乎恭，丧过乎哀，用过乎俭：知过而矫之以正，故于其行则过于恭谨；于其丧则过于哀伤；于其用则过于节俭。

【译文】

《小过》卦象征着小有过越：亨通，有利。可以做小事，不可以做大事。就像飞鸟飞来时留下的声音，不宜飞得太上，使人听不到声音，应该向下飞，使人听到声音，如此则会获得大的吉祥。

《彖传》说：小有过越，这说明柔小之事有所过越则可亨通。过越则有利，并顺应适当的时间行进。因柔小居于卦中，所以做小事则会吉利。阳刚失位不正且不能居中正之道，所以不可以为大事。因为卦象中含有飞鸟之象，所以卦辞说："飞鸟飞来时留下的声音，不宜飞得太上，使人听不到声音，应该向下飞，使人听到声音，如此则会获得大的吉祥"，这说明向上行不能顺利，而向下行则顺利。

《象传》说：山上有雷声震动，象征着"小有过越"。君子因此在行事时，就稍过于恭谨，遇到丧事时就稍过于悲哀，使用东西时就稍过于节俭。

初六，飞鸟以凶①。

《象》曰："飞鸟以凶"，不可如何也。

六二，过其祖，遇其妣②。不及其君，遇其臣，无咎③。

《象》曰："不及其君"，臣不可过也。

九三，弗过防之④，从或戕之，凶⑤。

《象》曰："从或戕之"，凶如何也！

九四，无咎，弗过遇之⑥；往厉必戒⑦，勿用⑧，永贞。

《象》曰："弗过遇之"，位不当也；"往厉必戒"，终不可长也。

六五，密云不雨⑨，自我西郊⑩；公弋取彼在穴⑪。

《象》曰："密云不雨"，已上也。

上六，弗遇过之⑫；飞鸟离之，凶，是谓灾眚⑬。

《象》曰："弗遇过之"，已亢也。

【注释】

①飞鸟以凶：按卦象，初失位，动而变正，卦成离，离为雉。上卦为震，震为动，雉动象如"飞鸟"。然初六不动、不变则应于失位之九四，动而变之则无应，故曰"飞鸟以凶"。

②过其祖，遇其妣：父死曰"考"，母死曰"妣"。初为坤体之始，故称"祖母"。二在初上，则二已过初，故曰"过其祖"。筮得六二则动，动则变，变则二至四互有乾，乾为父，为祖，动而有乾，也是"过其祖"。乾伏坤，坤为母，坤伏则母失其象而不显，故曰"遇其妣"。

③不及其君，遇其臣，无咎：二本应五，然中有三、四阻隔，且有艮止。又因五失位不正不能下应二，使二不得应于尊居王位的六五。退而求其次，则与

九三、九四相遇，此二位均为臣位。六二在艮而止，止而承三，以阴承阳，以下承上，无咎。

④弗过防之：三得位应上，然为四所阻，三恃其阳刚之强，不愿过于防备四。

⑤从或戕（qiāng）之，凶：二至四互为巽，巽为木；三至五互为兑，兑为毁折。九三为九四所阻，阳阳相敌，以木象入于毁折之中。戕，杀害。

⑥无咎，弗过遇之：九四以阳居阴，失位不正，然居互巽之中，巽为入，入则遇五，易位而正，故无咎。四居于《小过》上震之初，震而动，动则上居于五，不用过即能遇五。

⑦往厉必戒：四阳不正，前往会遇互卦兑，兑为毁折，应有戒备之心。

⑧勿用：四阳居《小过》，虽具阳刚之才，却不可以为大事，故曰"勿用"。

⑨密云不雨：上卦为震，震为雷，有雷则必有云。坎为水，有震象而无坎象，故无雨。

⑩自我西郊：六五在互兑之上，兑为西方卦，雷动于兑。

⑪公弋取彼在穴：公，指九三。三以阳刚得位。下卦为艮，艮为山，九三至六五互为兑，兑为口，山中之口，故为穴。辞曰"宜下"而"不宜上"，故曰"公弋取彼在穴"。六二至九四互为巽，巽为高；初六变正则下卦成离，离为雉；上卦为震，震为龙，有腾飞之象，故《小过》之初六、六五、上六辞皆有"鸟飞之象"。

⑫弗遇过之：上六本与三阳有应，然因过至极高，故不能相遇。

⑬飞鸟离之，凶，是谓灾眚：《小过》有飞鸟之象，然飞鸟飞至过高，不能有遇，无遇则无所寄托，互兑为毁折，离又有戈兵之象，故必遭受弋射。飞至过高而遭遇凶险，就是灾眚。离，通"罹"，即遭受。眚，灾异。

【译文】

初六，飞鸟逆势向上飞行就会遇到凶险。

《象传》说："飞鸟逆势向上飞行就会遇到凶险"，这是初六自取其咎，谁也不知该如何救它。

六二，越过祖父，遇到祖母。然而，还是没有到达君王之位，但是遇到大臣，所以还是没有什么灾祸。

《象传》说："没有到达君王之位"，这是因为作为臣仆的六二是不能超过尊上之位。

九三，不仅不肯过分地防备，而且随从其上，可能会受到杀害，有凶险。

《象传》说："随从其上就可能会受到杀害"，凶险是多么的严重啊！

九四，没有灾祸，不用越过就有遇合；前往有危险，一定要有所戒备，不可施展阳刚之才能，应长久地守持正道。

《象传》说："不用越过就有遇合"，这是因为九四居位不当所致；"前往有危险，一定要有所戒备"，这说明九四不能长久地居于阳刚之道。

六五，浓云密布却不降雨，浓云从我们所居住城邑的西郊兴起，王公用箭射取藏在洞穴中的鸟兽。

《象传》说："浓云密布却不降雨"，说明阴柔之气已过于向上。

上六，不能遇合阳刚而超过阳刚；就像飞鸟遭受射杀一样，有凶险，这件事真可谓是"灾异"。

《象传》说："不能遇合阳刚而超过阳刚"，这是因为上六已到达极高之处。

䷾ 既济卦

既济①：亨小，利贞②；初吉终乱③。

《彖》曰："既济，亨"，小者亨也。"利贞"，刚柔正而位当也；"初吉"，柔得中也；"终止则乱"，其道穷也④。

《象》曰：水在火上，既济⑤。君子以思患而豫防之。

【注释】

①既济：卦名，下离☲上坎☵。既，已经。济，本义指渡河，既济，则为已经渡过河。在六十四卦中，《既济》是唯一六爻皆当位有应的卦，这给《既济》带来一些好处，被《左传》认为"在祀与戎"的"国之大事"都在其中了，九五也因此得到了"实受其福"的好处，且六爻中无一有"凶"，唯上六因处于穷极之处而有"濡首"之厉。

②亨小，利贞：在《既济》中，六爻皆正，各得其应，故柔小者也得以亨通，有利于所"贞"之事。小，指六二。

③初吉终乱：初当位有应，所应在四，四当位于互离之中，离为光明，以光明见之于光明，故曰"初吉"。九三上应上六，上六在坎，坎为险，知险而应险，似有乱事，故曰"终乱"。其实，"初吉终乱"也是劝诫之辞，若不居安思危，慎终如始，则"终乱"之事也是当然。

④其道穷：《泰》极则反《否》，虽然《既济》中六爻皆正，然正不可极，极则有穷尽之时。又《既济》之上六为阴爻，居一卦之终，象征着《既济》走向终极的阶段；上六居九五之上，这是以柔乘刚，象征着以臣凌驾于君王之上，有臣欺君之象，故曰"乱"，乱则"其道穷"。

⑤水在火上，既济：上坎为水，下离为火。水在火上，有炊事饮食之象，且火在水下烧，则饮食可成，象征着事成。又火上有水，有以水灭火，救火成功之象。

【译文】

《既济》卦象征事已成功：能够让小事亨通，有利；开始时吉祥，最终还是会陷入危乱之中。

《彖传》说："事已成功，亨通"，使柔小者有所亨通。"有利"，这说明阳刚和阴柔各得其正，所居之位也适当；"开始吉祥"，这是因为六二以阴柔得居中位；"最终停止不前就会导致危乱"，这说明《既济》之道已经到了穷尽的地步了。

《象传》说：水在火上，象征着"事已成功"。君子思虑可能出现的祸患而预先做好防备。

初九，曳其轮，濡其尾，无咎①。

《象》曰："曳其轮"，义无咎也。

六二，妇丧其茀②，勿逐，七日得③。

《象》曰："七日得"，以中道也。

九三，高宗伐鬼方④，三年克之⑤，小人勿用⑥。

《象》曰："三年克之"，惫也。

六四，繻有衣袽⑦，终日戒⑧。

《象》曰："终日戒"，有所疑也。

九五，东邻杀牛，不如西邻之禴祭，实受其福⑨。

《象》曰："东邻杀牛"，不如西邻之时也；"实受其福"，吉大来也。

上六，濡其首⑩，厉。

《象》曰："濡其首厉"，何可久也？

【注释】

①曳其轮，濡其尾，无咎：二至四有坎象，坎为轮，坎又为险，见险而"曳其轮"，则无咎。初动则变，变则下卦为艮，艮为狗，类如狐。艮在坎下，初在艮下，如狐之尾，狐在水中，故"濡其尾"。然因初九位正而有应，故无咎。

②妇丧其茀（fú）：离为中女，故曰妇。互有坎象，坎

为盗，盗其"茀"。茀，遮蔽车辆的竹席。

③勿逐，七日得：二当位居中，又与五有应，"逐"则失位、失应，故应"勿逐"。二、五相加为七，故曰"七日得"。

④高宗伐鬼方：高宗为殷中兴之主，三以阳刚居卦中，有中兴之象，又三得位于内卦离，离为戈兵，外卦坎阴为鬼方，故有高宗伐鬼方之象。高宗，指殷高宗武丁之号。鬼方，国名，古代西北地区猃狁部落之一。

⑤三年克之：上六为阴暗之极，九三为离火之阳，明能除暗，故上而征之，以阳胜阴，可以克之。四至上为三，故曰三年。

⑥小人勿用：伐为国之大事，小人筮得此爻则不能用。小人，庶民之通称。

⑦繻（rú）有衣袽（rú）：六四在互离之中，以阴柔为美，故有"繻有衣袽"之象。繻，彩色的帛，这里借指华美的衣服。袽，旧絮，破布。

⑧终日戒：四上承九五，近尊则多惧，应戒之。处两坎之间（六二至六四互为坎），坎心为疑，且多险，也应戒之。

⑨东邻杀牛，不如西邻之禴（yuè）祭，实受其福：五在坎险中，故西邻指九五；九五与六二相应，则东邻指六二。九五当《既济》之主，当受因"禴祭"而获得的福泽。禴，古代祭名。指夏祭或春祭。

⑩濡其首：爻按卦例上为首，坎为水，首应坎中，故

日"濡其首"。

【译文】

初九，拖曳住车轮，狐狸渡河沾湿了尾巴，但没有什么灾祸。

《象传》说："拖曳住车轮"，这说明了宜使初九不遭受灾祸。

六二，有妇女丢失了遮蔽车辆的竹席，不要去追寻，七日后将失而复得。

《象传》说："七日后将失而复得"，说明六二处于中正之道。

九三，殷高宗讨伐鬼方，三年后才得到胜利，庶民筮得此爻则不能用之。

《象传》说："三年后才得到胜利"，这说明仗打得很疲劳。

六四，华美的衣服破成一串串烂衣败絮，应当整日保持戒备之心。

《象传》说："应当整日保持戒备之心"，这说明六四有所疑惧。

九五，东边的邻邦杀牛盛祭宗庙，不如西边邻邦微薄的"禴祭"，因为西边的邻邦能更为实在地受到神灵降下的福泽。

《象传》说："东边的邻邦杀牛盛祭宗庙"，不如西边的邻邦以合适的时间祭祀；"西边的邻邦能更为实在地受到神灵降下的福泽"，这说明吉祥宏大，源源而来。

上六，渡河濡湿了头部，有危险。

《象传》说："渡河濡湿了头部"，这说明上六已处于穷尽之处，何以能长久地保持既济之道呢？

䷿ 未济卦

未济[1]：亨[2]。小狐汔济，濡其尾，无攸利[3]。

《彖》曰："未济，亨"，柔得中也[4]。"小狐汔济"，未出中也[5]；"濡其尾，无攸利"，不续终也[6]。虽不当位，刚柔应也[7]。

《象》曰：火在水上，未济。君子以慎辨物居方。

【注释】

[1]未济：卦名，下坎☵上离☲。离为火，坎为水，火在水下则不能炊事饮食，水在火下则不能救火，故曰"未济"。六十四卦以《未济》为结尾，这不能不使人们再三地想起《系辞》所谓："作《易》者，其有忧患乎？"《未济》有水火不容、阴阳错位之象。"未济"之"未"，一方面以"未成"来承前，另一方面，则以"未终"来启后。龚自珍《己亥杂诗》之一云："《未济》终焉心缥缈，百事翻从阙陷好。"美学中有以缺陷为美的观点，以《未济》求《既济》正好能说明《未济》"美"的一面。

[2]亨：六五失位，但以柔得中，有谦和之气，"谦受益"。且二、五虽皆有失位之憾，却有相应之得，天地之气相交，交而通，故曰"亨"。

[3]小狐汔（qì）济，濡其尾，无攸利：汔，即将，几乎。艮为狗，类为狐。按《尚氏易学》认为"卦

有三艮形"，因其卦中有艮形而未具艮象，故谓之
"小狐"。坎为水，二在坎水中，故曰"濡其尾"。
初、二、三皆失位不能应上，故曰"无攸利"。

④柔得中：指六五以阴柔居上卦之中，为一卦之主，
下应九二，持中和之道。

⑤未出中：坎为险，九二居下坎之中，未能走出险境。

⑥不续终：初六柔居一卦之下，力弱不能济事，因而
使九二也不能脱离险境。

⑦虽不当位，刚柔应也：初、三、五爻皆以阴居阳，
二、四、六爻皆以阳居阴，皆不当位，然皆能以阴
应阳，以刚应柔。

【译文】

《未济》卦象征着事未成功：努力促成事情成功也会亨
通。小狐狸在即将渡河成功时，濡湿了尾巴，无所利益。

《彖传》说："事虽未能成功，但努力促成其成功就会
获得亨通"，因为有柔顺之德守持正道。"小狐狸即将渡河成
功"，这是因为它尚未脱离坎险之中；"濡湿了尾巴，无所
利益"，这是因为小狐狸力小不能持续至终。虽然，《未济》
中的六爻皆未居适当之位，但是，都能刚柔相应。

《象传》说：火在水上燃烧，象征着"事未成功"。君
子因此而知要认真谨慎地分辨事物，使它们能各就其适当
的位置。

初六，濡其尾，吝①。
《象》曰："濡其尾"，亦不知极也。

九二，曳其轮，贞吉②。

《象》曰：九二贞吉，中以行正也。

六三，未济，征凶，利涉大川③。

《象》曰："未济征凶"，位不当也。

九四，贞吉，悔亡④；震用伐鬼方⑤，三年⑥，有赏于大国⑦。

《象》曰："贞吉悔亡"，志行也。

六五，贞吉⑧，无悔；君子之光⑨，有孚吉⑩。

《象》曰："君子之光"，其晖吉也。

上九，有孚于饮酒⑪，无咎；濡其首⑫，有孚失是⑬。

《象》曰："饮酒濡首"，亦不知节也。

【注释】

①濡其尾，吝：初六柔居其坎下，如小狐在河水边，无力渡河，渡则"濡其尾"。且初居位不正，所应在四，四互有坎水之险，前往必遭遇困难。

②曳其轮，贞吉：《说卦》曰：坎为轮，为曳。九二居未济之时，处险难之内，任重忧深，故"曳其轮"。虽不得位，处中而行，故也能"贞吉"。

③未济，征凶，利涉大川：三不正，所应也不正，又居两坎之中，险中有险，且以阴居阳，力弱不应有征。然六三已出于下坎，乘二阳而上，有涉而脱险之象。

④贞吉，悔亡：四失正，动而变正则得位，故曰"贞吉"。

⑤震用伐鬼方：九四与二、三互离。离为戈兵，四在
　离初，故有用兵之象。又四变正后，自初到五有
　《师》象，故曰"震用伐鬼方"。

⑥三年：《既济》在离三，故曰"三年"。又四应初，
　初至于四有三爻，也是"三年"。

⑦有赏于大国：四变正后，二至四成震，震为诸侯，
　故曰"大国"。四至上为艮，卦象有坎川，故有赏
　封"山川"于"大国"。

⑧贞吉：五为《未济》之主，以柔居离中，离为火，
　有文明之象。

⑨君子之光：五居离中，以柔顺之德居文明之中，有
　君子之光华。

⑩有孚吉：坎为孚，五居互坎上，所应在二，二也在
　坎，孚而有应，故曰"孚吉"。

⑪有孚于饮酒：坎为孚，坎水有酒水之象。上之所应
　在三，三在坎中，上也居互坎之上，故曰"孚于饮
　酒"。

⑫濡其首：爻按卦例上为首，动而失位，首应坎中，
　故曰"濡其首"。

⑬有孚失是：上六所应在坎，坎为孚，失正于《未济》
　之极，即失于正道。是，正也。

【译文】

　　初六，小狐狸在渡河时濡湿了尾巴，这预示着初六将
遇到困难。

　　《象传》说："小狐狸在渡河时濡湿了尾巴"，这说明它

不知水中有多深。

九二，拖曳着车轮，吉祥。

《象传》说：九二之所以能获得吉祥，原因在于他能以中和之道使自己的行为端正不偏。

六三，事未成功，出征前行必有凶险，有利于涉越大河川流。

《象传》说："事未成功，出征前行必有凶险"，这是因为六三失位不当。

九四，吉祥，悔恨消失；以雷霆之势讨伐鬼方，三年大功告成后被封赏为大国诸侯。

《象传》说："吉祥"，说明九四的志向得以实行。

六五，吉祥，无所悔恨；君子之行有光明磊落，心怀诚信就有吉祥。

《象传》说："君子光明磊落"，这说明他的光辉焕发出吉祥的瑞兆。

上九，满怀信任地与他人饮酒，没有灾祸；然而，因为无节制地饮酒以至于濡湿了头部，这说明他们虽然有诚信，却因为无节制而失去了正道。

《象传》说："毫无节制地饮酒以至于濡湿了头部"，这说明上九不知节制。

系辞上传

在易学的体系中，"系辞"有两种意思，一是指系属之义，即"系属其辞于爻卦之下"（《周易正义》）。将卦爻辞系连在卦画与爻画之下，用以解释各卦、各爻的含义。二是指上下两篇的《系辞传》。它是《易传》思想的主要代表作，以上下两篇列于《十翼》中用以说明《易经》的基本意义、原理、功用、起源及筮法等。《系辞传》内容从"一阴一阳之谓道"出发，阐明了自然界中阴阳、动静、刚柔等是两种相反势力的"相摩"、"相荡"，而这种对立与对立所生成的过程反映了事物发展的普遍规律。同时，《系辞传》还提出"穷则变，变则通，通则久"的辩证观。在承认一切皆变中，又以"天尊地卑，乾坤定矣，卑高以陈，贵贱位矣"来强调变化之中有不变，不变是变的前提。与现在的辩证观不同的是，《易经》认为变与不变都是必然的，但是，"变"在《易经》中具有普遍性，而不变只是作为相对的因素而存在。自然和社会总是在不变与变化的交替作用中进行着。

先秦的典籍到了汉代后，就有了"经"与"传"之分，"经"者，典常之意；"传"者，转述之旨。王充曰："圣人作经，贤人作传。"（《论衡》）班固又曰："圣人作经，贤者纬之。"（《汉书》）故经传二者相对而存在，"经"是本干，"传"是枝叶。对于现在学习《易经》的人而言，应该重视对《易传》的认识和理解。因为，从时代上讲，"传"是最接近《易经》本来面目的注释和讲解，此其一。其二，要想真正理解《周易》的卦爻辞，比较好的方法就是以"传"去理解"经"。其三，《易传》包含

有很重要的中国古人的辩证哲学观以及朴素的自然科学内容。其四，《易传》具有很高的文学价值，而《系辞传》则是《易传》中的主体。

《系辞上传》第一章，以天地之门户"乾坤"开篇。说明乾坤的变化形成八卦，又演绎出六十四卦，世间万物的变化皆在其中。在这种变化中，《系辞》重点强调了天地皆以"简易"为本。故《正义·序》引郑玄曰："《易》一名而含三义，'易简'一也；'变易'二也；'不易'三也。"天地本"简易"，知"简易"则可知天地之理。世间之简易莫过于"一"。乾坤的"简易"之道，不仅揭示了事物的根本特征，而且还为人们认识复杂问题指明了正确的方法。世上的事物也许在表现形式上是复杂多变、繁琐深奥的，但是有了"简易"的"门户"，就可以提纲挈领，以简驭繁，最终抓住事物的本质。

天尊地卑，乾坤定矣①。卑高以陈，贵贱位矣②。动静有常，刚柔断矣③。方以类聚，物以群分，吉凶生矣④。在天成象，在地成形，变化见矣⑤。是故刚柔相摩，八卦相荡⑥，鼓之以雷霆，润之以风雨⑦；日月运行，一寒一暑。乾道成男，坤道成女⑧。乾知大始，坤作成物。乾以易知，坤以简能⑨；易则易知，简则易从；易知则有亲，易从则有功；有亲则可久，有功则可大⑩；可久则贤人之德，可大则贤人之业。易简而天下之理得矣。天下之理得，而成位乎其中矣。

【注释】

①天尊地卑，乾坤定矣：《易》含万象，天应乾象，地应坤象。乾坤为天下万物之门户，所以《系辞》先从天地讲起。天以刚阳而尊，地以柔阴而卑。天地相分，则乾坤之体各有定分。

②卑高以陈，贵贱位矣：天高则为贵，地卑则为贱，天高地卑之势陈列后，人们也就按照这种情形确立人类的贵贱位置。以，同"已"。陈，陈列。位，定位。

③动静有常，刚柔断矣：古人认为乾体刚健而常动，坤体阴柔而常静，阳刚与阴柔也就在乾坤中判然分明。

④方以类聚，物以群分，吉凶生矣：《韩注》曰："方有类，物有群，则有同有异，有聚有分也。顺其所同则吉，乖其所趣则凶，故吉凶生矣。"方，观念，意识。

⑤在天成象，在地成形，变化见矣：天象因天而示，地物随地而形。天象与地形皆随着时间的变化而变化。

⑥是故刚柔相摩，八卦相荡：诸卦递相推移，因本从八卦而来，故云。刚，指乾卦（☰）。柔，指坤卦（☷）。摩，摩擦，即阴阳刚柔相互摩擦交感。荡，推动，即刚柔相互激荡。

⑦鼓之以雷霆，润之以风雨：震为雷，雷震而动。巽为风，坎为雨，雨随风而来，有润泽万物之德。

⑧乾道成男，坤道成女：乾阳初至于坤则为震，正所谓初索得男为长男；乾阳二至于坤为坎，为中男；乾阳三至于坤为艮，为少男。坤阴初至于乾为巽，为长女；坤阴二至于乾则为离，为中女；坤阴三至于乾则为兑，为少女。

⑨乾以易知，坤以简能：乾为首，光明正大，故能具有智慧，坤因简约而有所作为。平易、简约之极，所以才能有"知"有"能"。易，平易，简约。知，通"智"。

⑩有亲则可久，有功则可大：阴阳相和则有亲，有亲相得，则生生不息，故可以长久；阴阳相合则生成万物，载物众多，繁衍不已，故曰"功大"。

【译文】

天尊贵而地卑下，这样乾坤的位置就确定了。当卑下与高贵陈列出来时，高贵与卑贱也就随之有了各自的位置。天地之间一动一静都有一定的规律性，阳刚与阴柔也因此得以分断清楚。天下的事物各以其类别聚集，各种动物、生物也以其不同的群体而区分，吉与凶就在事物的同异中产生。当阴阳、刚柔分化后，在天空中形成天体如日月星辰的形象，在大地上形成了山川、动植物等景象，事物的变化就是通过它们得以体现。所以阳刚与阴柔相互摩擦交流而生成了八卦，八卦又相互推衍生成了六十四卦，就如同以雷霆鼓动，而风雨润泽；对于天象而言，日月的往来运行之间，形成一寒一暑的交替。对于人类而言，乾道演变成男性，坤道演变成了女性。乾道的智慧在于它是万物的伟大创始者，坤道的作为在于它在大地上生成了万物。乾以其平易而充满智慧，坤以其简易而大有作为；事情只有平易才会使人容易明白，事情只有简易才会使人容易随从；容易为人所知就会有人亲近，容易随从就会建立功业；有人亲近则可以立身长久，建立功业就可立身宏大；立身长久是贤人的美德，立身宏大是贤人的事业。若能明白乾坤的平易与简约，那么，就会晓得天下的道理。晓得了天下的道理后，就能将刚柔、阴阳、贵贱安排在适宜的位置。

　　圣人设卦观象①，系辞焉而明吉凶②，刚柔相推而生变化③。是故吉凶者，失得之象也④；悔吝者⑤，忧虞之象也；变化者，进退之象也⑥；刚柔者，昼夜之象也⑦。六爻之动，三极之道也⑧。是故君子所居而安者，《易》之序也；所乐而玩者，爻之辞也。是故君子居则观其象而玩其辞，动则观其变而玩其占，是以自天佑之，吉无不利。

【注释】

①圣人：指伏羲氏。设卦：创立六十四卦。设，创立。观象：观察六十四卦之卦象。

②系辞焉而明吉凶：指六十四卦之三百八十四爻系有相应的卦爻辞后，其蕴含在其中的吉凶等意义得以说明。

③刚柔：六爻有阴柔与阳刚之分。推：刚与柔一往一来。变化：阳称"变"，阴称"化"。

④失得：指阴阳的失位与当位。当位象征着处事得当，所以就"吉"；失位象征着处事失当，故曰"凶"。

⑤悔吝：小的过失和困难。吝，指困难。

⑥进退：阳息而进，故曰"息卦为进"。阴消为退，故曰"消卦为退"。

⑦昼夜之象：乾阳为昼，坤阴为夜，阴阳消息往来象征着昼夜交替。

⑧六爻之动，三极之道也：三极即三才。六爻中，初至二以象地，三至四以象人，五至上以象天。三才象征着宇宙间的三种境界，故六爻的动与变，也就是三才的变动之道。

【译文】

圣人通过观察万物之象而设立了六十四卦，又在各卦、爻下系以言辞以说明它们所蕴涵的吉凶征兆，阳爻和阴爻一来一往发生着变化。所以"吉"与"凶"，是处事有得有失的象征；"悔恨"与"困难"是忧愁与忧虑的象征；阳进阴退是旧的事物退去及新的事物进来的象征；阳刚与阴柔的变动是昼夜的象征。六爻的变动包含着天、地、人三种境界的道理，所以君子能安居而稳定的原因在于他们遵循了《周易》所规定的秩序；而君子喜爱和揣摩的是爻下所系的辞义。所以平时居住在家就观察卦象而揣摩其卦爻辞所含的意义，出门行动则观察六爻的变化而揣摩占筮所含的吉凶，所以能得到来自上天的保佑和帮助，因而获得吉祥而无所不利。

象者①，言乎象者也；爻者②，言乎变者也③。吉凶者，言乎其失得也；悔吝者，言乎其小疵也④。无咎者，善补过也。是故列贵贱者存乎位⑤，齐小大者存乎卦⑥，辩吉凶者存乎辞⑦，忧悔吝者存乎介⑧，震无咎者存乎悔⑨。是故卦有小大，辞有险易；辞也者，各指其所之。

【注释】

①象：通"断"，判断。是总论卦义的提要。系辞的作者称卦辞为象，非《象传》之"象"。

②爻：指爻辞。《系辞》作者称"爻"，非爻画之"爻"。

③言乎变者：依《周易》传统筮例，以变动之爻的爻辞来判断吉凶。

④悔吝者，言乎其小疵也：《周易》所谓的吉凶，是对人们行为之得失的总结。而悔吝则相对吉凶而言，指德行方面有"小疵"。"小疵"尚能予以补救，所以，在爻辞中常可以看到"悔吝"之后，缀辞以"无咎"。

⑤列贵贱者存乎位：位，指爻位。六爻的顺序是从下

往上数。《易传》的作者认为，爻位象征着人在社会中的地位。故初爻为卑位，上爻为高位，二爻为臣民位，五爻为君位。

⑥齐：陈列。小大：八卦中的《乾》、《震》、《坎》、《艮》为阳卦，《坤》、《巽》、《离》、《兑》为阴卦。阳卦为"大"，阴卦为小。六十四卦皆两卦相重而成，两个阳卦相重则为大。

⑦辩：借为"辨"，辨别。

⑧介：细小，细微。

⑨震无咎者存乎悔：在卦爻中，悔本有其咎，然动而悔过，则无咎。故动往往是悔过的表现。震，震动。

【译文】

彖，是从整体上解释卦象的；爻辞，是用来解释爻位的变化情况的。吉凶，是用来说明处事中的得与失；悔恨与困难，是用来说明为人处世中的小过失。没有大的灾祸，是因为人们在处事中善于弥补自己的过失。所以陈列贵贱不同的方法存在于爻位之中，陈列大小不同的方法存在于卦体的大小之中，辨别吉凶的方法存在于具体的卦爻辞中，人们之所以有悔恨且遭受困难在于人们往往忽略小的过失，而人们在行动中能免于灾祸的方法在于对自己言行的悔过改错。所以卦体有小大之分，辞义有危险与平易之别；卦爻辞的意义，就在于它能指示给人们应该去的方向。

《易》与天地准，故能弥纶天地之道①。仰以观于天文②，俯以察于地理③，是故知幽明之故；原始反终④，故知死生之说；精气为物⑤，游魂为变⑥，是故知鬼神之情状⑦。与天地相似，故不违；知周乎万物，而道济天下，故不过；旁行而不流，乐天知命，故不忧；安土敦乎仁，故能爱。范围天地之化而不过⑧，曲成万物而不遗⑨，通乎昼夜之道而知⑩。故神无方而《易》无体⑪。

【注释】

①弥纶：统摄，笼盖。弥，普遍，包络。

②天文：天以日月星辰悬示天象如文章。

③地理：地有山川原隰，各有条理。

④原始反终：原，推究其原。反，反求其理。始、终，生者为"始"，死者为"终"。

⑤精气：指阴阳聚合着生灵之气。

⑥游魂：指精气散去离开人身。

⑦鬼神：《系辞》所言的"鬼"和"神"是指阴阳二气在人和事物间的变化情况。精气散去离开人身变而为"鬼"。精气不依附于实物，则为"神"，即精神。

⑧范围：指模拟效法、周备。化：变化。

⑨曲：细致周密。遗：遗失。

⑩昼夜之道：即一阴一阳之道。知：同"智"，智慧。

⑪神：神妙，神明。无方：无一定之方位。无体：无确定之具体。

【译文】

《易经》中所蕴含的道理与天地之间存在的道理相似，

所以《易》也就能无所不包地涵盖天地间的道理。而运用《周易》所包含的道理去仰观天上日月星辰所垂示的天文，俯察大地上的山川原野所表现的条理，就能从中了解幽隐无形与明显有形的来龙去脉；推究事物开始的情况，求取万物终结的情况，就可以知道生与死的道理；精气聚集在一起就会变成人身和生物，反之，精气游离于魂魄之外就会改变这种情况，所以通过这种变化就可以了解所谓的鬼神之形状与情况。明白了《周易》所含的道理与天地之间的道理相类似，做起事来就不会违背自然规律；知识能遍布万物之理，就会运用其中的道理成就天下的事业，行为也不会有大的过失；处事应变旁通而不流于滥淫，安于天道，知其天命之变数，就没有忧愁；安分于所处的环境敦厚其仁爱之心，所以才能博爱天下之人。《周易》包容天地之变化的自然规律，细致周密地成就天地万物而无所遗失，通晓阴阳变化的规律而充满智慧。所以说神妙的变化之道，不会拘泥于一种方法，而《易》道的变通也不会局限于一个卦体中。

一阴一阳之谓道①，继之者善也，成之者性也②。仁者见之谓之仁，知者见之谓之知，百姓日用而不知，故君子之道鲜矣。显诸仁，藏诸用，鼓万物而不与圣人同忧③，盛德大业至矣哉！富有之谓大业④，日新之谓盛德。生生之谓易⑤，成象之谓乾，效法之谓坤⑥，极数知来之谓占，通变之谓事，阴阳不测之谓神。

【注释】

①一阴一阳：谓对立矛盾。道：指事物发展的客观规律性。

②性：本质属性。

③不与圣人同忧："道"以虚无之体化育万物，故知其为而不知其忧，与圣人不同。圣人以有体而化物，故有经营之忧。

④富有：圣人效法天地阴阳之道，广大悉备，万事富有。

⑤生生：生而不绝。易：变易。

⑥成象之谓乾，效法之谓坤：此言《易》道在天成象，乾为天，在地成形，坤为地。天地之道皆可从"乾"象、"坤"法中得知。

【译文】

一阴一阳的矛盾对立和变化统一就是事物发展的"道"即规律性，继承这个"道"的是美善，而成就这个"道"的则是事物内在的固有本质。有仁爱之心的人从这个"道"中发现的只是"仁爱"，有智慧的人从这个"道"中发现的只有"智慧"，百姓在日常生活中每天都在运用此"道"却茫然不知，所以通达兼容的君子之"道"就更少为人所知了。阴阳之道往往显示在成就万物的仁爱之心中，隐藏在日常运用之中，"道"能鼓动化育万物，但是因为它是纯然客观的自然体，故不像圣人一样有忧虑，由此可以看出，阴阳之"道"的盛美德行和宏大功业是多么的崇高而又博大。富有万事万物就可以称作是大事业，每日都能使事物有新的面貌，这就是"道"育万物的盛大美德。生生不灭就是阴阳相互转化产生的"变易"，能呈现天象就称作"乾"，能效法地势就称作"坤"，能穷极蓍策之数预知未来之事就称作"占筮"，能通晓阴阳变化然后采取行动就称作"做事"；阴阳变化莫测、微妙难识就称作"神"。

夫《易》广矣大矣，以言乎远则不御^①，以言乎迩则静而正^②，以言乎天地之间则备矣。夫乾，其静也专，其动也直，是以大生焉。夫坤，其静也翕^③，其动也辟^④，是以广生焉。广大配天地，变通配四时，阴阳之义配日月，易简之善配至德。

【注释】

①不御：无止境。

②以言乎迩则静而正：《易》道因为"近"，所以能在宁静中得到它的精审微妙之理。

③翕：收敛，合拢。

④辟：打开，张开。

【译文】

《周易》的内容是多么的广泛而又博大，用它来象征和论说远处的事物则没有止境，用它来论说近处的事物则精审而正确，用它来论说天地之间的事物则万物尽在其中。象征阳刚正气的"天"，当它静止的时候是宁静专一，当它发动起来则刚直正大，所以伟大的精神和力量就产生于"天"。象征阴柔的"地"，当它静止的时候就处于闭合隐藏的状态，当它兴然而动时就开通了生气，所以能广生万物于其中。《易》道博大可以与天相配，而其宽广可以与地相合，阴柔与阳刚的变化与交通可以配合四季变化的规律，阴柔与阳刚所产生的作用和意义可以与太阳和月亮相匹配，它平易而又简约，其美善能与至高无上的美德相配合。

子曰："《易》，其至矣乎！夫《易》，圣人所以崇德而广业也。知崇礼卑，崇效天，卑法地。天地设位，而《易》行乎其中矣。成性存存^①，道义之门。"

【注释】

①存存：存而又存。永恒地保存万物的存在而不要损伤万物的存在。

【译文】

孔子说："《易》的道理应该是至善至美的吧！《易》，是圣人用来崇高道德而广大事业的。智慧贵在崇高，礼节贵在谦卑，崇高仿效天道，谦卑效法地情。天地设立了尊贵与卑下的位置，而《易》的道理就运行于其中。能成就其万物之性而不要伤害万物之性，能永恒地保存万物的存在而不要损伤万物的存在，这样就会找到通向道义的门户。"

圣人有以见天下之赜^①，而拟诸其形容，象其物宜^②，是故谓之象。圣人有以见天下之动，而观其会通，以行其典礼^③，系辞焉以断其吉凶，是故谓之爻，言天下之至赜而不可恶也。言天下之至动而不可乱也④。拟之而后言，议之而后动，拟议以成其变化。

【注释】

①赜（zé）：幽深难见的道理。

②象：象征。宜：适宜，恰当。

③典礼：典章制度。

④至动：天下最复杂深刻的变动。不可乱：不可妄谈乱说。

【译文】

圣人发现天下之幽深难见的道理，就将它比拟于具体的形象与面貌，并以其作为适宜的物象本性的象征，所以称作"卦象"。圣人发现天下万物的运动变化，而观察其会合变通，从而推行管理社会众象的典章制度，于是在各爻之下系上爻辞以判断其吉凶，所以称作"爻"。论说天下幽深微妙的道理，不可以有鄙贱轻恶的态度；论说天下最复杂的变化和运动，不可以妄谈乱说。这是因为《易》比拟天下复杂的事物然后论说其中的道理，先审议这些道理然后才能揭示其运动规律，通过比拟和审议就形成了变化之道。

"鸣鹤在阴，其子和之。我有好爵，吾与尔靡之。"子曰："君子居其室，出其言善，则千里之外应之，况其迩者乎？居其室，出其言不善，则千里之外违之，况其迩者乎？言出乎身，加乎民；行发乎迩，见乎远。言行，君子之枢机。枢机之发，荣辱之主也①。言行，君子之所以动天地也，可不慎乎？"

【注释】

①枢机之发，荣辱之主也：枢机，谓弩弓之枢机。《易传》的作者以此来比喻言之所发，如"开弓没有回头箭"，说出的话再也无法收回，而箭或中或否，犹如言之所发有得有失，得则荣至，失则辱来。

【译文】

"老鹤在树荫下鸣叫，小鹤应和着。我有甘甜的美酒，我与你来共同享用它。"孔子说："君子居住在家，若他说出的道理是合理而美妙的，那么千里之外也会有人应和，更何况邻近地方的人呢？若居住在家，所讲说的道理不是合理而美妙的，那么千里之外的人也会违背他，更何况邻近地方的人呢？言论出于自身，要施加于民众；行动在近处开始，远方的人也能看见。言行，犹如君子开合思想的枢机。枢机的开启，是荣与辱的关键。言行，是君子之所以鼓动天地万物的工具，怎么可以不谨慎呢？"

"《同人》：先号咷而后笑。"子曰："君子之道，或出或处，或默或语①。二人同心，其利断金。同心之言，其臭如兰②。""初六，藉用白茅，无咎。"子曰："苟错诸地而可矣③，藉之用茅，何咎之有？慎之至也。夫茅之为物薄，而用可重也。慎斯术也以往，其无所失矣。""劳谦，君子有终，吉。"子曰："劳而不伐，有功而不德，厚之至也。语以其功下人者也。德言盛，礼言恭；谦也者，致恭以存其位者也。""亢龙有悔。"子曰："贵而无位，高而无民，贤人在下位而无辅，是以动而有悔也。""不出户庭，无咎④。"子曰："乱之所生也，则言语以为阶。君不密则失臣，臣不密则失身，几事不密则害成⑤。是以君子慎密而不出也。"

【注释】

①或出或处，或默或语：这是儒家对人格的传统要求。在某种意义上，它不是人格的标准而是理想的人格。

②臭：气味。

③苟：如果。错：借为"措"，放置。

④不出户庭，无咎：此引《节》之初九爻辞。因《节》之初九"出户"则上应六四，六四在坎，坎为险，并受互艮所止，故不出则无咎。

⑤几事：办事之始。几，事之初。

【译文】

"《同人》之九五爻说：和同于人，起先是痛哭号啕，后来又笑容满面。"孔子解释说："君子为人处世的方法是，有时要出门行动，有时要安静地处在自己所处的环境，有时要保持沉默，有时要发表意见。若两个人能同心同德，其力量就可以如切断金属的利刃一样强有力。心意相同而说出的话，其气味如同兰草一样芬芳。"《大过》卦的初六说："用洁白柔软的茅草衬垫祭品，没有什么过错。"孔子说："如果直接把祭品放置在地上也是可以的，而用洁白柔软的茅草衬垫祭品，又有什么过错呢？这样做只能说君子办事很谨慎。茅草作为一种物质是微薄的，而它的作用却是重大的。慎重地运用这种谨慎的方法而去做其他的事，也将会没有过失。"《谦》卦之九三说："有功劳而又谦虚，君子因此会有一个完美的结果，吉祥。"孔子说："有功劳而不夸耀，有功德而不居功自傲，真可谓是仁厚至极。这说明君子有功德而又能谦虚地对处在下面的人以礼相待。道德贵在盛大，礼节贵在恭敬；而谦虚的含义，就在于对人恭敬以保存自己的地位。"《乾》之上九说："巨龙飞得过高就会招致悔恨。"孔子说："身居高贵之处而没有得到适当的位置，就会因为过高而失去民心脱离民众，贤明的人处在下位而得不到帮助，所以行动起来就会有悔恨。"《节》卦之初九说："不走出门户庭院之外，就不会有灾祸。"孔子说："危险与动乱的产生，往往是因为言语不谨慎所致。君王不谨慎就会失去大臣的拥护，大臣不谨慎就会失去生命，办事开始时不谨慎就会危害事情的成功。所以君子谨慎缜密而不轻易发言。"

　　子曰："作《易》者，其知盗乎？《易》曰'负且乘，致寇至①。'负也者，小人之事也；乘也者，君子之器也。小人而乘君子之器②，盗思夺之矣。上慢下暴，盗思伐之矣。慢藏诲盗③，冶容诲淫④。

《易》曰：'负且乘，致寇至。'盗之招也。"

【注释】

①负且乘，致寇至：此引《解》六三爻辞。

②小人：指庶民。君子之器：车为君子所乘。

③慢藏：懒于收藏财物。诲盗：诱诲强寇来盗。

④冶容：女子修饰得很妖媚。诲淫：引诱别人产生淫欲。

【译文】

孔子说："创作《易》的人，大概了解盗贼的心理特点吧？《易》说：'背负着财物乘坐在大车上，这等于是自己招致贼寇到来。'自己背负东西，这是庶民的事务；乘车，这是君子的特权。以庶民之身份而乘坐君子才能乘的车，那么，就会导致盗贼思谋着抢夺。处在上位的人懈怠侮慢而处在下位的人骄横暴虐，就会招致强盗的侵伐。怠慢而不藏好财物就会引来盗贼，将体态装扮得妖冶、艳丽，就会诱发淫荡之心。《易》说：'背负着财物乘坐在车上，这等于是自己招致贼寇到来。'盗窃就是这样招引来的。"

大衍之数五十，其用四十有九①。分而为二以象两②，挂一以象三③，揲之以四以象四时④，归奇于扐以象闰⑤；五岁再闰⑥，故再扐而后挂⑦。天数五，地数五。五位相得而各有合⑧，天数二十有五，地数三十，凡天地之数五十有五，此所以成变化而行鬼神也⑨。《乾》之策二百一十有六⑩，《坤》之策百四十有四⑪，凡三百有六十，当期之日⑫。二篇之策，万有一千五百二十，当万物之数也⑬。是故四营而成《易》⑭，十有八变而成卦⑮，八卦而小成⑯。引而伸之⑰，触类而长之，天下之能事毕矣。显道神德行，是故可与酬酢⑱，可与佑神矣。

【注释】

①大衍之数五十，其用四十有九：用《易经》演算卦，须备有蓍草五十五策，但只用四十九策。其所以余六策舍置不用，以标明六爻之数。衍，演算。先秦人称算卦为"衍"。汉人称算卦为"演"。按：大衍之数应为"五十有五"，疑"有五"二字在转写中脱去。

②分而为二以象两：此为演算的第一营（即第一步）：将四十九策蓍草合在一起，以象太极。再将其分为两部分，一部分横置于上方，以象天；一部分横置于下方，以象地。两，谓两仪，以象征天地。

③挂一以象三：此为演算的第二营：从象征天数的蓍草中取出一根蓍草挂于无名指与小指之间（或以左右分，则用右手取其右边之一策），如人立于天地之间，曰"挂一"。以配两仪，以象"三才"。

④揲之以四以象四时：此为演算的第三营半：在"挂一"之后，先将上方（或左手之策）的蓍草以每四策为一组数之，揲过之策仍置于上方。揲，数。即手持蓍草分而数之。四时，指四季。奇，谓四揲之

后的余数。

⑤归奇于扐（lè）以象闰：此为第四营半："揲四"之后，将所余之蓍草（或一策，或二策，或三策，或四策）置于筮过蓍草之左旁（或挂于无名指与中指之间），以象其闰月。扐，指手指间。闰，闰月。

⑥五岁再闰：此为演算的第三营半：在"归奇"之后，再取下方（或以右手执右边之蓍草）之蓍草，揲之以四。五岁再闰，按古历法，前闰与后闰时间相差三十二个月，故五年之中有两次闰月。

⑦再扐而后挂：此为第四营半：揲过之策仍置于下方，将所余之蓍草（或一策，或二策，或三策，或四策）置于筮过（或挂于食指与中指之间）蓍草之右旁，为再归奇于扐，以象五年之中有两次闰月。然后取两次"归奇"之策竖置于上下两部分之间，即所谓"后挂"。以上为一变。再将上下两部分蓍草合并为一（筮过之策不动），如上法数之，为二变。又将上下两部分蓍草并而为一（筮过之策不动）如上法数之，是为三变。三变始得其一爻。其结果上下两部分蓍草之策数各有四种：九揲，有三十六策，为老阳之爻，按筮例为可变之阳爻，《易经》爻题"九"字即"九揲"之九，以标明其为可变之阳爻。七揲，有二十八策，为少阳之爻，按筮例为不变之阳爻。六揲，有二十四策，为老阴之爻，按筮例为可变之阴爻，《易经》爻题"六"字即六揲之六，以标明其为可变之阴爻。八揲，有三十二策，为少

阴之爻，按筮例是为不变之阴爻。三变始有一爻，六爻始成一卦。

⑧相得：相加。合：和，即算术中的"和数"。

⑨此所以成变化而行鬼神也：成，犹言"定"。行，犹言"通"。根据《周易》筮法，筮得一卦，每爻不外四种：蓍草九揲，为可变之老阳爻，标以"九"字。蓍草七揲，是为不变之少阳爻，标以"七"字。蓍草六揲，是为可变之老阴爻，标以"六"字。蓍草八揲，是为不变之少阴爻，标以"八"字。四种数代表揲数。然后将六爻揲数相加，得其总数。再从大衍之数（天地之数）五十五中减去揲数之总数，得其余数。然后从初爻往上数，数至上爻，再由上爻往下数，数至初爻，如此往来数之，数至某爻而余数尽，则某爻为宜变之爻。宜变之爻为"九"，则其阳爻变为阴爻。若为"六"，则其阴爻变为阳爻，爻变卦也变。不变之爻为"七"、"八"，其爻不变，卦也不变。因为爻卦的变化是以大衍之数而定的。故曰："此所以成变化而行鬼神也。"

⑩《乾》之策二百一十有六：《易经》六十四卦皆以变爻占测吉凶。《乾》六位爻数皆为可变之老阳爻，每爻蓍草九揲，每揲四策，共二百一十六策。

⑪《坤》之策百四十有四：《坤》六爻皆为可变之老阴爻，每爻蓍草六揲，每揲四策，共一百四十四策。

⑫凡三百六十，当期之日：期，指一年。《乾》《坤》两卦合计共三百六十策，与一年三百六十日之数

相当。乾为天，坤为地。天地变化一年一循环，故《乾》、《坤》两卦之策数就象征着天地变化的循环之日数。

⑬二篇之策，万有一千五百二十，当万物之数也：战国时，《周易》已分为上下两篇。《周易》六十四卦，每卦六爻，共三百八十四爻，阳爻与阴爻各为一百九十二爻。一阳爻蓍草九揲三十六策。一百九十二阳爻则合为六千九百一十二策。一阴爻蓍草六揲二十四策。一百九十二阴爻则合为四千六百零八策。两者相加共一万一千五百二十策。此以《周易》总策数来象征万物之数。

⑭是故四营而成《易》：四营，古有两说：其一，即"四象"。《周易》六十四卦皆由四种爻象构成。其二，指四次揲策方法。四次揲策为一变，三变始成一爻，六爻成一卦。《周易》六十四卦皆以四次揲策演成卦。

⑮十有八变而成卦：揲策时，三变成一爻，一卦六爻，故十八变成一卦。有，通"又"。变，谓蓍草策数的演变。

⑯八卦而小成：八卦仅能象征各孤立之事物，而不能象各种事物之关系，故为"小成"。

⑰引而伸之：指将八卦两两相重为六十四卦。伸，通"申"，重也。

⑱与：以。酬酢：应对报答，古代宴会之礼节，这里借指应付他人及事物。

【译文】

博大精深的筮策之数有五十五根蓍草来演绎，而实用则为四十九根。任意地分为两部分以象征天地两仪，然后从中取出一根悬挂起来以象征天地人三才；每四根分成一组以象征四季，将"一仪"中揲算剩余的策数归放于左手无名指间以象征闰月；因五年后会再次产生闰月，所以要将另外一仪演算剩余的策数放于左手中指间，之后，再起一卦，反复揲算。天的数字由一、三、五、七、九五位数字组成，地的数字由二、四、六、八、十五位数字组成，五位奇偶之数相加则各得其和数。天数相加为二十五，地数相加为三十，天地之数相加共计五十五，这就是《周易》运用数字变化而通于鬼神的奥妙境界。《乾》卦的筮策之数有共计二百一十六策，《坤》卦的筮策之数共有一百四十四策，二者合计为三百六十策，相当于一年有三百六十天。《周易》上下二经的策数相加共有一万一千五百二十策，相当于万物之数。因此，通过分二、挂一、揲四、归奇四个演算步骤就形成《周易》中的一爻，策数变十八次后形成一卦，而每九变形成八卦中的一个卦形只能成为小的卦象。然后再将八卦牵引而相重后就形成六十四卦，遇到相应于卦象的事物就增长或扩大它所能象征的意义，这样，天下的事就全在《周易》中了。《周易》的奥妙就在于它能彰显天地运行的规律、筮数应验的神奇、成就万物的道德、缜密不乱的言行，所以运用《易》理就可以应付、处理万物，又可以佑助神化之功。

子曰："知变化之道者，其知神之所为乎？"《易》有圣人之道四焉：以言者尚其辞，以动者尚其变，以制器者尚其象，以卜筮者尚其占。是以君子将有为也，将有行也，问焉而以言，其受命也如响^①，无有远近幽深，遂知来物^②。非天下之至精，其孰能与于此？参伍以变^③，错综其数^④。通其变，遂成天下之文^⑤；极其数，遂定天下之象^⑥。非天下之至变，其孰能与于此？《易》无思也，无为也，寂然不动，感而遂通天下之故^⑦。非天下之至神，其孰能与于此？

【注释】

①受命：指《周易》受占筮者所问。响：回声。

②来物：未来之事。

③参：三。伍：五。变：指爻变、卦变。

④错：交错。综：综合。数：指爻之位次。

⑤成：定。文：文采，文章，这里指卦爻辞。

⑥极其数，遂定天下之象：《易》以卦爻之数反映事物之关系，故能穷尽《易》卦爻之数，则能定天下事物之象。极，穷尽。

⑦感：感应阴阳之变化。

【译文】

孔子说："通晓变化道理的人，大概也会通晓神明所做的事吧？"《易经》含有四种圣人运用的道理和方法：应用言辞的人崇尚其中的辞章之美，用来指导行动的人崇尚其中的变化规律，用来指导制作器物的人崇尚其中的卦象和爻象，用来指导占卜决疑的人崇尚其中的卜筮原理。所以君子若有所作为，有所行动之时，就通过筮策来占问吉凶，然后再根据所占得的结果掌握自己的言行，而《周易》也能如同回声一样去响应占筮者的要求，无论是远近还是幽深，都能推演出未来事物的情状。若不是通晓天下最精深的道理，又有谁能做到这样呢？三变五变之后，再将各爻之数交错综合，会通变化之数，于是就形成天下的文采；极尽筮策之数，于是就确定天下之物象。若非天下最为复杂奇妙的变化，又有谁能做到这样呢？《周易》因为能宁静无思，清静无为，寂然不动，所以人用《易》占事问吉凶，就能敏感地通达于天地之事。若非天下最为神圣之物，又有谁能做到如此呢？

　　夫《易》，圣人之所以极深而研几也①。唯深也，故能通天下之志；唯几也，故能成天下之务；唯神也，故不疾而速，不行而至。子曰："《易》有圣人之道四焉"者，此之谓也。

【注释】
①几：这里指微妙的《易》理。
【译文】
　　《易》，是圣人以极为深奥精深的道理用于研习极其微妙的事物的一部书。只有精深的道理，才能会通天下的心志；只有研习微妙的道理，才能成就天下之事务；只有掌握《易》道的神妙，才能不用急急忙忙地做事，就能迅速地办成事情，不用亲自行动，吉祥的结果就会自然到来。孔子说"《易》具有圣人常用的四种道理和方法"，说的正是这个意思。

天一，地二；天三，地四；天五，地六；天七，地八；天九，地十。子曰："夫《易》何为者也①？夫《易》开物成务②，冒天下之道③，如斯而已者也。"是故圣人以通天下之志，以定天下之业，以断天下之疑。是故蓍之德圆而神④，卦之德方以知⑤，六爻之义易以贡⑥。圣人以此洗心，退藏于密⑦，吉凶与民同患。神以知来，知以藏往⑧，其孰能与此哉？古之聪明睿知，神武而不杀者夫⑨。是以明于天之道，而察于民之故，是兴神物以前民用⑩。圣人以此斋戒，以神明其德夫。是故阖户谓之坤⑪，辟户谓之乾⑫，一阖一辟谓之变，往来不穷谓之通，见乃谓之象，形乃谓之器，制而用之谓之法，利用出入，民咸用之谓之神。

【注释】

①夫《易》何为者也：《易》为何要用这些数字来表示天地。

②开物：揭开事物真相，开启生灵之智慧。成务：成就事务。

③冒：覆盖。

④蓍：蓍草。这里指用蓍草揲筮演算的方法。德：物质的性质。圆而神：以天象尽其妙。圆，圆通。

⑤方以知：以地理见其智。方，方正。知，同"智"。

⑥易：变化。贡：告知。

⑦退藏于密：圣人心有所疑，则以《易》筮之，借以知吉凶，决进退。

⑧神以知来，知以藏往：此二句是赞颂圣人利用《易》以成其"神妙"之智，以预知来事；有知往察来的神明。

⑨杀：残暴。

⑩兴：举也。神物：指蓍草。前：先导。

⑪阖户谓之坤：秋冬之时，万物入藏，地合如门之闭关。阖，闭合。坤为地，此处指地阴之气。

⑫辟户谓之乾：春夏之时，万物出生，天门开启。辟，打开。乾为天，此处指天阳之气。

【译文】

　　天数一，地数二；天数三，地数四；天数五，地数六；天数七，地数八；天数九，地数十。孔子说："《周易》为什么会这样呢？这是圣人开通天下人的智慧，成就天下之事物，包容天下万物中蕴涵的道理，如此而已。"所以圣人用《周易》来会通天下人的意志和思想，以成就天下之事业，以决断天下之疑难。所以用来演算卦象的蓍草具有圆通而神奇的特征，而用来象征吉凶的卦体则具有方正而明智的特征。六爻的意义在于通过变化告知人们卦爻辞中所包含的吉凶。圣人以此来净化心灵，心有所疑，则以《易》

筮之，借以知吉凶，决进退，在吉凶方面则与百姓同忧同患。由此可知，神奇的《易》道不仅能预测未来的情况，同时还蕴涵着过去的经验教训，有谁能做到这样呢？只有古代聪明慧智、神明英武而不好残暴杀虐的君主才能达到如此境界。所以只有明白天地万物之道，才能清楚地了解民众的事情，所以圣人取神妙的蓍草来占验吉凶得失之理，又以此《易》理指导民用之事。圣人用《易经》以肃敬警惕，以神明其道德，所以关闭门户包藏万物叫"坤"，打开门户生成万物就叫"乾"，一闭一开称作"变化"，来来往往地变化无穷叫做会通；将变化的情况表现于具体的事物就叫做"形象"，按照《易》理揭示的物象制作的东西叫做"器物"，制成器物使用器物就叫做"方法"，利用乾坤"闭合开启"的道理来出入于宇宙万物之中，民众都用《易》象造就的器物，圣人对民众的教化和恩德真是奇妙如神啊！

　　是故《易》有太极①，是生两仪②。两仪生四象③。四象生八卦④。八卦定吉凶，吉凶生大业。是故法象莫大乎天地；变通莫大乎四时；县象著明莫大乎日月⑤；崇高莫大乎富贵⑥；备物致用，立成器以为天下利，莫大乎圣人；探赜索隐⑦，钩深致远⑧，以定天下之吉凶，成天下之亹亹者⑨，莫大乎蓍龟。是故天生神物⑩，圣人则之；天地变化，圣人效之；天垂象，见吉凶，圣人象之；河出图，洛出书，圣人则之⑪。《易》有四象，所以示也；系辞焉，所以告也；定之以吉凶，所以断也。

【注释】

①太极：宇宙之本体。

②两仪：天地之法。

③四象：指四季之象。按筮法说，少阳、老阳、少阴、老阴四种爻象以象征四时。

④四象生八卦：八卦由少阳、老阳、少阴、老阴四种爻构成。

⑤县：同"悬"，即悬挂。著：显著，显明。

⑥崇高莫大乎富贵：这里指卦中的九五之爻，其崇高则为君王，其富则有天下。

⑦探赜（zé）：探讨事物之复杂微妙的现象。赜，复杂，深奥。索隐：求索事物之隐晦难知的道理。索，求索。

⑧钩深：钩取事物深奥之特征和属性。钩，钩取。致远：使事物的发展能深远广达。致，招致。

⑨亹亹（wěi）：勤勉奋进。亹，勤勉的样子。

⑩神物：指著、龟。

⑪河出图，洛出书，圣人则之：河，黄河。洛，洛水。据传说：伏羲氏时，有龙马负图出于河，身有文符如八卦状，伏羲氏取法图文而画八卦。夏禹时，有神龟出于洛水，背上有文字，禹取法之，以作书。

【译文】

所以《周易》包含有宇宙生成的本体"太极"，由它生成天地阴阳"两仪"，由两仪生成象征四时的四种爻象，再由这四种爻象生成象征着天、地、雷、风、水、火、山、泽八种符号的八卦。八卦相重成六十四卦，是用来断定一件事物是吉是凶的演算系统，有了对吉与凶的判断就可以确立天下大业。所以效法物象没有什么比天和地更大；而变化与会通也没有什么比四季的变化更大；而高高悬起在天空之中显示光明的也没有什么比日月更大；而尊崇高尚也没有什么比九五的富贵更大；具备天下之物以使之有所用，建立成就天下之器以使其能有利于天下，没有谁能比圣人的功德更大；探索复杂事物，求取隐秘事物，由此及彼、由内到外、由表及里地观察事物，并用这些事物来断定天下之事的吉凶，使天下的人能勤勉努力做事，在这方面，没有什么能大过蓍策和龟卜的作用。所以大自然生成神奇奥妙的蓍草和灵龟，圣人效法其中原理；天地本来就存在着四季的变化，圣人就效法这些变化来创立与之相应的刑律政令；天上通过日月星辰等垂示含有吉凶征兆的天象，于是圣人模仿这些"天象"创作六十四卦的卦象以表示吉凶的情况；黄河中出现龙马背负着图示，龟从洛水中出现，背上显示出图示，圣人效法这些图像制作八卦、九畴。《周易》有太阳、太阴、少阳、少阴四象，是用来显示事物之阴阳刚柔及其变化与否的；在每个卦、爻下系上文辞，是用来告知人们事物变化中的吉凶情况；而根据这些变化，文辞确定了吉凶的意思，这就是圣人所以用来判断吉凶祸福、得失悔吝的依据。

《易》曰："自天佑之，吉无不利①。"子曰："佑者，助也。天之所助者，顺也；人之所助者，信也。履信思乎顺②，又以尚贤也。是以'自天佑之，吉无不利'也。"子曰："书不尽言，言不尽意。"然则圣人之意，其不可见乎？子曰："圣人立象以尽意，设卦以尽情伪③，系辞焉以尽其言。变而通之以尽利，鼓之舞之以尽神。"

【译文】

《易》说："来自上天的佑助，吉祥而无所不利。"孔子说："佑助，就是帮助的意思。上天所帮助的人，是那些顺从正道的人；人所帮助的人，是那些笃实守信的人。能够履行诚信的人也就时时想着要顺从正道，又能以这种诚信的态度去尊重崇尚有贤德的人。所以说'来自上天的佑助，吉祥而无所不利'。"孔子说："书面上的文字不能完全表达作者想要说的话，而作者说出的话也不能完全表达其所思所想。"那么，圣人的思想，难道就不可以显现了吗？孔子说："圣人创立象征性的图像以全面详尽地表达自己的思想，通过设立六十四卦来揭示事物中的真假，又在每个卦、爻下系上文辞来完整详细地发表他们的言论。又变化出三百八十四爻来会通万物以全面地有利于天下，并用以鼓舞百姓以尽可能地发挥《周易》的神奇作用。"

　　乾坤，其《易》之缊邪①？乾坤成列，而《易》立乎其中矣。乾坤毁，则无以见《易》②。《易》不可见，则乾坤或几乎息矣。是故形而上者谓之道③，形而下者谓之器。化而裁之谓之变，推而行之谓之通，举而错之天下之民谓之事业。是故夫象，圣人有以见天下之赜，而拟诸其形容，象其物宜，是故谓之象。圣人有以见天下之动，而观其会通，以行其典礼，系辞焉以断其吉凶，是故谓之爻。极天下之赜者存乎卦，鼓天下之动者存乎辞；化而裁之存乎变；推而行之存乎通；神而明之存乎其人④；默而成之，不言而信⑤，存乎德行。

【注释】

①缊：深奥。

②乾坤毁，则无以见《易》：如天地毁灭，则无以见阴阳之矛盾对立，也无以知阴阳变化之《易》道。

③形而上者：谓处于实有形体之上的思想意识、理论方法、制度等。道：道理，客观规律，此处指思想意识。

④神而明之存乎其人：要能达到神而明，则非圣人不可。神而明之，至诚若神，由诚而神，由神而明，则能明《易》。

⑤默而成之，不言而信：天不言而四时成焉，《易》不言而能成万物，如圣人之德行。默，是定力的一种

表现，心不能定，则浮躁轻狂，不能成就事业。故"定"心"默"言，是儒家的心性之学，也是儒家所提倡的高远沉静的人格境界。

【译文】

乾坤，这两卦可以说是《周易》的精微深奥之处了吧？乾坤的创立与上下分列，其中也就象征着《周易》的基本原理。若是乾坤的卦象毁灭，那么也就无从发现《周易》的道理了。若《周易》的道理不可以发现，那么，乾坤化育万物的道理也就大概要接近停止或熄灭了。所以居于形体之上的意识形态叫做"道理"，而处在形体之下的客观物质叫做"器物"。化育而裁制万物的就称作"变化"，推广并实行这种变化的就叫做"旁通"，将《周易》中的这些道理用之于天下的民众就可以称之为事业。因此，所谓"象"，就是所以用来发现天下幽深复杂事物的象征性符号，将这些象征性的符号比拟成具体可观的形体和面貌，以象征其所对应的事物的意义，就称作"象"。圣人用来发现天下变动，并因此而观察其中的融会与变通，以有利于制定和实行典章制度、礼仪法度，并在三百八十四爻下系上判断吉凶的爻辞，所以就称作"爻"。使能够穷尽天下幽深难现道理的存在于卦象中，鼓舞天下万物振作运动的存在于卦爻辞中，化育而裁制万物的存在于卦爻的"变通"之中，推广并实行这种变化的存在于卦爻"旁通"之中，使《易》道神奇而又显明的则在于运用《周易》的人；静默潜修就会有所成就，无须言辞就能取信于人，则在于运用《周易》占验吉凶的人们的德行。

系辞下传

八卦成列，象在其中矣；因而重之，爻在其中矣；刚柔相推，变在其中矣①；系辞焉而命之，动在其中矣②。吉凶悔吝者，生乎动者也；刚柔者，立本者也；变通者，趣时者也③。吉凶者，贞胜者也④；天地之道，贞观者也⑤；日月之道，贞明者也⑥；天下之动，贞夫一者也⑦。

【注释】

①刚柔相推，变在其中矣：阳爻为刚，阴爻为柔。相推而互变，刚变柔是刚推去柔，柔变刚是柔推去刚。

②系辞焉而命之，动在其中矣：《易》作者系卦爻辞于卦爻之下，以辞告知人们吉凶得失情况，人们行动的得失都是通过卦爻的变动来说明。命，告知。

③变通者，趣时者也：识时务并以变通顺应其形势的变化。趣，疾走。时，指当时之具体形势、环境与条件。

④贞胜：以正当的方法和正直的品德取得吉利的结果。

⑤贞观：以"正"示之于人。贞，正。观，示。

⑥贞明：因为有"正"而有光明。

⑦贞夫一：正于一。夫，犹言"于"。

【译文】

　　八卦形成而分列其相应之位后，对物质的象征也就在其中了；然后再将八卦两两相重后就形成六十四卦，则三百八十四爻就存在于其中了；柔爻与刚爻相互推移，变化的道理就存在于其中了；系卦爻辞于各卦、爻下告知人们吉凶后，人们行动得失的规律也就存在其中了。吉、凶、悔、吝皆体现于卦象与爻象的变动之中；阳刚与阴柔是确立六十四卦的根本；而卦中刚柔的变通，是为了趋向于适宜的时机。吉凶的变化，说明坚持正义的人会获得胜利；天地运行的规律是将"正义"显示给人们；日月运行的规律是将光明显示给人们；天下的运动规律告诉人们应当守正以专一。

夫《乾》，确然示人易矣①；夫《坤》，隤然示人简矣②。爻也者，效此者也③。象也者，象此者也；爻象动乎内，吉凶见乎外，功业见乎变④，圣人之情见乎辞⑤。天地之大德曰生，圣人之大宝曰位。何以守位？曰仁。何以聚人？曰财。理财正辞⑥，禁民为非曰义。

【注释】

①确：坚定、刚健的样子。易：平易。

②隤（tuí）：柔顺的样子。简：简约。《坤》从其爻象而言，皆为阴柔而无杂。

③效此：用爻象效法天地之道。

④功业见乎变：因人依据爻象之变采取趋吉避凶之措施，始能成其功业，所以人之功业则见之于爻象之变。

⑤情：谓思想感情。辞：指卦爻辞。

⑥理财：指圣人治理财政，用之以节。正辞：指正定号令之辞。

【译文】

《乾》的特征，是坚定刚健地将平易展示给人们；《坤》的特征，是柔顺安然地将简约显示给人们。卦之爻，就是仿效刚与柔的变动；卦之象，就是模拟事物的形象。爻与象变动于卦体之内，吉与凶则表现于卦体之外，功绩与事业表现于爻象变动之中，圣人的思想和情感则表现在卦爻辞里。天地的宏大恩德润泽、生育万物，圣人的重大珍宝在于得到适宜的位置。用什么来坚守重要的位置呢？应当是仁爱之心。用什么来聚集民众呢？应当是财物。治理财政，正定号令，禁止民众为非作歹就是"道义"。

古者包牺氏之王天下也①，仰则观象于天，俯则观法于地②，观鸟兽之文，与地之宜③，近取诸身④，远取诸物⑤，于是始作八卦，以通神明之德，以类万物之情⑥。作结绳而为网罟，以佃以渔，盖取诸《离》⑦。包牺氏没，神农氏作，斫木为耜，揉木为耒，耒耨之利，以教天下，盖取诸《益》⑧。日中为市，致天下之民，聚天下之货，交易而退，各得其所，盖取诸《噬嗑》⑨。神农氏没，黄帝、尧、舜氏作，通其变，使民不倦，神而化之，使民宜之。《易》穷则变，变则通，通则久。是以"自天佑之，吉无不利"。黄帝、尧、舜垂衣裳而天下治，盖取诸《乾》、《坤》⑩。刳木为舟，剡木为楫，舟楫之利，以济不通，致远以利天下，盖取诸《涣》⑪。服牛乘马，引重致远，以利天下，盖取诸《随》⑫。

重门击柝，以待暴客，盖取诸《豫》⑬。断木为杵，掘地为臼，臼杵之利，万民以济，盖取诸《小过》⑭。弦木为弧，剡木为矢，弧矢之利，以威天下，盖取诸《睽》⑮。上古穴居而野处，后世圣人易之以宫室，上栋下宇，以待风雨，盖取诸《大壮》⑯。古之葬者，厚衣之以薪，葬之中野，不封不树⑰，丧期无数。后世圣人易之以棺椁，盖取诸《大过》⑱。上古结绳而治，后世圣人易之以书契，百官以治，万民以察，盖取诸《夬》⑲。

【注释】

①包牺氏：古书多作"伏牺"或"伏羲"，是传说中的文化始祖和氏族领袖。古人认为三皇始于庖牺太昊氏，以木德王天下，象日月之明，故曰"太昊"。

②仰则观象于天，俯则观法于地：雷风日月在天为象，故曰"观象于天"。地有草木鱼虫、河海川泽，故曰"观法于地"。法，法则。

③观鸟兽之文，与地之宜：如震为龙、为竹、为雷，乾为天、为马、为玉，坤为地、为牛，兑为羊、为泽等。

④取诸身：如乾为首，坤为腹，坎为耳等。

⑤取诸物：如巽为风，离为火之类。

⑥以通神明之德，以类万物之情：包牺氏画八卦，对相同性质的物质则以同一卦形代表，以会通天地万物的神明之德。通，会通。德，性质。类，分类。情，情况。

⑦作结绳而为网罟（gǔ），以佃以渔，盖取诸《离》：《离》（☲）是两离相重，象重绳结网，故曰取象于《离》而作网罟。罟，古人用以统称"网"。佃，通"田"，打猎，古人捕鸟兽也常用网罗。渔，捕鱼。

⑧斫（zhuó）木为耜（sì），揉木为耒，耒耨之利，以教天下，盖取诸《益》：《益》（☶）是上巽下震。《说卦》曰："巽为木。"又曰："震，动也。"二者合起来解释则《益》的卦象就是"木动"。耒耜以木制成，动而耕田，所以说神农创造耒耜盖取象于《益》卦。斫，砍削。耜，古代翻土犁地的农具。揉，用火烤软后使木弯曲。耒，犁。耨（nòu），锄草。

⑨日中为市，致天下之民，聚天下之货，交易而退，各得其所，盖取诸《噬嗑》：《噬嗑》（☲）是上离下震。《说卦》曰："离为日。"又曰："震，动也。"那么，《噬嗑》之卦就象征着人在日下动。按《说卦》，"震为苍筤竹、为萑苇、为蕃鲜"。离为贝类，西周以贝为货币。货物与货币在日下流动，故曰"日中为市"。《噬嗑》卦三、四、五、上爻皆不正，三往交四，则四退至三，五与上交，则上退于五，退而各得其正而成《既济》，故曰"交易而退，各得其所"。

⑩黄帝、尧、舜垂衣裳而天下治，盖取诸《乾》、《坤》：《乾》为天在上，以象衣在上，《坤》为地在下，以象裳在下。

⑪刳（kū）木为舟，剡（yǎn）木为楫，舟楫之利，以济不通，致远以利天下，盖取诸《涣》：《涣》（☴）

是上巽下坎。《说卦》曰："巽为木。""坎为水。"则《涣》之卦象是木在水上，黄帝、尧、舜以木为舟楫，浮行于水上，大概是取象于《涣》。刳，挖空，挖掘。剡，削尖。楫，划船的桨。

⑫服牛乘马，引重致远，以利天下，盖取诸《随》：《随》（䷐）是上兑下震，即前兑后震。按古代当有"兑为畜牲"之说，又有震为车之说，《随》象是畜牲在车之前，就是牛马在前牵引车。服，驾驭。乘，乘坐，驾驭。用牛马驾车，以运重物，则能行远路。

⑬重门击柝（tuò），以待暴客，盖取诸《豫》：《豫》（䷏）是震上坤下。《说卦》曰："震为雷。"又曰："震，动也。""雷"为动而有声之物。坤为地，则《豫》之卦象是动而有声之物震行于地上。人击柝以巡行于地上，防备"暴客"，也是动而有声之物行于地上。柝，指古代巡夜打更的梆子。暴客，指盗贼。

⑭断木为杵（chǔ），掘地为臼（jiù），杵臼之利，万民以济，盖取诸《小过》：《小过》（䷽）是上震下艮。震为雷，震为木，即动而有声之木。《说卦》曰："艮为果蓏（luǒ）。"象征着谷实。置谷实于臼中，持杵捣之，正是动而有声之木动在谷实之上。杵，舂米、捣衣用的棒槌。臼，舂米的器具，古时掘地为臼，后多以木、石制成。

⑮弦木为弧，剡木为矢，弧矢之利，以威天下，盖取诸《睽》：《睽》（䷥）是上离下兑。离为绳。《睽》卦互有坎，坎为弓，上离为矢。《睽》必有乖违之事，

有而决之以弓箭之威。原始社会初期造弓矢，用于射猎，征服自然，其后又用于部族间战争，"以威天下"。弦木为弧，给木杆上加上弦以制成弓箭。弦木，加弦于木上。弧，木弓。剡木为矢，将木棍削尖以制成箭头。剡，削尖。矢，箭头。

⑯上栋下宇，以待风雨，盖取诸《大壮》:《大壮》卦（䷡）是上震下乾。《大壮》所易之卦为《无妄》，上为震，震为木，在上，故曰"上栋"。《说卦》曰："震为雷。乾为天，为圆。"人自下观之，天体穹隆似圆盖，覆于地上，《大壮》下为乾，故曰"下宇"。《大壮》之卦象是上有雷雨，下有穹隆似天体之物，雷雨不能侵入。所以说古人创建宫室，以御风雨。上栋，上之栋梁。下宇，屋之四边墙壁。

⑰不封：不聚土为坟。不树：不植树作标记。

⑱后世圣人易之以棺椁，盖取诸《大过》:《大过》（䷛）是上兑下巽。巽为木、为入，兑为口，乾为人，木入口中，如棺椁入于坑洼之地。棺椁，棺之内一层为"棺"，外层为"椁"。《庄子·天下》篇："古之丧礼：贵贱有仪，上下有等，天子棺椁七重，诸侯五重，大夫三重，士再重。"

⑲后世圣人易之以书契，百官以治，万民以察，盖取诸《夬》:《夬》（䷪）是上兑下乾。乾为金，兑有尖角，金器有尖角，乾于器为石，用尖角的金属器物在石上刻字。圣人因此受到启发而发明了"书契"记事。书，指文字。契，刻，这里指刻于竹简上。

【译文】

　　上古的圣人包牺氏治理天下时，抬头仰望天象，俯身观察形成地形的法则，观看飞鸟、走兽身上华丽的文饰，以及与地情相适宜的种种动物、植物，在近处则从身体上取其象征，在远处则从各类事物中取其象征，于是创立了八卦，用来会通神明的美德，用来归类天下万物的情态。包牺氏发明了编结绳子并用其编织成罗网，用它来打猎和捕鱼，这大概是吸取了《离》卦之中虚外实的卦象特征。包牺氏去世后，神农氏兴起，他砍削树木制成犁地的耜，又将树木用火烤软后弯曲成耜上端的曲柄，而将这些翻土除草的好处，教给天下的人们，这大概是吸取了《益》卦的特征。又在中午时分设立市场交易，使天下的百姓来到市场，使天下的货物聚集于市场，使他们相互交易货物后退回家中，各自取得自己需要的货物，这大概是吸取了《噬嗑》卦的象征性意蕴。神农氏去世后，黄帝、尧、舜先后兴起，他们会通并变革前人发明的器物、制度，使百姓用起来不至于厌倦，又加以神妙的变化，以适宜于百姓使用。《周易》中蕴涵的道理是事物发展到穷极时就促使其变化，变化后就能使事物达到通顺，通顺了就能长久。所以就如同《大有》之上九爻所说的那样，"来自上天的佑助，吉祥而无所不利"。黄帝、尧、舜改制前人的服饰让人们穿着长垂的衣服使天下大治，这大概是取象于《乾》、《坤》中的上衣而下裳的特征。他们将树木挖空后做成木舟，又砍削树木为划船的桨，船和舟楫的好处，就在于可以用它们来渡过艰险不通的河流，使人们能达到遥远的地方以有利天下之事，这大概是取象于《涣》卦中木浮于水上的特征。用牛马驾车，牵引着重物直到远方，以有利天下，这大概是取象于《随》卦中的下卦动而上卦愉悦的特征。设立重重门户夜间击柝警戒，以防备暴徒和强盗，这大概是取象于《豫》卦中雷声在大地上震动的特征。斩断树枝做成舂米的杵，在地面上挖掘一个坑臼，杵臼的好处，使万民都能利用它们来舂米为食，这大概是取象于《小过》中含有的上动而下为果蓏的卦象特征。在弯曲的弓形木上加上弓弦，再削尖木杆做成箭，弓箭的好处，可以用来威服天下，这大概是取象于《睽》卦中含有的上有戈兵下有毁折的特征。上古时候的人们是居住在洞穴里面，散落在野地里，后代的圣人用宫室代替了洞穴，上有栋梁下有屋壁，用来遮蔽风雨，这大概是取象于《大壮》中的上震动而下刚健稳固的卦象特征。古代埋葬人的办法，只用柴草厚厚地裹缠在身上，然后埋葬在荒野中，不堆土为坟，也不植树作标记，居丧的日期也没有规定的天数。后代圣人发明了棺椁代替了过去的丧葬办法，这大概是取象于《大过》木在洼坑中的卦象特征。上古时的人结绳记事，后代的圣人发明了雕刻的文字代替了过去结绳记事的方法，百官可以用它来治理政务，万民用它来明察事务，这大概是取象于《夬》卦中乾金刻木之卦象特征。

　　是故《易》者，象也；象也者，像也。象者，材也^①；爻也者，效天下之动者也^②。是故吉凶生而悔吝著也。阳卦多阴，阴卦多阳^③，其故何也？阳卦奇，阴卦耦。其德行何也？阳一君而二民，君子之道也④。阴二君而一民，小人之道也⑤。

【注释】

①象者，材也：象，这里指《象传》。材，当读为"才"，即卦中的天、地、人三才。

②爻也者，效天下之动者：《周易》各卦六爻皆可以变动，以爻之动仿效天下事物之动，再以爻辞告知人之所以行动。

③阳卦多阴，阴卦多阳：在八卦中，阳卦中阴爻居多，阴卦中阳爻居多。除《乾》卦外，《震》、《坎》、《艮》三卦，其爻皆两阴爻一阳爻，五画，奇数为阳数，故此三卦为阳卦；除《坤》卦外，《巽》、《离》、《兑》三卦，其爻皆两阳爻一阴爻，四画，偶数为阴数，故此三卦为阴卦。《乾》为纯阳之卦，其爻三画，亦奇数。《坤》为纯阴之卦，其爻六画，为偶数。

④阳一君而二民，君子之道也：按卦例以阳爻象君，以阴爻比民。《震》、《坎》、《艮》三阳卦皆一阳爻、两阴爻，象征着一君二民，犹如官少民多，故曰"君子之道"。阳，指阳卦。君子，指统治者。小人，指庶民。

⑤阴二君而一民，小人之道也：《巽》、《离》、《兑》三阴卦皆两阳爻、一阴爻。故阴卦象征着二君一民，犹如官多而民少，民不堪其重，故曰"小人之道"。阴，指阴卦。

【译文】

《周易》一书，主要讲的是卦象；卦象，就是用象征的方法模仿物象的特征。彖辞，是通过天、地、人"三才"来论断卦象蕴涵的大义；六爻，是效法天下万物的变动。所以变动中就会产生吉凶而且悔吝也会随之显露出来。阳卦中阴爻居多，阴卦中阳爻居多。这是什么缘故呢？这是因为三个阳卦的数字是奇数"五"，三个阴卦的数字为偶数"四"。那么，它们的德行又如何呢？阳卦是一阳爻为"君"二阴爻为"民"，所以是君子之道；阴卦是二阳爻为"君"一阴爻为"民"，这是小人之道。

《易》曰："憧憧往来，朋从尔思①。"子曰："天下何思何虑？天下同归而殊涂②，一致而百虑。天下何思何虑？日往则月来，月往则日来，日月相推而明生焉。寒往则暑来，暑往则寒来，寒暑相推而岁成焉。往者屈也，来者信也，屈信相感而利生焉③。尺蠖之屈④，以求信也；龙蛇之蛰，以存身也。精义入神⑤，以致用也；利用安身，以崇德也。过此以往，未之或知也⑥；穷神知化⑦，德之盛也。"

《易》曰："困于石，据于蒺藜，入于其宫，不见其妻，凶⑧。"子曰："非所困而困焉⑨，名必辱⑩。非所据而据焉，身必危⑪。既辱且危，死期将至，妻其可得见耶？"

《易》曰："公用射隼于高墉之上，获之，无不利⑫。"子曰："隼者，禽也；弓矢者，器也；射之者，人也。君子藏器于身，待时而动，何不利之有？动而不括，是以出而有获，语成器而动者也⑬。”

子曰：“小人不耻不仁，不畏不义，不见利不劝，不威不惩⑭。小惩而大诫⑮，此小人之福也。《易》曰：‘履校灭趾，无咎⑯。’此之谓也。”

“善不积不足以成名，恶不积不足以灭身。小人以小善为无益而弗为也，以小恶为无伤而弗去也，故恶积而不可掩，罪大而不可解。《易》曰：‘何校灭耳，凶⑰。’”

子曰：“危者，安其位者也；亡者，保其存者也；乱者，有其治者也。是故君子安而不忘危，存而不忘亡，治而不忘乱，是以身安而国家可保也。《易》曰：‘其亡其亡，系于苞桑⑱。’”

子曰：“德薄而位尊，知小而谋大，力少而任重，鲜不及矣。《易》曰：‘鼎折足，覆公𫗧，其形渥，凶⑲。’言不胜其任也。”

子曰：“知几其神乎⑳！君子上交不谄，下交不渎，其知几乎？几者，动之微，吉之先见者也。君子见几而作，不俟终日。《易》曰：‘介于石，不终日，贞吉㉑。’介如石焉，宁用终日？断可识矣㉒。君子知微知彰，知柔知刚，万夫之望。”

子曰：“颜氏之子，其殆庶几乎？有不善未尝不知，知之未尝复行也。《易》曰：‘不远复，无祗悔，元吉㉔。’”

“天地𬘡缊㉔，万物化醇㉕；男女构精㉖，万物化生。《易》曰:'三人行,则损一人,一人行,则得其友㉗。'言致一也。"

子曰:"君子安其身而后动,易其心而后语㉘,定其交而后求。君子修此三者,故全也。危以动,则民不与也;惧以语,则民不应也;无交而求,则民不与也;莫之与,则伤之者至矣。《易》曰:'莫益之,或击之,立心勿恒,凶㉙。'"

【注释】

①憧憧往来,朋从尔思:此句是引《咸》之九四爻辞。

②涂:通"途",道路。

③往者屈也,来者信也,屈信相感而利生焉:此所谓"屈伸"之说还是来自于《咸》之九四,九四"来"初,则四变为阴,阴为屈,初变为阳,阳变为伸。往者屈而退,来者伸而进。屈伸相感交替,而后有利于物,有利于人。信,同"伸",伸展。

④尺蠖(huò):一种生活在树上的虫子,行进时一屈一伸,如用尺量布。

⑤精义入神:精研事物的道理,并使其进入神妙的境界。

⑥过此以往,未之或知也:"入神"、"安身"已经是人生很难达到的境界,超过这种境界则圣人也不可知。过此,指上述往来、屈伸、学用之事。以往,即超出上述所叙之事。

⑦穷神:穷究事物之神妙。知化:认识事物之变化。

⑧困于石，据于蒺藜，入于其宫，不见其妻，凶：此引《困》之六三爻辞。

⑨非所困：指九四。若六三不往犯九四，则不会为之所困，六三犯之是自取其困。

⑩名必辱：自取其困，故被困者必受到名誉上的污辱。

⑪非所据而据焉，身必危：指六三以阴乘阳，则六三虽不为其害，然非所据。六三凌乘九二，就等于非所据而据。非所据而据，虽不至于受辱，然必危于身。

⑫公用射隼于高墉之上，获之，无不利：此引《解》之上六爻辞。

⑬动而不括，是以出而有获，语成器而动者也：此言君子应该藏善道于身，待可动之时而动，也会象"射隼之人"一样，行无阻碍，出而有获。括，闭塞，阻塞。

⑭威：临之以刑威。惩：惩戒。

⑮小惩而大诫：指受小惩罚以警惕大事。诫，戒。

⑯屦校灭趾，无咎：此引《噬嗑》之初九爻辞。

⑰何校灭耳，凶：此引《噬嗑》之上九爻辞。

⑱其亡其亡，系于苞桑：此引《否》九五之爻辞。

⑲鼎折足，覆公𫗧，其形渥，凶：此引《鼎》之九四爻辞。

⑳几：微妙，细微。

㉑介于石，不终日，贞吉：此引《豫》之六二爻辞。

㉒断可识矣：当时就可悟知。断，断然，迅速。

㉓不远复，无祗悔，元吉：此引《复》之初九爻辞。

㉔天地絪缊：天之阳气与地之阴气交融。絪缊，借为"氤氲"，指阴阳二气相互交融。

㉕化醇：化育醇厚。醇，醇厚。

㉖男女构精：男女，泛指世间万物之阴阳。构，合也。

㉗三人行，则损一人，一人行，则得其友：此引《损》之六三爻辞。

㉘易其心而后语：君子发言之时，当先平心静气。易，平和。

㉙莫益之，或击之，立心勿恒，凶：此引《益》之上九爻辞。

【译文】

《易·咸》之九四爻辞说："心神不定地来来往往，但是，朋友会顺从你的思想。"孔子说："天下的事为何一定要这样的思虑不定呢？天下的人都有一个共同的归宿，只不过是走着不同的道路而已；都到达一个地点，而心中的想法却各不相同。天下的事为何一定要思虑不定呢？譬如太阳西下后月亮就要升起来，月亮落下山太阳就从东方升起来，太阳和月亮相互推移就产生了光明。寒季去了暑季就会到来，暑季去了寒季就会到来，寒季与暑季相互推移就形成了年岁。'过去的'就曲着身子，'到来的'则伸直身子，屈与伸相互感应则有利的因素就从中产生了。尺蠖之虫在蜷屈身子时，为的是求得伸展身子；龙蛇在处于蛰伏时，是为了之后更好的动。精研事物的道理，并使其进入到神妙的境界，就是为了这种学识能得到有效的使用；利用精研的学识安身立命，提高自己的道德修养。超过这些境界再往前发展，大概就不是我能知道的了；穷究事物的神妙，了解事物的变化，才能算得上是伟大的道德。"

《易·困》之六三爻辞说："困在巨石下，手攀附于刺多的蒺藜上，回到自己的家后，妻子不见了，有凶险。"孔子说："不是应该受困的地方而遭受到困厄，其名声一定会受辱。不是应该凭依据守而去凭依据守，其身体必定会受到危险。已经受到耻辱和危险，死期都将要来到了，还哪有可能见到妻子呢？"

《易·解》之上六说："王公用箭射下了栖落在高城墙上的恶隼，猎获它，没有什么不利。"孔子说："隼这种鸟，是一种猛禽；弓箭，是一种武器；用弓箭射猛禽的是人。君子随身藏着器具，等待合适的时机而采取行动，有什么不利的呢？有所行动而不会受到塞结阻碍，所以能够出动就有所收获，这说明人备有可用之器具才能采取行动。"

孔子说："小人不知羞耻，不讲仁爱，不畏惧真理，不履行道义，不见到有利可图就不会勉励自己，不受到威胁就不知道有所惩戒。直到受到小的惩罚后才会在大事上有所警惕，这是小人的幸运。《易·噬嗑》之初九说：'脚上戴着刑具伤没了脚趾，但是没有大的灾祸。'说的正是这个道理。"

"不积累美善之行就不足以成就功名，不积累罪恶就不足以使自己灭亡。小人把小的善事当做是无益于己的事而不去做，又把小的恶事当做无伤大体的事而不去不做，所以积累下了恶行是不可以遮掩的，罪恶大了就不能得到解脱。《易·噬嗑》之上九爻辞说：'肩上荷负的刑具伤没了耳朵，有凶险。'"

孔子说："危险，可以提醒人们如何安居其位；灭亡，可以提醒人们如何保持存在；动乱，可以提醒人们如何维持治世。所以君子应该在安居其位时不忘记危险的存在，在家国存在时不忘记有可能会遭受灭亡，在天下大治时不忘记会有动乱的隐患，这样，自身才可能安居其位，国家才能保持长久。《易·否》之九五爻辞说：'将要灭亡！将要灭亡！要使我系之于如山之固，如桑之坚。'"

孔子说："德行微薄而居位尊贵，智慧微小而企图很大，力量微弱而任务重大，很少有不遭受灾祸的。"《易·鼎》之九四爻辞说：'鼎器折断了鼎足，王公的美食被倾覆于地，地上和鼎器也被濡湿，有凶险。'讲的就是力不能胜任的情况。"

孔子说："人若能预知微妙的事理大概就达到了神明的境界了吧！君子与处在上层的人士交往而不谄媚，与处在下层的人士交往而不轻视、怠慢，大概就能算得上是预知微妙之事了吧？几，是指事物变动中的微小征兆，是吉凶征兆的预先显现。君子发现这些微妙的征兆后就立即开始行动，而不去等到一天终了。《易·豫》之六二爻辞说：'攻石治玉，不到一日就完成了任务，这是一件吉利的事。'这说明如果我们有了耿介如石的精神，又怎么等到一日之终呢？当时就能断然可知中正之理。君子既能知道隐微之事，也能知道彰显之事；既能知道阴柔之理，也能知道阳刚之理，这样就可以得到万民的仰望。"

孔子说："颜家的儿子颜渊，大概算得上是道德上近于完美的贤能之士了吧？一旦有什么不好的事，没有他不知道的，知道了就不再重复错误了。《易·复》之初九爻辞说：'前行不远就来回复，就没有大的悔恨，大为吉祥。'"

"天地二气交融在一起，则万物化育醇厚；阴阳精气交合，则万物化育生成。《易·损》之六三爻辞说：'三人出行，损失了一人，一人出行，得到了朋友。'这说明专心致志则能得到阳刚之友。"

孔子说："君子先安定自身，然后才有所行动，先平和心情，然后才发表自己的言论，先稳定其所交往的友情然后才向朋友求助。君子能修养好这三种品性，所以于人于己才能两全。若冒险采取行动，民众就不会给予帮助；在自己内心处于恐惧中发表言论，就不会得到民众的响应；平时不与民众交流，民众就不会予以帮助；没有人能给予帮助，那么伤害自己的人和事就会到来。《易·益》之上九爻辞说：'没有人增益他，有人攻击他，居心无常，有凶险。'"

子曰："《乾》《坤》，其《易》之门邪？"《乾》，阳物也；《坤》，阴物也。阴阳合德而刚柔有体。以体天地之撰①，以通神明之德。其称名也②，杂而不越③。于稽其类④，其衰世之意邪⑤？夫《易》，彰往而察来，而微显阐幽，开而当名辨物，正言断辞则备矣⑥。其称名也小，其取类也大⑦。其旨远，其辞文，其言曲而中⑧，其事肆而隐。因贰以济民行，以明失得之报⑨。

【注释】

①体：体现。撰（suàn）：数。

②称名：指卦爻辞所称之物名。

③杂而不越：指《易》卦爻辞，辞理杂碎，虽各有其叙述，然皆不相乖越、混淆。

④于：发语词。稽：考。类：事类。

⑤衰世：指殷纣之时。

⑥开而当名辨物，正言断辞则备矣：名、物、言、辞，均指卦爻辞中所具备的内容。

⑦取类：取类似之事物以为喻。《周易》常常举小事物以比喻大事物。

⑧其旨远，其辞文，其言曲而中：此句意在说明《周易》卦爻辞的语言特色。旨远，近说此物，远指彼事，其旨意深远。辞文，不直言所论之事，而以辞文饰其言。中，指言辞符合事实。

⑨因贰以济民行，以明失得之报：《周易》通过阴阳符号的组合方式和变化特征来象征事物发展的规律，通过这些规律预知吉凶，则可以避凶而趋吉，并进而明得失之报，故能济民行事。因，依靠。贰，指阴阳之道，吉凶之理。济，成。

【译文】

孔子说："《乾》、《坤》两卦，应该算得上是《周易》的门户吧？"《乾》卦，是阳刚之物的象征；《坤》卦，是阴柔之物的象征。阴阳两种性质配合在一起而刚与柔都有各自的体性。依靠阴阳两德与大衍之数，则可会通创造万物的神明之德。《周易》所称谓的六十四卦之物名，虽然具有一定的复杂性，但是它们都不相互逾越混淆。稽考卦爻辞表述忧患警戒的事类，或许是作者处于衰危之世的缘故吧？《周易》能彰显以往之事并察觉未来之事，显示细微之事而阐明幽隐之事，作《易》者以开释卦爻之义来正卦爻之名而辨别物类，端正言辞，判断卦爻辞义，则天下之道理全部具备。其卦爻辞所称述的物名虽然小，但是它们象征的事类却很大。其意旨深远，其言辞有文采，其语言虽然委婉曲折而切中事理，其言辞放肆直白而所论义理幽深。用吉凶之兆中蕴涵的道理来帮助百姓的行动，揭示吉凶得失的应验。

《易》之兴也，其于中古乎①？作《易》者，其有忧患乎②？是故《履》，德之基也③，《谦》，德之柄也④，《复》，德之本也⑤，《恒》，德之固也⑥，《损》，德之修也⑦，《益》，德之裕也⑧，《困》，德之辨也⑨，《井》，德之地也⑩，《巽》，德之制也⑪。《履》，和而至⑫。《谦》，尊而光⑬，《复》，小而辨于物⑭，《恒》，杂而不厌⑮，《损》，先难而后易⑯，《益》，长裕而不设⑰，《困》，穷而通⑱，《井》，居其所而迁⑲，《巽》，称而隐⑳。《履》以和行㉑，《谦》以制礼㉒，《复》以自知，《恒》以一德，《损》以远害，《益》以兴利，《困》以寡怨㉓，《井》以辩义㉔，《巽》以行权㉕。

【注释】

①《易》之兴也，其于中古乎：兴，兴起。中古，指《周易》创作时代。历来有二说：一是以包牺氏（即伏羲氏）为作者，以其所处的时代为中古，二是以文王之世为中古。

②作《易》者，其有忧患乎：因《周易》中颇多危辞和劝诫之语，故《系辞》作者认为文王作《周易》卦爻辞时，怀有忧国忧民之心。

③是故《履》，德之基也：履，《序卦》曰："履者，礼也。"《履》之《象传》曰："君子以辩上下，定民志。"辩上下，就是辨别上下等级之礼。《履》的意义是履行礼义，德以礼为基础。

④《谦》，德之柄也：《谦》象征着谦虚。柄，权柄。人谦虚始能执德。

⑤《复》，德之本也：《复》以"一阳来复"象征着回复正道。"人谁无过，过而能改，善莫大焉"，故《复》为德之本。

⑥《恒》，德之固也：《恒》象征着永恒，以恒心守持正道、德操，其德操才能坚固。

⑦《损》，德之修也：《损》的义理就是人须减损其之恶念与过错，才能修养道德。修，修养。

⑧《益》，德之裕也：《益》象征着增益。人只有在增益善念与美行之后，才能扩充其德，《益》启发人们增益其善念与美行。裕，充裕，扩充。

⑨《困》，德之辨也：《困》象征着人处于穷困之境。

《困》之《象传》曰："君子以致命遂志。"就是说君子穷困，虽死也不愿屈其志，故曰"《困》为德之辨"。

⑩《井》，德之地也：《井》象征着"井水养人"。《井》之《象传》曰："井养而不穷也。"井能以水养人，则为君子居德之处所。

⑪《巽》，德之制也：《巽》象征着"号令"。巽以九五之中正，申明号令，以示法制，故能为德之制度。

⑫和：不争。至：达到。

⑬《谦》，尊而光：《谦》之《象传》曰"天道下济而光明"，若人能谦卑，则其德更为尊崇、光明。

⑭小：《复》之卦象是一阳回复，始见于初，故曰"小"。

⑮杂：《恒》风雷相杂，阴阳相交。

⑯《损》，先难而后易：《损》之道在先自损其恶而获益于后。

⑰《益》，长裕而不设：《益》有德之裕，故不虚设其法，而能宽裕长养于物。设，设置。

⑱《困》，穷而通：穷则变，变则通。朱熹曰："身困而道亨。"亨即通。

⑲《井》，居其所而迁：井永居其处，而井水则可迁移以养人。比喻人居于其位，而能施德于人。

⑳《巽》，称而隐：《说卦》曰"巽为风"，"巽为入"。风有其入，而不见其入；风见其扬，而不显其身。此象征着君子敢于申命，又不彰显自己。称，扬。

隐，隐藏。

㉑《履》以和行：人有矛盾，皆循礼而行，则其行能和而不争。

㉒《谦》以制礼：《谦》象为一阳制五阴，五阴顺从谓"礼"，一阳制约谓"制"。

㉓《困》以寡怨：此言困而不为非义之事，则怨者也少。

㉔《井》以辨义：井水养人，损己以利人，故曰"义"。而辨别义与非义，当以井德为准。

㉕《巽》以行权：巽又象征着文教宣化之事，政令如风传播于民间，才能执权行政。

【译文】

　　《周易》的兴起，大概在殷商之末的中古时代吧？创作《周易》的人，大概是心怀忧患吧？所以《履》卦是树立道德的基础，《谦》卦是实行道德的权柄，《复》卦是遵循道德的根本，《恒》卦是巩固道德的前提，《损》卦是修养道德的方法，《益》卦是充裕道德的途径，《困》卦是辨别道德的标准，《井》卦是聚集道德的处所，《巽》卦是展示道德的规范。《履》卦教人平和而能履礼，《谦》卦教人谦虚才能受到尊崇而光明其德，《复》卦教人返归善道要从小的征兆去辨析事物的善恶，《恒》卦教人在邪正相杂的环境中坚守德操而不厌倦，《损》卦教人先以修身为难事才能达到获益的平易之境界，《益》卦教人长久地充裕其德行而不虚设其"益"名。《困》卦教人在困穷时要守正才能得到亨通，《井》卦教人居得其所并广施润泽之惠于外，《巽》卦教人顺势称扬号令而不要彰显自己。《履》卦启发人们保持平和的言行，《谦》卦启发人们以礼节约束自己，《复》卦启发人们要自知其得失之道，《恒》卦启示人们要始终如一地坚守其美德，《损》卦启示人们要减损其恶念以远远地避开祸害，《益》卦启示人们要增益其美德善行以振兴利益，《困》卦启示人们要在困穷时减少报怨，《井》卦启示人们要辨别什么是真正的仁义，《巽》卦启示人们要顺时、顺势地行使权力。

《易》之为书也，不可远①，为道也屡迁，变动不居，周流六虚②，上下无常③，刚柔相易，不可为典要④，唯变所适。其出入以度，外内使知惧⑤。又明于忧患与故⑥。无有师保⑦，如临父母。初率其辞而揆其方⑧，既有典常。苟非其人，道不虚行。

【注释】

①《易》之为书也，不可远：《周易》这本书包含有天地万物之理，对人生有着切实的指导意义，故不能远离它。

②变动不居，周流六虚：爻之变动不固定于一位，而周流于六位，六爻皆可变。不居，不停。六虚，指卦中的六爻之位。虚，位本无体，因爻始见，故称虚。

③上下：六爻之变或在上位，或在下位。

④典要：典常纲要。

⑤其出入以度，外内使知惧："出入"与"外内"互文，"出"即"外"，"入"即"内"。《韩注》以为"出入"

犹"行藏","外内"犹"隐显"。度，即法则，法度。

⑥故：事情的原委。

⑦师保：古代贵族之子弟皆有师保。师保承担教育辅
导之责。

⑧率：循。辞：卦爻辞。揆：揆度。方：意义，方式。

【译文】

《周易》这本书，人们不应该须臾远离，其中所体现的道理不断运动着，变动而不固定于某一位，循环往复于六爻之间，或往上或往下并无常规可循，阳刚与阴柔也相互变易，我们不应视它为典常纲要，只有在变动中求其适宜的方法。《周易》启示人们出入时应遵守法度，无论是内藏还是外露都要有所警惕。《周易》又可以使人明察忧患和事情原委，虽然没有师保的监督，却如同当面领受父母教诲一样。人们在开始研习时要遵循卦爻辞的本旨而揆度其卦义，就可以掌握事物变化中的普遍规律。如果不是贤明的人，则《周易》的道理也不会凭空虚浮地推行。

《易》之为书也，原始要终①，以为质也②。六爻相杂，唯其时物也。其初难知，其上易知，本末也③。初辞拟之④，卒成之终⑤。若夫杂物撰德⑥，辩是与非，则非其中爻不备⑦。噫！亦要存亡吉凶，则居可知矣。知者观其彖辞⑧，则思过半矣。二与四同功而异位⑨，其善不同；二多誉，四多惧，近也⑩。柔之为道，不利远者；其要无咎，其用柔中也⑪。三与五同功而异位，三多凶⑫，五多功⑬，贵

贱之等也。其柔危⑭，其刚胜邪⑮？

【注释】

①原：推究，考察。要：求取。

②质：卦体。

③其初难知，其上易知，本末：初，指初爻。上，指上爻。在占筮时，仅得初爻，难知全卦，既得上爻，则易知全卦之义。以此比喻人事，仅有开端，难知全部，既有结果，易知全部之概况。

④初辞：初爻之辞。拟：比拟。

⑤卒：上爻之辞。成：犹言"定"。

⑥杂物：指刚柔之物相杂。撰（suàn）：算，数。

⑦中爻：指二、五两爻。

⑧知：读为"智"。彖辞：指卦辞。

⑨二与四：指第二爻与第四爻。同功：二、四同为阴位，属性相同。异位：二位在下，四位在上，且二爻居下卦之中正之位，四爻居上卦之偏位。两爻之位既有下卦、上卦之分，又有中偏之别。

⑩二多誉，四多惧，近也：第二爻居于内卦在近处，故多誉。第四爻居于外卦在远处，故多惧。又四近于五，五为君王，四之位如臣之伴君之侧，伴君如伴虎，故多惧，二远于君王，且居柔处中，故多誉。

⑪其要无咎，其用柔中也：二、四之爻因其位在阴柔，应以其柔顺从命为宜，关键在于做到"无咎"。

而二爻居下卦之中位，象征着人处正中之道，则以其柔中为用，故"无咎"。要，概要，关键。用，功用。

⑫三多凶：第三爻爻辞多凶，以其居下卦之偏位，刚健自主。

⑬五多功：第五爻爻辞多功，因其居上卦之中位，处尊贵之位，宜刚健自主。

⑭其柔危：阴爻为柔，阳爻为刚。柔，象征着人之才德弱小。三、五两爻本为阳位，是职事自主之位，如为阴爻，以才德弱小之人处职事自主之位，则危险。

⑮其刚胜：刚，象征着人之才德强盛。三、五两爻为阳位，就象征着才德刚强之人处职事自主之位，定能胜任其职。

【译文】

《周易》这本书，追溯事物的原始情态，寻求事物最终结局，然后将这些由始至终地反映事物的道理归纳为一个个卦体。六爻互相错综，只是反映特定时间内的阴阳物象。象征事物开始的初爻的意义难以理解，而象征事物终极的上爻的意义则比较好理解，这就像是事物发展的本末一样。初爻的爻辞比拟事物的开端，上爻则决定了事物的最终形态。如果错综其物象而数算其卦德，辨别是非吉凶之理，则没有二、五之中爻就不能完备其道理。是啊！若理解了二、五之中爻的吉凶之理，求知人事吉凶存亡，安坐在家中就可以知晓。明智的人只要观察《周易》的卦辞，就可以将一卦的大半意义掌握了。二爻与四爻俱以柔顺之道为事，但是，因为它们所处的位置不相同，所以二者所象征的吉凶得失也各有不同，一般而言，二爻多得赞誉，四爻却多有忧惧之心，因为它太靠近君王之位了。像六四这样阴柔的爻象，它象征弱小的力量不利于远行。因此，六四的关键作用在于不犯错误就可以了，而六二则可以"柔中"之德大有作为。三与五俱以阳刚之事而居于一卦之不同之位，但是，三多有凶险之辞，五多有功德之占，这是因为它们有上下贵贱的不同。概而言之，若三、五爻为阴柔则有危险，若二者为阳刚之爻则能胜任其职。

《易》之为书也，广大悉备。有天道焉，有人道焉，有地道焉。兼三材而两之①，故六。六者非它也，三材之道也。道有变动，故曰爻②；爻有等，故曰物；物相杂，故曰文③；文不当④，故吉凶生焉。

【注释】

①兼三才：一卦之六爻象征着天、地、人三才，初二两爻象地，三四两爻象人，五上两爻象天。两之：有二义：一是三才各有二爻，奇数为阳爻，偶数为阴爻；二是六十四卦，每卦皆为两两相重，以六爻组成上下两卦。

②爻：《说文》："爻，交也。"《小尔雅·广诂》："交，易也。"

③文：《易》卦之文。

④文：物相杂形成文，这里指阴阳两种爻画。当：指
　阴爻得阴位，阳爻得阳位。

【译文】

《周易》这本书，广泛博大，万事俱备于其中。其中含
有天的道理，含有人的道理，也含有地的道理。它兼容天、
地、人三才而两两相重，就形成了六爻。六爻并没有指向
其他的意义，说的其实就是"三才"的道理。"三才"的道
理在一卦中有所变动，这种变动在《周易》中是通过阴阳
两爻的交易来象征的，故谓之"爻"；爻有阴阳两类，象征
着阴阳两类事物，所以爻本身也是象征着实有之物，故谓
之"物"；物象相互错综，形成卦象，象征阴阳两类事物相
杂后形成的文理与文章；卦象中的爻画有当位的，有不当
位的，所以吉凶就产生了。

《易》之兴也，其当殷之末世，周之盛德邪①？
当文王与纣之事邪？是故其辞危②。危者使平，易
者使倾③。其道甚大，百物不废。惧以终始，其要
无咎，此之谓《易》之道也④。

【注释】

①周之盛德：指文王姬昌当政西岐时，因其有美德盛
　誉。《集解》引虞翻曰："文王三分天下有其二，以服
　事殷，周德其可谓至德也。"

②辞：卦爻辞。危：危难，危险。此处指卦爻辞多自
　危其辞，以警戒世人。

③易：平易。倾：倾覆。

④此之谓《易》之道也：《易传》的作者认为只有始终怀有警惧之心，慎守正道以求其"无咎"，才是《易》道的真谛。

【译文】

《周易》这本书的创作时代，大概是在殷商之末年，周文王道德隆盛的时候吧？其内容反映的是文王与纣之事吧？因此其卦爻辞中多含警戒危惧之辞。知道危险的存在就能使人平安，而自以为平安而怠慢疏忽就将导致倾覆。此中包含的道理是很广大的，一切事物都不能除外。若人自始至终都能保持警惧之心，那么，做起事来大体上就"没有过失"，这就是所谓《周易》的真谛。

夫乾，天下之至健也，德行恒易以知险。夫坤，天下之至顺也，德行恒简以知阻。能说诸心，能研诸侯之虑①，定天下之吉凶，成天下之亹亹者②。是故变化云为③，吉事有祥④。象事知器，占事知来。天地设位⑤，圣人成能。人谋鬼谋⑥，百姓与能⑦。八卦以象告⑧，爻象以情言⑨，刚柔杂居⑩，而吉凶可见矣。变动以利言，吉凶以情迁。是故爱恶相攻而吉凶生⑪，远近相取而悔吝生⑫，情伪相感而利害生⑬。凡《易》之情，近而不相得则凶，或害之，悔且吝⑭。将叛者其辞惭，中心疑者其辞枝，吉人之辞寡，躁人之辞多，诬善之人其辞游，失其守者其辞屈。

【注释】

①能说诸心，能研诸侯之虑：说，同"悦"。诸，即
　"之于"之合音。研，研习。司马光、朱熹并谓"侯
　之"二字是衍文，当做"能说诸心，能研诸虑"。

②亹（wěi）：勤勉的样子。

③云为：有为。

④祥：征兆。

⑤天地设位：犹如《系辞上传》之乾坤定位。

⑥人谋：由人谋之。鬼谋：通过卜筮，由鬼神谋之。

⑦与：帮助。

⑧以象告：通过卦象来告知。

⑨爻：指爻辞。象：指卦辞。

⑩刚柔：阳爻为刚，阴爻为柔。杂居：相交杂处。

⑪是故爱恶相攻而吉凶生：在卦中，阴阳相爱而求其
　合，阴阴、阳阳相遇则恶而攻之。

⑫远近相取而悔吝生：远，指上下卦中之爻的相应；
　近，指相邻之爻的相比。一般而言，远则相应、相
　取，近则相攻、相比。

⑬情伪相感而利害生：情伪，犹言"真伪"。阳真而
　阴伪，世之利害当从阴阳相感中生发出来。

⑭近而不相得则凶，或害之，悔且吝：此指爻与爻相
　近而比，并不意味着吉利，若相近而不相得，则相
　憎恶，相贼害，所以就"凶"。

【译文】

乾，是天下最为刚健的象征，因为有正常的规律，其

德行常常平易而又能在平易中预知危险的因素。坤，是天下最为柔顺的象征，其德行常常简易并能在简易中预知前面可能存在的阻碍。领会这些道理就能悦天地之道，就能在心中研习天地之道，借助占筮就能断定天下的吉凶得失的情况，并以此促成那些勤勉有为的人。所以《周易》的作为是通过变化来体现的，因为通过变化就可以预知未来事物的吉凶征兆。用《易经》模拟事物就可以知道如何制作器物的方法，用《易经》来占验事情就可以知道未来事情的吉凶情况。天地设立了刚柔尊卑的位置，圣人遵循天地之道就能成就功德。因此，先由人谋略其事，再求证于像"鬼神"一样神奇的占筮之谋虑，则天下的百姓也会帮助谋略得当的人。八卦以形象来表示吉凶道理，卦爻辞以事物变动的情况来反映吉凶的道理，刚与柔错综相处，则吉凶之理就可以显现出来。事物变动的吉与凶由爻位变动是否有"利"来决定，而事物变动的吉凶则因变动的具体情况而转移。所以阴阳相爱或两阴、两阳相恶就产生了吉与凶。远与近或有所应，或有所比，若比应不当，悔恨与困难就从中产生了。或以真情相感悦，或以虚伪相感应，利益与损害就在这种真实与虚伪的相互感应中产生。凡是《周易》各卦、爻所比拟的事物情态，相近而不相投合就会有凶险，或有人来伤害就会有悔恨和困难。将有叛逆之心的人其言辞必然是惭愧不安，内心有所疑惧的人其言辞必定是散乱无章，贤美吉善的人言辞少，浮躁轻薄的人言辞多，诬蔑善良的人言辞浮游虚妄，失去操守的人言辞邪曲不正。

说卦传

　　《说卦》的主要内容是记述了八卦所象征的事物，故名之以《说卦》。古人说的卦象是八种基本的卦象，如乾为天，坤为地等。也有后来演绎引申的卦象，如乾为马，震为龙等。这些或引申、或演绎的卦象大部分是触类旁通、由此及彼的合理演绎，有些则是占筮时灵活运用、机智应变的结果。所以，对于我们今天研习《周易》的人而言，应注意两个方面的问题，其一，对前人在《说卦》提出的象征物象，要区别分析，不可全信其说，也不可拘泥于其说。其二，要以发展的观点看待古人从卦象中找出的对应物象，因为有些过去存在的物象今天已经不存在了，而有些过去不存在的物象则出现在今天的日常生活中。对于前者，不能抱残守成，对于后者则应善于探索、善于发现。由于《说卦》中解说的卦象与卦爻辞中阐释的道理有着直接而又紧密的联系，所以认真、审慎地研习《说卦》有助于我们正确地理解卦爻辞的真正含义。

　　昔者圣人之作《易》也，幽赞于神明而生蓍^①，参天两地而倚数^②，观变于阴阳而立卦，发挥于刚柔而生爻，和顺于道德而理于义，穷理尽性以至于命^③。

【注释】

①幽赞于神明：幽，幽隐，暗中。赞，佐助。神明，神祇，实际上是指造化万物的大自然。此处实际是喻指偶然得之的感慨。蓍：蓍草。

②参：三。代表奇数。两：代表偶数。倚数：立其卦爻之数。

③穷：穷究，极尽。性：性质。命：天命，即自然规律。

【译文】

　　从前圣人创作《周易》时，偶然得到自然的帮助而生出了神圣的蓍草作为占筮之物，于是就用象征天的"三"数和象征地的"两"数建立了卦中的奇偶之数，并且通过观察阴阳的变化而建立了卦象，将客观事物中固有的刚柔两种性质的物质大加发挥就生成了阴爻和阳爻，和谐顺从圣人的道德并以适宜的方法整治道理，穷极万物深妙之理，究尽生灵所禀的特性以至于通达天下万物运动的规律性。

　　昔者圣人之作《易》也，将以顺性命之理。是以立天之道曰阴与阳，立地之道曰柔与刚，立人之道曰仁与义。兼三才而两之，故《易》六画而成卦。分阴分阳，迭用柔刚，故《易》六位而成章。

天地定位①，山泽通气②，雷风相薄③，水火不相射④，八卦相错。数往者顺，知来者逆，是故《易》逆数也⑤。

【注释】

①天地定位：天在上，地在下，天地定高下之位。

②山泽通气：艮为山，为土。兑为泽，泽水润土。又据纳甲法，艮纳丙，兑纳丁，二者皆内秉"火"性。

③雷风相薄：震为雷，巽为风，同声相应，故相应和。薄，这里指应和。

④水火不相射：水火相克而实通，可谓相反相成的两类事物。射，厌。

⑤数（shǔ）往者顺，知来者逆，是故《易》逆数也：卦有六爻，其顺序如自上而下数之，是顺数；自下而上数之，是逆数。数往者顺，人在历数往事时，皆自远而近，是顺数。知来者逆，人之知来者皆自近而远，是逆数。用《易》占事，在于知来，所以六爻逆数。数，犹言"推算"。

【译文】

从前圣人创作《周易》的时候，是要通过它来顺从天地生成万物的性命之理。所以确立天的道理有"阴"有"阳"，确立地的道理有"柔"有"刚"，确立人的道理有"仁"有"义"。兼容天、地、人三才并使阴阳两种卦象两两相重，所以《周易》以六画形成一卦。六画之中又分为阴阳两种爻位，然后迭用柔刚之爻，所以《周易》是由六爻相互错综而形成文章的。

天地确定了上下之位，山与泽气息交流相通，雷风相互应和，水火之性相异却不相厌弃而相资助，数以象天、地、雷、风、水、火、山、泽莫不交错。如果人们想知道既往之事，顺着推演就可知道；人欲知将来之事，逆着推演就可知道，所以《周易》的推演是逆着数的。

雷以动之，风以散之，雨以润之，日以烜之①，艮以止之②，兑以说之③，乾以君之，坤以藏之④。

【注释】

①烜（xuān）：温暖。

②艮以止之：艮，阳止于上。

③兑以说之：泽能润泽万物，故能使万物愉悦。说，同"悦"。

④坤以藏之：坤为地，地能生万物，也能藏纳万物。

【译文】

雷（震）是用来鼓动万物的，风（巽）是用来散布流通万物的，雨（坎）是用来滋润万物的，日（离）是用来温暖万物的，艮（山）是用来抑止万物的，兑（泽）是用来愉悦万物的，乾（天）是用来君临天下的，坤（地）是用来藏纳万物的。

帝出乎震①，齐乎巽②，相见乎离③，致役乎坤④，说言乎兑⑤，战乎乾⑥，劳乎坎⑦，成言乎艮⑧。万物出乎震，震东方也⑨。齐乎巽，巽东南也；齐也者，言万物之絜齐也⑩。离也者，明也，万物皆相见，南方之卦也⑪，圣人南面而听天下，向明而治，盖取诸此也。坤也者，地也，万物皆致养焉，故曰："致役乎坤。"兑，正秋也，万物之所说也，故曰："说言乎兑。"战乎乾，乾西北之卦也，言阴阳相薄也。坎者水也，正北方之卦也，劳卦也，万物之所归也，故曰："劳乎坎"。艮，东北之卦也，万物之所成终而所成始也，故曰："成言乎艮。"

【注释】

①帝出乎震：天帝出万物于震。按古代历法，一年约三百六十日。《说卦》分一年为八季节，每卦配一季节，用八除之，则各占四十五日。震为正春四十五日，于时节当春分时，此季节万物皆生出。帝，天帝，这里指生育万物的阳气。震，阳生初而成《震》卦。

②齐乎巽：巽，时值立夏，万物皆长至整齐兴旺。齐，整齐。

③相见乎离：离当值夏至时，此时万物皆出现在大地之上。

④致役乎坤：坤为西南之卦，位在七月，此时万物皆得其地养。役，事也。

⑤说言乎兑：兑于时令当值秋分，此时万物成熟。

⑥战乎乾：乾为秋末冬初四十五日之季节，时令立冬。此季节为阴阳二气相交接时，如万物处在阴阳搏斗

之中。战，交接。

⑦劳乎坎：坎为正冬四十五日之季节。万物在战乎乾后，皆已疲劳而归藏。劳，疲劳。

⑧成言乎艮：冬末是万物有成而终之时，春初是万物有成之始。艮于时节值立春，此时是冬终春初时分，于新于旧都意味着"成"。

⑨震东方也：《说卦》以八卦配八方，震为东方。

⑩齐也者，言万物之絜齐也：这里形容万物在春天出生后，崭新整洁、欣欣向荣的样子。絜，整洁。

⑪离也者，明也，万物皆相见，南方之卦也：离为日，为南方之卦。

【译文】

天帝从震卦象征的东方和春分时节生出万物，在巽卦象征的东南方与立夏时节生长整齐，又纷纷显现于象征夏至与南方的离卦方向，在坤卦象征的西南方和立秋时节颐养万物，在兑卦象征的西方和秋分时节愉悦万物，在乾卦象征的西北和立冬时节交接，因此而疲劳于象征北方与冬至时节的坎卦，万物的终结与开始都存在于象征东北和立春的艮卦。万物生于震，因为震卦象征着东方；生长整齐于巽，因为巽为东南方；所谓"齐"，就是讲万物的状态整洁一致。离卦是光明的象征，万物皆生长茂盛，纷纷显现于大地之上，它代表的是南方之卦，古代的圣人面朝南而听政于天下，面向光明而治理政务，大概是效法于此卦吧。坤卦，象征着大地，大地养育天下万物，所以说"使之有助于颐养万物于坤"。兑卦，象征着正秋时节，万物皆在这个季节成熟，因而愉悦于此时，所以说"能愉悦万物在于兑"。交接于乾卦，乾卦是象征着西北的卦，讲的是阴阳于此相互交接迫近。坎卦，象征着水，是代表着北方的卦，万物在此处疲劳，归藏休息于此，所以说疲劳于坎卦。艮卦是象征着东北方的卦，这是造就万物的地方，也是万物终了的地方，所以说"终成万物在于艮"。

神也者，妙万物而为言者也①。动万物者莫疾乎雷②，桡万物者莫疾乎风③，燥万物者莫熯乎火④，说万物者莫说乎泽⑤，润万物者莫润乎水⑥，终万物始万物者莫盛乎艮⑦。故水火不相逮⑧，雷风不相悖⑨，山泽通气，然后能变化，既成万物也。

【注释】

①神也者，妙万物而为言者也：自然界往往有神妙而不可言之物景，人之所见则知其当然，不知其所以然，如神明为之。神，神明。

②动万物者莫疾乎雷：震为雷，震为动，雷动急而迅猛。疾，急。

③桡万物者莫疾乎风：巽为风，能吹拂万物，狂风、飓风则非常猛烈。桡，同"挠"，扰动，搅动。

④熯（hàn）：热。

⑤说万物者莫说乎泽：兑为泽，泽水能润物。

⑥润万物者莫润乎水：这里指坎兑两卦，因两卦皆有水气润物。

⑦终万物始万物者莫盛乎艮：艮时值冬末春初时节，
　故终于旧而始于新皆于此为盛。

⑧故水火不相逮：水火不相及而可以并存。逮，及。

⑨雷风不相悖：以五行言，则震为木，巽也为木；以
　纳甲言，震纳庚，巽纳辛，属性相同；以自然现象
　言，则雷风可以同时并作，故二者为"同声相应"
　之物，不相悖逆，相容共存。悖，逆。

【译文】

　　所谓"神"，是指它能神奇微妙地化育万物。鼓动万物
的没有比雷更为迅猛的，吹拂万物的没有比风更为疾速的，
干燥万物的没有比火更为炎热的，愉悦万物的没有比泽更
为喜悦的，滋润万物的没有比水更湿润的，最终成就万物
的没有比艮更为盛美的。所以说水火不处在一起，雷与风
不相互排斥，山泽高低不一却能气息相通，然后阴阳二气
才能在变化中形成万物。

　　乾，健也；坤，顺也；震，动也①；巽，入也②；
坎，陷也；离，丽也③；艮，止也④；兑，说也⑤。

【注释】

①震，动也：震为雷，雷能自行震动，又能震动万物，
　故曰"动"。

②巽，入也：巽为风，风吹万物，无孔不入，故曰
　"入"。

③离，丽也：离为火，火必附丽于可燃之物，故曰

"丽"。丽，附着。

④艮，止也：艮为山，山为静止不动之物，故曰"止"。

⑤兑，说也：兑为泽，水草生于泽，鱼游于泽，鸟飞于泽，兽饮于泽，人取养于泽，泽能使万物欣悦其中，故曰"悦"。说，同"悦"。

【译文】

乾，象征着刚健；坤，象征着顺从；震，象征着震动；巽，象征着潜入；坎，象征着险陷；离，象征着附丽；艮，象征着静止；兑，象征着愉悦。

　　乾为马①，坤为牛②，震为龙③，巽为鸡④，坎为豕⑤，离为雉⑥，艮为狗⑦，兑为羊⑧。

【注释】

①乾为马：马为家畜中之行健者，故以乾象征。

②坤为牛：牛性柔顺，也能载物，故以坤象征。

③震为龙：雷动于云中，古人视为神物，龙能飞于云中，古人也视之为神物，故以震象征。

④巽为鸡：巽为风，风吹而万物动，鸡晨鸣而人与鸟兽等皆兴起而活动，故以巽象征。

⑤坎为豕：坎为水。豕喜处有水之洼渎中，故以坎象征。

⑥离为雉：离为文明，雉也有鲜明之文采，故以离象征。

⑦艮为狗：艮，止也。狗守家，所以禁止外人入内，

故以艮象征。

⑧兑为羊：羊性柔顺，为人所喜悦，故以兑象征。

【译文】

乾象征着马，坤象征着牛，震象征着龙，巽象征着鸡，坎象征着猪，离象征着雉，艮象征着狗，兑象征着羊。

乾为首①，坤为腹②，震为足③，巽为股④，坎为耳⑤，离为目⑥，艮为手⑦，兑为口⑧。

【注释】

①乾为首：乾为天。天尊在上，为宇宙之最上部分，首为人身之最上部分。

②坤为腹：坤为地。地柔顺而能藏纳万物，腹于人身而言，柔而能藏纳食物。

③震为足：震为动。震卦一阳动于下，足于人身处下而动。

④巽为股：巽为顺。人之股能顺随于足。又巽下有一阴二分，象人之股。

⑤坎为耳：坎为陷，如地之洼坑。耳于人之头部凹陷处。

⑥离为目：离为日光能照明万物。目能视物之明如日。

⑦艮为手：艮为山。山有峰。手之掌与指似山峰，故云。又震一阳动于下，艮一阳止于上，上下相对如人之手足上下相对。

⑧兑为口：兑为泽，泽吞吐河流，口在人身吞吐饮食。

【译文】

乾为头象，坤为腹象，震为足象，巽为大腿象，坎为耳象，离为眼象，艮为手象，兑为口象。

乾，天也，故称乎父^①；坤，地也，故称乎母^②；震一索而得男，故谓之长男^③；巽一索而得女，故谓之长女^④；坎再索而得男，故谓之中男^⑤；离再索而得女，故谓之中女^⑥；艮三索而得男，故谓之少男^⑦；兑三索而得女，故谓之少女^⑧。

【注释】

①乾，天也，故称乎父：天为万物之首，父为一家之主，故以天比父。称，比。

②坤，地也，故称乎母：地为阴之盛，母为众阴之主，故以二者相比。

③震一索而得男，故谓之长男：震（☳）之第一爻为阳爻，阳爻象男，故一索而得长男。"一索"象征着父母的初次交合。索，求也。也就是说，父母之交合为求其男女。

④巽一索而得女，故谓之长女：巽（☴）之第一爻为阴爻，阴爻象女，故一索而得长女。

⑤坎再索而得男，故谓之中男：坎（☵）之第二爻为阳爻，故再索而得中男。

⑥离再索而得女，故谓之中女：离（☲）之第二爻为阴爻，故再索而得中女。

⑦艮三索而得男，故谓之少男：艮（☶）之第三爻为
　阳爻，故三索而得少男。

⑧兑三索而得女，故谓之少女：兑（☱）之第三爻为
　阴爻，故三索而得少女。

【译文】

乾，是天的象征，所以称作父；坤，象征着地，所以
称作母；震是阴阳二气第一次交合而得的男性，所以称作
长男；巽是阴阳二气第一次交合而得的女性，所以称作长
女；坎为阴阳二气第二次交合而得的男性，所以称作中男；
离为阴阳二气第二次交合而得的女性，所以称作中女；艮
为阴阳二气第三次交合而得的男性，所以称作少男；兑为
阴阳二气第三次交合而得的女性，所以称作少女。

乾为天，为圜①，为君，为父，为玉，为金②，
为寒，为冰③，为大赤④，为良马、为老马、为瘠
马、为驳马⑤，为木果⑥。

【注释】

①为圜：天圆地方，天行地静，能行者圆，能止者方，
　故曰"圜"。

②为玉，为金：天道刚硬，其体清明。玉金也性刚硬，
　其体清明。

③为寒，为冰：以八卦配四时，乾为秋末冬初，此时
　天寒，水结冰。

④为大赤：天以太阳为主，太阳最红。

⑤为良马、为老马、为瘠马、为驳马：乾为马，能行健，则为良马。瘠马，以骨多言，骨为阳，肉为阴。乾六爻皆阳。驳马以毛色言。老马以齿显示年龄，此取其行健之久象。

⑥为木果：乾为圆，木果也是圆形。

【译文】

乾为天象，为圆象，为君王象，为父亲象，为玉象，为金属象，为寒冷象，为冰象，为大红颜色象，为良马象，为老马象，为瘦马象，为花马象，为木类果实象。

坤为地，为母，为布①，为釜②，为吝啬③，为均④，为子母牛⑤，为大舆⑥，为文⑦，为众⑧，为柄⑨，其于地也为黑⑩。

【注释】

①为布：布，古代指钱币。地广而能遍布万物于其上，钱币也能流通遍布使用。

②为釜：地能使物成熟以供人食用，釜也能煮物使之熟而供人食用。釜，锅。

③为吝啬：地生养草木，草木固植于一处，离地则死，有保守其财物之性。地又深藏金银铜铁之矿物，不以示人，故坤为"吝啬"。

④为均：地之于万物无不载之，无不育之。均，平均。

⑤为子母牛：坤为牛，离也为牛，坤为离之母，故谓之子母牛。或曰：子母牛，指子牛与母牛。

⑥为大舆：地载万物，大车也能载人载物。舆，车。

⑦为文：地有草木文饰大地，如图画、文章饰于纸上。

⑧为众：三者为众，坤以三阴比物之众。又众指民众，
　　与乾君相对。

⑨为柄：万物以地为本。柄，根本。

⑩其于地也为黑：坤为纯阴之卦，纯阴则为黑。天象
　　阳明，地象阴暗，黑是阴暗之色。

【译文】

坤为地象，为母亲象，为钱币象，为釜锅象，为吝啬
象，为平均象，为子牛母牛象，为大车象，为文采文章象，
为众多象，为根本象，对于大地来说为黑色土壤之象。

震为雷，为龙①，为玄黄②，为旉③，为大涂④，
为长子，为决躁⑤，为苍筤竹，为萑苇⑥。其于马
也，为善鸣，为馵足，为作足，为的颡⑦；其于稼
也，为反生⑧。其究为健⑨，为蕃鲜⑩。

【注释】

①为龙：东方为青龙，震主东方之卦。

②为玄黄：天玄而地黄，乾阳始交于阴土，故其色混
　　合，故曰“玄黄”。

③为旉（fū）：旉，花之通名。震为正春之季节，此季
　　节百花齐放。

④为大涂：震为动，大路上有人与车马行动。涂，同“途”。

⑤为决躁：决躁就是行动迅速刚决。震为雷，雷之动

迅速。决，刚决。躁，急躁。

⑥为苍筤竹，为萑（huán）苇：震为东方，为正春，
为木，为青。苍筤，青色的竹丛。竹与萑苇皆为青
色木类。萑，芦类植物。苇，芦苇。

⑦其于马也，为善鸣，为馵（zhù）足，为作足，为的
颡（sǎng）：震为雷，雷声能震百里，善鸣，鸣声
宏大。馵，马后左足为白色。作足，马蹄双举。的
颡，额头上有白毛长出。的，马白额。颡，额头。

⑧其于稼也，为反生：震是两阴爻在上，一阳爻在
下，象倒生之庄稼，果实刚而在地下，茎叶柔而在
地上。稼，庄稼，包括菜蔬。反生，即倒生，如葱
蒜、萝卜、地瓜、土豆、山药等。

⑨其究为健：震为雷，雷之动极健。究，极也。

⑩为蕃鲜：震值正春时节，此时草木茂盛而新鲜。蕃，
草木茂盛。鲜，新鲜。

【译文】

震为雷象，为龙象，为青黄颜色交杂之象，为花朵象，
为宽阔的大路象，为长子象，为刚决躁动象，为青竹象，
为萑苇象。对于马而言，为善于鸣叫象，为左后足为白色
象，为举双足腾跃象，为额首斑白象。对于庄稼而言，为
果实在下茎叶在上的反生之象。震卦发展到极端就会产生
刚健之象，为草木繁茂新鲜之象。

巽为木①，为风②，为长女，为绳直，为工③，
为白，为长，为高，为进退，为不果，为臭④。其

于人也，为寡发，为广颡，为多白眼⑤，为近利市三倍⑥，其究为躁卦⑦。

【注释】

① 巽为木：阳动而阴静，巽二阳动于上，以象枝叶，一阴静于下，以象树根。又巽卦时值立夏时节，此时草木茂盛。

② 为风：巽阴自坤来，一阴静下，二阳动上，于风象则取其静于本而动于末。

③ 为绳直，为工：巽为木。木匠制木为器，引绳为准以取直。工人制木为器或以木盖屋，此皆为工匠之事。

④ 为白，为长，为高，为进退，为不果，为臭（xiù）：皆从巽为风而来。为白，孔颖达曰："取其风吹去尘，故絜白也。"为长，风能行万里之遥。长，长远。为高，风上至云霄之高。又阳高而阴下，巽有二阳在上，也象其"高"。为进退，风常转变方向。为不果，风多变无常，没有果决之性。为臭，风吹则物之气味远闻。臭，气味的总称。

⑤ 其于人也，为寡发，为广颡，为多白眼：寡发，谓天生发少之人，巽为风，秋风之落木如人之落发。广颡，宽额。乾阳为首，巽有二阳在上，以象其宽额。多白眼，巽二阳在上，阳白而阴黑，故"巽为白"，两巽相重则为六十四卦中的《巽》，互有离卦，离为目，故曰"多白眼"。

⑥ 为近利市三倍：巽为木。人栽植树木，树木长

成，或售其果，或卖其材，可在市场上得近于三倍之利。

⑦其究为躁卦：巽为风，然风极则为急躁，动而不止。

【译文】

巽为树木之象，为风象，为长女之象，为拉直的绳子之象，为工匠、工巧之象，为白色象，为长远之象，为高象，为进退转变之象，为迟疑不决之象，为气味之象。对于人而言，为头发稀少之象，为额头宽阔象，为多以白眼视人之象。为交易可得近于三倍之利之象。巽卦发展到极点会转化为浮躁之卦。

坎为水，为沟渎，为隐伏，为矫輮，为弓轮①。其于人也，为加忧，为心病，为耳痛，为血卦，为赤②；其于马也，为美脊，为亟心，为下首，为薄蹄，为曳③；其于舆也，为多眚④；为通⑤，为月⑥，为盗⑦；其于木也，为坚多心⑧。

【注释】

①坎为水，为沟渎，为隐伏，为矫輮，为弓轮：坎是一阳爻在内，两阴爻在外，即内刚而外柔。其象如水之内刚而外柔。以下皆从水象而来。沟渎，为水流之地。隐伏，有时水隐藏地中。矫輮，水之流也可直可曲。矫，矫正。輮，使木弯曲。弓轮，皆矫輮制成之器物。

②其于人也，为加忧，为心病，为耳痛，为血卦，为

赤：坎为陷、为险。人在险难，则增加忧虑，增加忧虑，则成心病，坎为水，又为耳，耳中有水，则成耳病。血，液体类，红色，故又"为血卦，为赤"。

③其于马也，为美脊，为亟心，为下首，为薄蹄，为曳：一阳处在二阴之中，象马有健美的脊背。亟心，坎内为阳爻，故曰"亟心"。此处指马性敏捷。亟，迅速。下首，乾为首，陷于阴下，故曰"下首"，此处谓马低头不振。薄蹄，水流趋下，马蹄也在下，分流易散，故曰"薄蹄"。曳，拖曳。以象其摩地而行。

④其于舆也，为多眚：坎为沟渎，为坑陷，车遇沟渎、坑陷，或阻而不能行，或陷而不能出，甚至于倾覆，此皆常有之事，坤为大车，坎以一阳折之，故曰"多眚"。眚，灾异。

⑤为通：坎为水。水流则曲折前行，终能通达。

⑥为月：坎为水，水寒白而有光，月也寒白有光，又坎为弓，月形亦如弓。

⑦为盗：水伏地而行，如盗之所行潜伏而行。

⑧其于木也，为坚多心：坎卦内刚而外柔，木坚多心，亦内刚而外柔。

【译文】

坎为水象，为沟渠之象，为隐伏之象，为曲变直而直变曲之象，为弓箭和车轮之象。对于人而言，为增加忧虑之象，为心病之象，为耳有病痛之象，为鲜血卦，为红色象。对于马而言，为脊背壮美的马象，为内心焦急的马象，为头部下垂的马象，为马蹄频频跳动的马象，为拖曳吃力的马象。对于车而言，为多灾多难的车象。为通行之象，为月亮象，为盗寇之象。对于树木而言，为坚硬多心之象。

离为火、为日、为电①，为中女，为甲胄、为戈兵②。其于人也，为大腹③。为干卦④，为鳖、为蟹、为蠃、为蚌、为龟⑤。其于木也，为科上槁⑥。

【注释】

①离为火：阳爻在外，象火外照。为日：阳光外照，以象日。为电：电有光，火也有光。

②为甲胄、为戈兵：离卦两阳爻在外，一阴爻在内，外刚保卫内柔。甲胄戈兵保卫人身，正是外刚保卫内柔。

③其于人也，为大腹：离之中爻为阴，上下两爻为阳，中柔而上下刚。以象其腹在人身之中部，无骨而柔。

④为干（gān）卦：离为火，为日。火日能使物干燥。干，干燥。又外实而内虚，取其"怀阴气"。

⑤为鳖、为蟹、为蠃（luó）、为蚌、为龟：离外刚保卫内柔。鳖、蟹、蠃、蚌、龟皆是外有硬壳，内有肉身，外刚保卫内柔。蠃，回旋形硬壳软体动物的统称。

⑥其于木也，为科上槁：离外刚实而内柔虚，树干外刚而内柔，则外实而内空，即空心木，空心木之上部枝叶枯槁。科，空。

【译文】

离为火象，为太阳象，为闪电之象，为中女之象，为护身之甲胄之象，为戈矛兵器之象。对于人而言，为大腹之象。为干燥之卦。为鳖象，为蟹象，为螺象，为蚌象，为龟象。对于木而言，为枝干上部枯槁的空心木象。

艮为山①，为径路②，为小石③，为门阙④，为果蓏⑤，为阍寺⑥，为指⑦，为狗，为鼠⑧，为黔喙之属⑨。其于木也，为坚多节⑩。

【注释】

①艮为山：艮（☶）之卦象是一阳居上，二阴居下，一阳高而显，二阴内藏不露，象山。

②径路：小路。艮为阳卦之小，故有"小"义。

③为小石：石性硬而刚，艮为阳卦之"小"，故为"小石"。

④为门阙：艮为山。门阙高崇，似两山对峙。阙，宫门、城门两侧的高台。

⑤为果蓏（luǒ）：艮为山，山体外坚实，果蓏外壳亦坚实。蓏，木实曰果。草实曰蓏。

⑥为阍（hūn）寺："艮，止也。"阍人守门，寺人守巷，禁止人妄入。阍，守门人。

⑦为指：艮为手，为山，山之峰象人手之指。

⑧为狗，为鼠：艮卦一阳在上二阴在下，形象洞穴，狗、鼠皆穴居动物。

⑨为黔喙（qiánhuì）之属：黔，黑色。喙，鸟兽的嘴。鸟兽皆为黔喙之属。

⑩其于木也，为坚多节：艮为指，指多节，以此象木，也为多节之木。

【译文】

　　艮为山象，为小路象，为小石象，为高阙之象，为草本植物的果实象，为阍人寺人之象，为手指象，为狗象，为鼠象，为黑嘴之野兽象。对于树木而言，为木质坚硬而多节之象。

　　兑为泽①，为少女，为巫②，为口舌③，为毁折④，为附决⑤。其于地也，为刚卤⑥。为妾⑦，为羊⑧。

【注释】

①兑为泽：兑卦（☱），一阴在上，二阳在下。虞翻曰："坎水半现，故为泽。"宋衷曰："阴在上，令下湿，故为泽。"

②为巫：兑为女，为口。女巫恃口取食。巫，指巫师，古称女巫为巫，男巫为觋。

③为口舌：上阴象口，中阳象舌。

④为毁折：震为足。震二阴变阳则兑成震毁，故为"毁折"。又兑主秋天之卦，秋风过后能毁折草木，也为"毁折"。于五行则兑为金，震为木也为"毁折"。

⑤为附决：决，开裂。阴如口开于二阳之上。

⑥其于地也，为刚卤：兑为泽，泽水所停之地，则坚硬而含盐碱。卤，盐碱地。

⑦为妾：兑为泽，泽之位卑下。兑又为少女，少女在家庭中处卑下之位。又泽能悦人，妾亦好取悦于上，取悦于夫。

⑧为羊：兑形阴爻二分，其形象羊角，故为羊。

【译文】

兑为湖泽之象，为少女象，为巫师之象，为口舌之象，为毁坏摧折之象，为附岸溃决之象。对于地而言，为坚硬的盐碱地。对于人而言，为妾妇之象，对于动物而言，为羊象。

序卦传

　　《序卦传》分析了六十四卦之所以如此编排顺序的原因，故名之以《序卦》。因文中所释卦义与《彖传》、《象传》或相同，或不相同，所以一般认为《序卦》与《彖传》、《象传》非同一个作者。《序卦》以极其简略的概括性语言解释卦名，同时又按照事物发展的规律使各卦之间产生必然的联系，其中包含有中国古代朴素的辩证法思想。序卦的作者认为客观事物总是处在不断的运动变化之中，但是，在整个发展过程中，有时是相因相成的，有时则表现为相反相成，即有时是向正面发展，有时是向反面转化。如解释《屯》、《蒙》、《需》、《讼》、《师》、《比》之类是顺着事物发展的轨迹解释；而解释《乾》、《坤》、《坎》、《离》、《泰》、《否》之类则从事物发展的相反方向解释。正如《易翼述》引蔡清所言："《序卦》之义，有相反者，有相因者。相反者，极而变者也；相因者，其未至于极者也。总不出此二例。"但是，我们应该认识到，《周易》一书是先有六十四卦，后有《序卦》，所以并不是所有的顺序都有合理的解释，而且从卦名理解一卦之真义也过于简单化、概念化。因此，我们要想理解《周易》中各卦的真正意思，还是应该先从卦象和卦爻辞入门。

有天地，然后万物生焉。盈天地之间者唯万物，故受之以《屯》。屯者，盈也。屯者，物之始生也①。物生必蒙，故受之以《蒙》。蒙者，蒙也，物之稚也②。物稚不可不养也，故受之以《需》。需者，饮食之道也。饮食必有讼，故受之以《讼》。讼必有众起，故受之以《师》。师者，众也。众必有所比③，故受之以《比》。比者，比也。比必有所畜④，故受之以《小畜》。物畜然后有礼，故受之以《履》。履而泰然后安，故受之以《泰》。泰者，通也。物不可以终通，故受之以《否》。物不可以终否，故受之以《同人》。与人同者，物必归焉，故受之以《大有》。有大者，不可以盈，故受之以《谦》。有大而能谦必豫⑤，故受之以《豫》。豫必有随，故受之以《随》。以喜随人者必有事，故受之以《蛊》。蛊者，事也。有事而后可大，故受之以《临》。临者，大也。物大然后可观，故受之以《观》。可观而后有所合⑥，故受之以《噬嗑》。嗑者，合也⑦。物不可以苟合而已，故受之以《贲》。贲者，饰也。致饰然后亨则尽矣⑧，故受之以《剥》。剥者，剥也。物不可以终尽剥，穷上反下⑨，故受之以《复》。复则不妄矣⑩，故受之以《无妄》。有无妄，然后可畜，故受之以《大畜》。物畜然后可养，故受之以《颐》。颐者，养也。不养则不可动，故受之以《大过》。物不可以终过，故受之以《坎》。坎者，陷也。陷必有所丽，故受之以《离》。离者，丽也。

【注释】

①屯者，物之始生也：屯，刚柔始交，万物初生。

②稚：《说文》："稚，幼禾也。"引申之，物之幼小者皆可谓之稚。

③比：人之相亲。《象传》曰："比，辅也。"谓《比》有比辅相亲之义。

④畜（xù）：积蓄。

⑤豫：安乐，顺适，喜悦。

⑥可观而后有所合：《韩注》："可观则异方合会也。"

⑦嗑者，合也：《噬嗑》本是合口含食之象，而《序卦》则引申至合于人之意。

⑧致饰然后亨则尽矣：物加以文饰，应恰到好处，如过分文饰，则失其质朴之美。

⑨穷上：指《剥》一阳将要剥尽。反下：指阳穷于上位后，必返于下位而复升。

⑩复则不妄矣：阳复于初，阳实而阴虚，实则不妄。

【译文】

　　有天地，然后万物才开始产生，最初充盈于天地之间的只有万物，所以《周易》在《乾》、《坤》定位后首先继之以象征事物初生状态的《屯》卦。"屯"表示阴阳二气在孕育生命时生气充盈的状态，"屯"又表示事物开始萌生的状态。万物初生时必定会处在蒙昧之中，所以继之以象征蒙昧幼稚的《蒙》卦。"蒙"表示蒙昧，是万物处在幼稚的状态，处在幼稚状态时不能不去养育，所以就继之以象征"饮食之道"的《需》卦。"需"表示需待饮食的道理。面临饮食问题必有所争讼，所以就继之以象征着"争讼"的《讼》卦。争讼必定有众人兴起，所以就继之以象征"兵众"的《师》卦。"师"表示兵众兴起的意思。兵众兴起必定互相比辅，所以就继之以象征"比辅"的《比》卦。"比"表示比辅的意思。万物相互比辅才能有所蓄积，所以就继之以象征"小有蓄积"的《小畜》卦。"小畜"表示财物稍有蓄积的意思，只有蓄积了财物，才能知道以礼节来约束自己的言行，所以继之以象征"履行礼仪"的《履》卦。人只有行而有礼才能泰然安处，所以就继之以象征"安泰亨通"的《泰》卦。"泰"表示亨通的意思。事物不可能总是处于安泰亨通之中，所以就继之以象征"否闭"的《否》卦。事物不可能长久地处在否闭之中，所以就继之以象征"与人同心同行"的《同人》卦。与人同心同行，则物必定纷纷来归附，所以就继之以象征"大有所得"的《大有》卦。大有所得的人，不可以盈余自满，所以就继之以象征"谦虚"的《谦》卦。大有所得而又能谦虚必定是安乐愉快的，所以就继之以象征"愉快安乐"的《豫》卦。愉快安乐的人必定有人随从，所以就继之以象征"随从"的《随》卦。因为随从别人必定要有事可为，所以就继之以象征"有事可为"的《蛊》卦。"蛊"，表示有事可为的意思。能有事可为才能建立大的功业，所以就继之以象征"以盛大面临他人"的《临》卦。"临"，表示盛大的意思。事物盛大才有可观之处，所以就继之以象征"观瞻"的《观》卦。

物有可观之处才能有所融合，所以就继之以象征"啮合"的《噬嗑》卦。"嗑"，表示啮合的意思。事物不可以苟合，所以就继之以象征"文饰"的《贲》卦。"贲"，表示文饰的意思。过分文饰就会因失真而穷尽其亨通之义，所以就继之以象征"剥落"之义的《剥》卦。"剥"，就是剥落的意思。事物不可以剥落终尽，剥落穷尽于上就会导致回复于下，所以就继之以象征"回复"的《复》卦。能回复正道就不会虚妄，所以就继之以象征"不妄为"的《无妄》卦。能够不虚妄然后就可以蓄积众物，所以就继之以象征"大有蓄积"的《大畜》卦。物大有蓄积才能施之于颐养，所以就继之以象征"颐养"的《颐》卦。"颐"，表示颐养人生的意思。人不能颐养身体，就不能有所行动，所以就继之以象征"大为过越"的《大过》卦。事物不可能始终处于"大有过越"之中，所以就继之以象征"险陷"的《坎》卦。"坎"，就是险陷的意思。人陷入于危难之中，就应该依附于他人而得其援助，所以就继之以象征"附丽"的《离》卦。"离"的意思是将光明与美丽付着于实体之上。

有天地然后有万物，有万物然后有男女，有男女然后有夫妇，有夫妇然后有父子，有父子然后有君臣，有君臣然后有上下，有上下然后礼义有所错。夫妇之道不可以不久也，故受之以《恒》。恒者，久也。物不可以久居其所，故受之以《遁》。遁者，退也。物不可以终遁，故受之以《大壮》。物不可以终壮，故受之以《晋》。晋者，进也①。进必有所伤，故受之以《明夷》。夷者，伤也。伤于外者必反于家，故受之以《家人》。家道穷必乖，故受之以《睽》。睽者，乖也。乖必有难，故受之以《蹇》。蹇者，难也②。物不可以终难，故受之以《解》。解者，缓也③。缓必有所失，故受之以《损》。损而不已必益，故受之以《益》。益而不已必决④，故受之以《夬》。夬者，决也。决必有遇⑤，故受之以《姤》。姤者，遇也。物相遇而后聚，故受之以《萃》。萃者，聚也。聚而上者谓之升，故受之以《升》。升而不已必困，故受之以《困》。困乎上者必反下⑥，故受之以《井》。井道不可不革，故受之以《革》。革物者莫若鼎⑦，故受之以《鼎》。主器者莫若长子⑧，故受之以《震》。震者，动也。物不可以终动，止之，故受之以《艮》。艮者，止也。物不可以终止，故受之以《渐》。渐者，进也。进必有所归，故受之以《归妹》。得其所归者必大，故受之以《丰》。丰者，大也。穷大者必失其居，故受之以《旅》。旅而无所容，故受之以《巽》。巽者，入也。入而后说之，故受之以《兑》。兑者，说也。说而后散之⑨，故受之以《涣》。涣者，离也。物不可以终离，故受之以《节》。节而信之⑩，故受之以《中孚》。有其信者必行之，故受之以《小过》。有过物者必济⑪，故受之以《既济》。物不可穷也，故受之以《未济》，终焉。

【注释】

①晋者，进也：卦象火升于地上，故有阳升阳"进"象。物不可终止于壮，壮则前进，壮于羽者则飞，壮于足者则走。

②蹇者，难也：《蹇》水漫患于山上，山路更为难行，故曰"难"。

③解者，缓也：困难解除，则事情可以得到缓和。

④益而不已必决：益极则必反而决溃，如水太益则必决。决，决裂。

⑤决必有遇：《韩注》曰："以正决邪，必有喜遇也。"

⑥困乎上者必反下：这里指泽水困穷于上，必返于下而为"巽"，成《井》。

⑦革物者莫若鼎：鼎煮生物为熟物，改生为熟，故云。

⑧主器者莫若长子：鼎为礼器。古代宗法世袭制度，王侯大夫之国与邑原则上由长子继承。主，主持。长子，《说卦》曰："震为长子。"

⑨说而后散之：旅客于外，得居其所，虽有喜悦，然也不能久居，必离散而去。

⑩节而信之：有制度必须以诚信守之，不然则制度也等同于虚设。信，诚信。

⑪有过物者必济：有过而能吸取教训，则事必有成。过，指《小过》。物，事。济，成功。

【译文】

有了天地然后才有万物，有了万物后才有男人女人，有了男人女人然后才能配成夫妇。有了夫妇繁衍后代才有了父子之序，有了父子之序然后才有了君臣关系。有了君臣关系然后才有了上下之别，有了上下之别然后才有实行礼义的地方。夫妇之间的规矩不可以不长久保持，所以就继之以象征"永恒"的《恒》卦。"恒"的意思是长久。但是事物不可以长久地处于一个处所，所以就继之以象征"逃避归隐"的《遁》卦。"遁"的意思是退避。事物不可以终结于退避，所以就继之以象征"大为强盛"的《大壮》卦。事物不可以终于壮大强盛之中，所以继之以象征"进取"的《晋》卦。"晋"，表示有所进取。有所进取就必然导致有所伤害，所以就继之以象征着"光明殒伤"的《明夷》卦。"夷"的意思是损伤。在外面受到伤害必要返回家中，所以就继之以象征"一家人"的《家人》卦。家道穷困必定是因为有背离差错之事，所以就继之以象征"背离乖违"的《睽》卦。"睽"有乖违背离的意思。乖违背离就必然导致危难，所以就继之以象征"路途艰难"的《蹇》卦。"蹇"的意思是艰难。事物不可以始终处在艰难之中，所以就继之以象征"舒缓和解脱"的《解》卦。"解"就是舒缓解脱的意思。而事物舒缓必定就有所损失，所以就继之以象征"有所减损"的《损》卦。能够不断自我减损反而会受到益处，所以就继之以象征"增益"的《益》卦。增益不止，就必定会溃决，所以就继之以象征"决断"的《夬》卦。"夬"的意思是决断。有所决断则必有所喜遇，所以就继之以象征"不期而遇"的《姤》卦。"姤"的意思是邂逅相遇。物有所相遇然后才能聚集，所以就继之以象征"荟萃聚集"的《萃》卦。"萃"的意思是会聚。物聚在一起就会引起上升，所以就继之以象征"上升"的《升》卦。物上升不停则必然导致困穷，所以就继之以象征"困穷"的《困》卦。困穷于上必然要返归于下，所以就继之以象征"井养无穷"的《井》卦。治理水井的道理是不可以不革除泥污，所以就继之以象征"变革"的《革》卦。革故鼎新没有比"鼎"器更好的东西，所以就继之以象征"鼎立新事物"的《鼎》卦。用鼎器来主持祭祀的人没有比长子更为合适的，所以就继之以象征"长子"的《震》卦。"震"的意思是震动。事物不可以终止于震动之中，应当有所抑止，所以就继之以象征"抑止"的《艮》卦。"艮"的意思是抑止。事物不可以最终还处在抑止中，所以就继之以象征"渐进"的《渐》卦。"渐"的意思是渐进。渐进就必然有所依归，所以就继之以象征"归于夫家"的《归妹》卦。得到了应该归依的人和事就必然丰大，所以就继之以象征"丰大"的《丰》卦。"丰"的意思是丰大。极尽其丰大的人必定要失去安居之处，所以就继之以象征"行旅之事"的《旅》卦。旅行中没有容身之处，所以就继之以象征"恭顺而入"的《巽》卦。"巽"的意思是恭顺而入。能进入到适宜的住所中就会感到愉悦，所以就继之以象征"愉悦"的《兑》卦。"兑"就是愉悦。愉悦以后就会离散而去，所以就继之以象征"涣散"的《涣》卦。"涣"的意思是离散。事物不可以最终处于离散中，所以就继之以象征"节制"的《节》卦。有制度节制，就必须以诚信去坚守，所以就继之以象征"诚信"的《中孚》卦。心中怀有诚信就必然要履行诚信，行动就会有所过越，所以就继之以象征"小有过越"的《小过》卦。有所过越就可能有所成功，所以就继之以象征"事已成功"的《既济》卦。事物的发展不可以穷尽其成功，所以就继之以象征"事未成功"的《未济》卦作为六十四卦的终结。

杂卦传

　　《杂卦》之所以称"杂"是因为孔子在创作它时，没有像《序卦》那样依照文王所创的六十四卦卦序来解说卦义，而是错杂其卦序，以相对、相应两种方法来解释卦义。这种解释或一两个字，或两三句话，言简而意深，有的符合经义，有的则不合经义。重要的是，《杂卦》解释卦义的方法具有朴素的辩证法思想，这为后来解《易》的人，又拓展了一种新的思路。《杂卦》的创作特征主要集中在"杂"的表现方法上，是在形式方面的"杂"。作者通过六十四卦本身固有"错"（揭示着卦象中的旁通关系，如《师䷆》旁通于《同人䷌》）与"综"（揭示着卦象中的反对关系，如《谦䷎》反对于《豫䷏》）的对应关系，将六十四卦组成两两相对的、相反相成的分组形式，然后以精审、简洁的辞句高度概括了各卦的主要特征。这样做的好处，一是揭示了卦象中的对立统一与普遍联系的特征。二是通过卦象上的对应特征，使其揭示的意义在对比中更加明确。《杂卦》在创作思路上，实际上是《说卦》的延续。因为，其一，《说卦》是通过八经卦来说明卦象的，而《杂卦》则是通过六十四卦来揭示其主要特征的。在逻辑思维的形式上，《说卦》主要是运用演绎方法来扩展八卦在象征物上的外延，而《杂卦》则是更多是运用归纳的方法来概括六十四卦的本质属性和行为特征。在具体分析卦象及其卦爻辞的过程中，将《说卦》与《杂卦》联系起来看，也就等于我们在认知思维的形式上将两种逻辑方法贯通了起来，这极有益于我们更加全面而深刻地理解六十四卦的变化形式及其丰富博大的思想内容。

《乾》刚《坤》柔，《比》乐《师》忧①；《临》《观》之义，或与或求②。《屯》见而不失其居。《蒙》杂而著③。《震》，起也。《艮》，止也。《损》、《益》盛衰之始也④。《大畜》，时也⑤。《无妄》，灾也。《萃》聚而《升》不来也。《谦》轻而《豫》怠也。《噬嗑》，食也。《贲》，无色也⑥。《兑》见而《巽》伏也⑦。《随》无故也。《蛊》则饬也⑧。《剥》，烂也。《复》，反也⑨。《晋》，昼也。《明夷》，诛也⑩。《井》通而《困》相遇也⑪。《咸》速也。《恒》，久也。《涣》，离也。《节》，止也。《解》，缓也。《蹇》，难也。《睽》，外也。《家人》，内也。《否》、《泰》反其类也⑫。《大壮》则止⑬，《遁》则退也。《大有》，众也。《同人》，亲也。《革》，去故也。《鼎》，取新也⑭。《小过》，过也。《中孚》，信也。《丰》，多故也⑮。亲寡《旅》也。《离》上而《坎》下也。《小畜》，寡也。《履》，不处也⑯。《需》，不进也。《讼》，不亲也。《大过》，颠也⑰。《姤》，遇也，柔遇刚也⑱。《渐》，女归待男行也⑲。《颐》，养正也⑳。《既济》，定也。《归妹》，女之终也㉑。《未济》，男之穷也㉒。《夬》，决也，刚决柔也，君子道长，小人道忧也㉓。

【注释】

①《比》乐《师》忧：《比》之义为臣辅其君，乐得爵禄。师，军旅。"比"和则有其乐，而兴师动众则有忧患。

②《临》《观》之义，或与或求：能临民则能施其政，故为"与"。能观其民风，则能知其所求，故为"求"。

③杂：交错加杂。著：显明。

④《损》、《益》盛衰之始也：《序卦》曰："损而不已必益。"益则盛，故《损》为盛之始。《序卦》又曰："益而不已必决。"决则衰，故《益》为衰之始。

⑤《大畜》，时也：因时而畜，故能大。

⑥《贲》，无色也：贲饰应以无色为贵。贲，文饰。

⑦《兑》见而《巽》伏也：《兑》卦贵在能显示其喜悦之情，巽为一阴隐伏于二阳之下，故贵其能隐伏。见，显现。

⑧《蛊》则饬也：《蛊》表现的卦义是国家有乱事则予以治之的道理。饬，整治。

⑨《剥》，烂也。《复》，反也：《复》卦之义为复返于善道。返归善道，则不腐烂剥落。此处，两义相对而有劝诫之义。剥，剥落。烂，腐烂。

⑩《明夷》，诛也：《明夷》卦象象征着日入地中。以此比喻人事，则为贤人受罚而被囚禁于暗囚。夷，诛杀。

⑪《井》通：《井》之卦象是木上有水，即以木瓶汲水而出，井水通于地上，人得其利。

⑫《否》、《泰》反其类也：否，闭塞。泰，通达。二者为相反之事类。

⑬《大壮》则止：物壮则老，老则止。

⑭《鼎》，取新也：鼎，是煮生成熟之器，宜得其新食。

⑮《丰》，多故也：故，故旧。丰家大业，则势力也大，则故旧之人多来亲近攀附。又《正义》释"故"犹"事"，意谓业大则事也大，家业丰大则忧其失，与理也通。

⑯《履》，不处也：履地而行，非静居不动。处，居住，停留。

⑰《大过》，颠也：《大过》之卦象是舟覆而沉于泽底，则舟中之人亡。

⑱《姤》，遇也，柔遇刚也：《姤》之《彖传》曰："姤，遇也，柔遇刚也。"

⑲《渐》，女归待男行也：《渐》之卦象是以男下女，即女子出嫁，待男亲迎而行。归，女子出嫁。

⑳《颐》，养正也：《颐》之《彖传》曰："颐，贞吉，养正则吉也。""养正"强调所养者应守持正道。

㉑《归妹》，女之终也：少女得嫁夫家，则得其终身归宿。

㉒《未济》，男之穷也：《未济》谓事未成，即男子志未达，行未通，业未立，功未成。穷，困穷。

㉓《夬》，决也，刚决柔也，君子道长，小人道忧也：柔，喻指小人；阳，喻指君子。则《夬》乃君子道长，小人道消之象。

【译文】

《乾》象征阳刚而《坤》象征阴柔，《比》象征娱乐而《师》象征忧虑；《临》、《观》两卦的意义，或有所施予或有所求。《屯》象征生物出现于大地之上而各居其所。《蒙》交杂万物萌芽的状态而昭明显著。《震》奋发振起。《艮》象征着静止。《损》、《益》象征着盛衰的开始。《大畜》因时蓄积。《无妄》要防备意想不到的灾祸。《萃》处在会聚之时，《升》上升之后就不回返。《谦》轻己而重人而《豫》娱愉懈怠。《噬嗑》象征着嚼食物。《贲》饰应以无色为贵。《兑》愉悦外显而《巽》顺从内伏。《随》不应拘系于故旧成见。《蛊》则有事要整饬。《剥》腐烂剥落。《复》返于正道。《晋》象征着白昼的太阳在上升。《明夷》则象征着光明受到损伤。《井》象征着水通于上而《困》象征着泽水与坎水相遇。《咸》感应迅速。《恒》象征着恒心长久。《涣》象征离散。《节》节制而有止。《解》象征着缓解。《蹇》象征着艰难。《睽》象征着人情相疏乖违则离家外出。《家人》象征着亲和于内。《否》、《泰》两卦是相反的事类。《大壮》则其壮将止而渐衰，《遁》则有所退避。《大有》象征着所得众多。《同人》象征着相亲相和。《革》象征着除去陈旧。《鼎》象征着取得新食。《小过》象征小有过越。《中孚》象征着诚信。《丰》因家业丰大而多故旧之亲。亲朋寡少于《旅》途之中。《离》火势炎上而《坎》水向下流动。《小畜》所积甚少。《履》践行而不安处于一地。《需》象征着等待而不躁进。《讼》象征着纷争而不亲。《大过》象征着舟船倾覆于泽水中。《姤》象征着不期而遇，因为是阴柔遇合阳刚。《渐》象征着女子出嫁要等待男子礼毕才能成行。《颐》培养正直之德。《既济》象征着事情已成。《归妹》是女子的归宿。《未济》象征着男子困穷于事业。《夬》象征着处事决断，以阳刚决断阴柔，这说明君子之道在生长，小人之道正在消逝。